전남대학교 지역개발연구소 기획도서 10

광주 경제 지도

김일태 · 김국현 · 김한식
김형락 · 박영래 · 박재진
박준수 · 오성수 · 주현도

전남대학교출판부

발간사

흔히들 '10년이면 강산도 변한다'고 말한다. 오늘의 시점에서 어제를 되돌아보면 비약적인 국가발전과 더불어 우리에게 닥친 IMF 외환위기와 글로벌 금융위기로 한국의 지도가 정치, 경제, 사회 모든 분야에서 변한 것이다.

특히 한국경제는 1997년 말 IMF 외환위기 사태를 기점으로 급격한 변동성을 겪으면서 그 영향이 모든 경제주체들에게 다양한 양상으로 파급되었다. 기업과 은행은 부도가 나고 근로자는 실직하고 자영업자는 몰락하는 거대한 경제적 쓰나미를 경험한 바 있다. 또한 2008년 글로벌 금융위기로 남유럽의 심각한 재정위기와 세계적인 경기침체를 초래하였고 세계경제의 충격에 취약한 한국경제와 지역경제도 경기불황에 직면하게 되었다.

그럼에도 불구하고 IMF 외환위기 사태 발생으로부터 만 15년째인 2012년 말 한국경제는 국민들의 뛰어난 정신력과 인내를 바탕으로 대혼란을 무사히 극복하고 세계 7번째로 20-50(일인당 국민소득 2만 달러와 인구 5,000만 명이상인 국가) 클럽에 가입하여 선진국에 진입하는 확고한 위상을 굳혀가고 있다. 제2차 세계대전 이후 개발도상국로서는 처음이다.

그 사이 광주의 지역경제도 새로운 변화과정을 거쳤다. 1969년 창립된 지방은행 광주은행은 IMF 외환위기 때 공적자금 투입으로 우리금융그룹 자회사로 편입되어 있고, 기아자동차는 현대차에 인수되었고, 해태 타이거즈는 기아 타이거즈로 태어났고, 지역의 백화점과 유통업체로 옛 명성을 지닌 가든, 화니, 송원, 빅마트는 사라지고 지역 유통업계는 롯데, 신세계, 현대 백화점과 롯데마트, 홈플러스, 이마트가 차지하게 되었다. 이런 변화의 과정에서도 광주는 소비도시에서 수출 선도형 생산도시로, 단순 제조업 위주에서 첨단산업 중심으로, 로컬도시에서 글로벌도시로 진화·발전해왔다.

그러나 IMF 외환위기 사태에 이은 글로벌화의 물결로 한국사회는 '경제 양극화'라는 새로운 복병과 마주하고 있다. 지역 간, 대-중소기업 간, 수출기업-내수기업 간, 세대·계층 간의 '경제력 격차' 문제가 심각한 사회적 이슈로 대두되고 있는 것이다. 무한경쟁에 따른 승자독식의 기형적인 구조가 확산되면서 사회전반에 어두운 그림자가 폭넓게 자리하고 있어 사회의 균형과 조화를 재건하는 새로운 패러다임을 모색해야 할 시점이다.

특히, 광주·전남은 70~80년대 산업화 과정의 소외로 충분한 자본축적을 이루지 못한 상태에서 무한경쟁 국면에 내몰려 비교열위를 극복하는데 한계를 절감하고 있다. 지역내총생산(GRDP), 재정자립도 등 지역경제력을 나타내는 지표들이 하위권에 머물러 있어 상대적 빈곤이 커지는 상황이다. 이로 인해 젊은이들이 일자리를 찾아 외지로 떠나고 투자와 소비가 위축되는 악순환을 되풀이 하고 있다.

이런 변화를 조망하기 위해서 전남대학교 지역개발연구소는 지난 20년여 간 광주경제의 발자취를 한눈에 조망하는 기획도서 「광주경제지도」를 발간하는 작업에 착수했다. 시계열(time series)적으로 지역의 경제지표, 산업구조, 산업단지, 금융, 유통, 향토 기업과 대기업, 광산업의 측면에서 광주경제의 지형변화를 살펴봄으로써 지역적 특징을 파악할 수 있고 그동안의 성취와 한계를 진단할 수 있기 때문이다. 그간 산업별, 주제별로 지역경제를 분석한 연구는 많았으나 지역경제의 변천을 시간적 변화추이의 관점에서 종합 정리한 시도는 거의 없었다. 이를 통해 지역경제 정책개발과 산업발전 방향을 모색하는데 전문가, 기업인, 정책담당자 및 시민들에게 유용한 자료로 활용될 것으로 기대한다.

이번 기획도서 집필에는 산업계와 언론계 등 현업 종사자들이 대거 참여한 것이 특징이다. 실물경제 현장에 보다 가까이에 있는 이들의 시각을 빌려서 광주의 경제지형을 한층 생생히 관찰해보고자 하는 취지에서이다. 아울러 문체도 논문형식의 글쓰기에서 탈피해 스토리텔링 방식의 자유문체를 구사해 가독성을 높이고자 했다.

이 책은 많은 분들의 도움으로 출간되었다. 이 자리를 빌어서 지역발전의 애정을 가지고 원고를 집필해주신 집필진들에게 감사의 말씀을 드리며, 기획도서 발간에 물심양면으로 성원해주신 광주광역시와 광주은행, 한국은행 광주전남본부 등 관계기관에게도 심심한 사의를 표한다. 특히, 시정 업무로 바쁘신 가운데서도 본서의 발간을 위해 귀중한 도움을 주신 광주광역시 이형석 경제부시장님과 지역금융을 통한 지역경제 활성화에 매진하시는 광주은행 송기진 행장님 그리고, 지역경제의 현장을 누비신 한국은행 광주전남본부 장택규 본부장님에게 깊은 감사를 드린다. 마지막으로 편집과 정리 작업을 세심하게 해 준 최지혜 양과 최필성 군, 그리고 이 책이 출간되기까지 성심껏 도와주신 전남대학교출판부에 감사를 표한다.

2012년 12월

전남대학교 지역개발연구소장

김 일 태

추천의 글

「광주경제지도」 발간을 축하드립니다.

조선 철종 때 김정호가 만든 우리나라 전국 지도인 '대동여지도'가 있습니다. 조선 시대 최대, 최고의 과학적 지도로 오늘날의 지도와 비교해봐도 손색이 없을 정도로 정확한 이 지도를 만들기 위해 김정호는 27년 이상 전국을 돌아다녔다고 합니다. 조선시대 지도 가운데 가장 정밀한 지도로 평가받고 있으며, 70여 장의 목판으로 만들어져 지도의 보급과 대중화에도 기여했으며, 만든 이의 말처럼 정치 · 경제 · 국방 · 학문 연구에 반드시 필요한 자료가 되었을 뿐 아니라 그 무엇과도 바꿀 수 없는 소중한 문화유산이 되었습니다.

이번에 전남대학교 지역개발연구소에서 기획도서로 발간한 「광주경제지도」는 우리 지역 경제의 변천사를 한 눈에 조망할 수 있는 유용하고 가치있는 자료가 될 것입니다. 특히 지역 경제의 각종 주제를 몸소 체험하고 발로 뛴 실무 경험자들의 소중한 경험이 녹아 있는 스토리텔링의 형식으로 편집된 이번 자료는 그 어떤 학술적 텍스트보다 실용적인 자료가 될 것으로 기대하고 있습니다.

우리 지역 경제는 지난 시기 열악한 산업 인프라와 취약한 경제 기반을 가지고도 매우 눈부신 발전을 이루어 냈습니다. 전국유일의 광(光) 클러스터를 조성함으로써 세계적인 광산업 도시로 특화되었으며, 만년 소비도시의 오명을 벗고 생산 · 수출도시로 탈바꿈하고 있습니다. 그러나 여전히 산업기반이나 연구역량이 타 지역에 비해 낙후되어 있으며,

생산구조도 일부 대기업에 집중되어 있어 구조적인 한계를 벗어나지 못하고 있는 것 또한 사실입니다. 특히 지역총생산 등은 여전히 하위 수준에 머무르고 있어 안타까움을 더하고 있습니다.

그러나 다행스럽게도 우리 광주시는 민선5기 들어 새로운 전기를 맞고 있습니다. 민선5기 들어서는 연이어 사상 최대의 수출 실적을 경신함으로써 확실한 수출 주도형 첨단산업도시로 변모하였습니다. "시민이 행복한 창조도시" 건설을 위하여 참여와 소통을 강화해 가고 있으며, 국내외 자본 유치를 통한 미래 신성장 동력산업을 통해 새로운 좋은 일자리 창출로 풍요로운 경제공동체를 만들어 나가고 있습니다. 글로벌 경제위기로 국내경기는 물론 지역경제 또한 힘든 시기를 맞고 있지만, 모든 경제 주체가 합심하고 노력한다면 반드시 이 경제 위기도 훌륭하게 극복해 내리라 믿고 있습니다.

그런 면에서 이번 「광주경제지도」 발간은 매우 시의적절하고 필요한 작업이라 여겨집니다. 지난 시기 지역경제의 변천사를 돌아봄으로써 앞으로의 전망을 세워 오늘의 위기를 극복해 내는 역량을 모아낼 수 있기 때문입니다. 다시 한번 「광주경제지도」 발간을 진심으로 축하드리며 전남대학교 지역개발연구소 김일태 소장님을 비롯한 관계자 여러분 그리고 직접 소중한 구슬을 꿰어 보배로 만들어주신 저자 여러분의 노고에도 깊은 감사를 드립니다. 여러분의 힘으로 광주 지역경제의 미래가 밝아지고 있습니다. 감사합니다.

2012년 12월

광주광역시 경제부시장

이 형 석

추천의 글

우리나라는 유럽발 재정위기 확산, 미국의 신용강등 여파 등 끝나지 않은 글로벌 경제위기의 타격을 받아 그 어느 해 보다 힘든 한 해를 보냈습니다. 특히 금년 하반기부터는 저성장·저금리 시대로 접어들어 자칫 '일본형 장기 복합불황'을 답습하지 않을까 우려되고 있습니다.

광주는 전국 16개 시도 중 인구수는 2011년 말 기준으로 13위, GRDP는 15위를 기록하는 등 취약한 구조이며, 특히 건설경기 위축과 환율하락으로 인한 수출 중소기업들의 채산성 악화 등으로 지역경제의 어려움이 가중되고 있습니다.

이처럼 경기 부진과 불확실성이 고조되고 있는 가운데 때마침 전남대학교 지역개발연구소에서 기획도서로 「광주경제지도」라는 책을 발간하게 되어 망망대해에서 등대를 발견한 것처럼 반가웠습니다. 한 해가 저물어가고 있는 이 때에 우리지역에서 꼭 필요하고 활용가치가 높은 본 책자를 발간하게 된 것을 1700여 광주은행 임직원과 함께 진심으로 축하드리는 바 입니다.

그동안 우리 지역경제 전반의 현황을 파악할 수 있는 책자가 아쉬웠던 차에 실물경제, 지역기업, 유통, 금융 등 광주지역의 경제흐름을 한눈에 파악할 수 있는 아주 유용하고 시의적절한 책이라 사료되며, 모든 분야에서 잘 활용되리라 믿습니다.

이제 우리나라는 진정한 선진국으로 도약해야 할 중대한 시점에 와 있습니다. 이를 위해서는 지역의 균형발전과 지역경제 활성화가 선결요건이며, 중소기업과 대기업을 비롯한 지역 실물경제와 유통, 금융 등 경제 모든 분야가 골고루 발전해 나가야 합니다.

저희 광주은행은 지난 1968년도에 우리 지역민의 손에 의해 탄생된 유일한 향토은행으로서 지난 44년간 지역과 고락을 함께 하며 지역경제의 대동맥으로 성장해 왔고, 한편으론 많은 시련과 역경을 겪으면서도 이를 잘 극복하여 이제 명실상부한 초우량 지방은행으로 우뚝 섰습니다. 앞으로도 광주은행은 지역 대표은행으로서 사명감과 책임감을 가지고 지역경제 발전을 위해 더욱 매진해 나갈 것입니다.

한편, 우리 지역에서는 각 분야 전문가들이 머리를 맞대고 자주 소통하고 지역발전을 위한 좋은 정책을 발굴·권장해 나가야 할 것이며, 「광주경제지도」와 같은 정보와 아이디어가 집약된 좋은 자료들을 축척하고 적극 활용해야 하겠습니다.

특히 내년부터는 국내외적으로 많은 변화가 예상되고 국가적으로는 지역경제 활성화 과제에 대한 공감대가 더욱 커질 것이기 때문에 우리 지역의 문제는 우리 스스로 중지를 모으고 비전과 발전방안을 모색해 나가야 할 것입니다. 차제에 지역경제 현황을 한 눈에 볼 수 있는 「광주경제지도」가 향후 우리 지역경제 발전에 디딤돌 역할을 할 것이라 믿어 의심치 않습니다.

아무쪼록 본 책이 광주지역의 경쟁력을 높이고 지역경제 활성화를 앞당기는데 소중한 자료로 활용되기를 바라며, 앞으로도 이와 같은 좋은 책들이 지속적으로 발간되기를 기대합니다.

감사합니다.

2012년 12월

광주은행장

송 기 진

추천의 글

중국의 기원전 3~5세기중 전국시대(戰國時代) 전략가들의 정치, 군사, 외교 등 책략을 집대성한 '전국책(戰國策)'에 '전사지불망 후사지사(前事之不忘 後事之師)'라는 말이 있습니다. '지난 일을 잊지 않음은 뒷일의 스승이 된다.'라는 의미입니다. 이번 전남대학교 지역개발연구소가 10번째로 발간하는 「광주경제지도」는 광주의 과거를 되돌아보고 미래를 설계하는 바탕이 될 것으로 믿어 의심치 않습니다.

저희 한국은행 광주전남본부는 지역 내 경제현상 분석을 위한 기초통계 작성은 물론 지역경제 발전에 도움이 되는 조사연구 작업을 전남대학교 등 학계, 연구계 등과도 공동으로 진행해 오고 있습니다. 특히 전남대학교 지역개발연구소와는 2008년 산학 교류 협정를 체결한 이후 매년 지역경제포럼을 개최하는 등 협력관계를 구축해오고 있습니다. 이러한 협력관계를 바탕으로 이번에는 전남대학교 지역개발연구소의 「광주경제지도」 집필에 한국은행 광주전남본부도 참여하게 되었습니다.

특별히 한국은행 광주전남본부 박재진 팀장과 주현도조사역이 공동 집필한 '수치로 본 광주경제' 파트에서는 광주지역 경제를 전국 및 여타 광역시와 비교하여 보여줌으로써 광주지역 경제의 현 위상을 보다 면밀히 파악할 수 있도록 하였습니다. 아울러 김일태 지역개발연구소장님을 비롯한 각계 여러 전문가들이 집필한 「광주경제지도」에서는 광주지역 '산업단지 변천사', '향토기업 발전사', '광산업 발전사' 등 그 동안 쉽게 접할 수 없었던 주제들도 연대기별로 정리하고 있어 광주지역 경제 발전 과정을 한 눈에 파악할 수 있도록 하였습니다.

광주지역 경제의 변천사를 기술한 자료집이 부족한 상황에서 이번에 발간된 「광주경제지도」는 독자들에게 지역 경제에 대한 유익하고도 알찬 내용을 전달할 것으로 기대됩니다. 또한 이 책은 향후 지역경제 발전에 관한 연구는 물론 정책입안의 참고자료로도 이용될 수 있을 것으로 기대됩니다. 저희 한국은행 광주전남본부에서도 지방중소기업자금을 효율적으로 운용하는 계획을 재정립하는 데 귀중한 지침서가 될 수 있을 것으로 기대하고 있습니다. 부디 이 책이 국내 중앙 및 지방에서 뿐만 아니라 국제적으로도 널리 인용되고 활용되어 광주지역 경제발전의 초석을 다지는 촉매제가 되기를 바라마지 않습니다.

2012년 12월

한국은행 광주전남본부장
장 택 규

차 례

발 간 사 ………………………………………… 3
추천의 글 ………………………………………… 6
들어가며 ………………………………………… 15

제 1 장 수치로 본 광주경제 박재진 · 주현도

1. 지역내 총생산 (GRDP) ………………………… 20
2. 제조업 생산 ………………………………… 29
3. 고용 ……………………………………… 33
4. 물가 ……………………………………… 37
5. 대외거래 …………………………………… 39
6. 금융 ……………………………………… 46
7. 지방재정 …………………………………… 53
8. 산업단지 …………………………………… 55

제 2 장 지역 산업구조 김일태

1. 광주지역의 산업 · 경제적 특성 ………………… 60
2. 1990년대 광주의 산업구조 …………………… 66
3. 2000년대 광주의 산업구조 …………………… 72
4. 민선5기 산업정책 성과와 과제 ………………… 79

제 3 장 산업단지 변천사 오성수

1. 서론 …… 86
2. 광주지역 산업단지 현황 …… 87
3. 전국 최초의 민자조성 본촌 · 송암공단 …… 91
4. 광주 최대의 하남산업단지 …… 95
5. 광산업 발상지 첨단산업단지 …… 103
6. 조성중인 산업단지 …… 107
7. 시사점 …… 110

인터뷰 …… 113

제 4 장 지역금융 김국현

1. 머리말 …… 116
2. 광주 지역금융의 실상 …… 118
3. 광주지역 금융의 태동과 발전 …… 133
4. 지역 대표은행으로서 광주은행 모습 …… 147
5. 지역금융의 나아갈 방향 …… 151

제 5 장 지역 유통산업 박준수

1. 서론 …… 158
2. 광주지역 유통업태 현황 및 구조변화 …… 159
3. 현대적 유통업태의 도입과 확산 …… 165
4. 전통시장의 쇠퇴 …… 172
5. 유통업 상생 …… 179
6. 마무리 글 …… 181

제 6 장 향토기업 발전사 박영래 · 오성수

1. 금호아시아나 그룹 ······ 186
2. 지역 건설업계 흥망 ······ 193
3. 주요 제조업체 ······ 202

제 7 장 대 기 업 박영래

1. 기아자동차 광주공장 ······ 212
2. 삼성전자 광주사업장 ······ 223

제 8 장 중소기업 김형락

1. 서 론 ······ 240
2. 중소기업의 성장과 도약 ······ 241
3. 외환위기와 중소기업의 시련(1998년~2002년) ······ 251
4. 중소기업의 신성장기(2003년~2012년) ······ 255
5. 대 · 중소기업 양극화와 동반성장 ······ 262
6. 끝마치며 ······ 269

제 9 장 지역특화산업: 광산업 김한식

1. 광주 광산업 탄생 ······ 274
2. 광산업이란 ······ 279
3. 주요 연구개발(R&D) 및 지원기관 ······ 289
4. 광산업의 미래 ······ 300

들어가며

빛고을 광주(光州)의 지명은 무주, 무진주로 부르다가 고려 태조 23년(940) 때 처음 부르기 시작했고, 일제 강점기에 광주읍, 광주부로 개명되었으며, 해방 후 1949년 광주시로, 1986년 직할시로 승격되었다. 또한 '빛고을'이란 명칭은 1995년 광역시로 개칭되는 과정에서 '95광주비엔날레'를 개최하면서 광주(光州)의 한자를 직역하면서부터 사용되기 시작되었다. 광주라는 지명이 부른지가 벌써 일천 칠십여 년의 세월이 흐른 것이다.

광주광역시는 서울, 부산, 대구, 인천에 이은 호남의 거점대도시로, 지난 수십 년간 한국의 민주화와 비약적인 경제성장과 함께 격동의 변화를 겪어왔다. 특히 60년대 경제개발 5개년계획과 함께 시작된 급속한 산업화에도 불구하고, 광주지역은 후진적인 산업구조와 취약한 산업기반, 영세경제규모, 낮은 생산성 등의 경제구조 특징으로 한국경제성장을 뒤따르지 못했으며, 낙후적인 산업구조는 70년대까지 이어졌다.

1980년대부터 광주의 산업구조는 크게 변화하기 시작하였는데, 농림어업부문은 낮은 증가율을 보인 반면 광공업부문이 높은 폭으로 증가하여 전국평균 30.7%와 비슷한 수준으로 성장하였다. 또한 70년대 중반 당시 우리나라 도시의 최저수준에 맞먹는 1인당 국민소득을 '광주권 생산도시화'운동을 기점으로 탈피하였으며, 90년대 평동공단과 첨단 과학 산업 단지의 건설을 통해 광주는 호남의 중추생산도시로 도약하는 계기를 마련하였고, 현대 기아자동차, 삼성전자 광주공장, 금호타이어 등이 지역의 주력업종 기업으로 자리를 잡게 되었다. 또한 1999년 시작된 지역전략산업진흥사업의 실행으로 광산업, 정보가전산업, 자동차부품산업, 디자인산업이 지역의 전략산업으로 육성되고 있다.

현재 광주는 8개의 산업단지가 조성되어 있으며, 진곡산단, 첨단과학산업단지(2단계), 빛그린산단(광주·전남 접경지역)을 조성 중에 있다. 그리고 2011년 광주연구개발(R&D)특구가 지정되어 신성장동력 육성의 기반이 확고한 '수출선도형 생산도시'로 자리를 잡아가고 있다.

이처럼 광주경제는 지속적이고 역동적인 변화를 보이며 성장해 왔으며, 앞으로도 세계화·지방화시대에 패러다임을 따라 움직일 것이다. 따라서 광주의 경제지도는 과거를 바탕으로 광주의 미래를 예측하고, 새로운 변화에 대한 대응 전략을 모색할 수 있는 실마리를 제공할 수 있을 것이다.

본서는 1990년대부터 현재까지의 「광주경제지도」를 다음과 같이 구성하였다.

제1장은 광주의 지역내총생산, 제조업 생산, 고용, 물가, 대외거래, 금융, 지방재정, 산업단지를 수치를 통한 여러 지표 나타내어 분석하였다. 제2장은 광주지역의 산업·경제적 특성을 분석하고, 1990년대와 2000년대로 나누어 광주의 산업구조 변화를 살펴보기로 한다. 제3장에서는 광주지역 산업단지의 태동에서부터 현재에 이르기까지의 과정을 살펴, 광주광역시와 정부가 추진 중인 향후 산업단지의 개발 방향과 광주 발전을 위한 산업단지의 역할과 시사점을 모색하기로 한다. 제4장은 광주지역금융의 시계열 통계자료를 분석하고, 광주은행을 중심으로 지역금융의 발전과정을 살펴, 지역 대표은행인 광주은행이 지역발전을 위해 수행할 역할과 방향을 제시하였다. 제5장은 광주지역의 유통업태의 현황과 구조변화를 살펴보고 현대적 유통업태의 도입과 확산을 바탕으로 유통업의 상생방안을 마련하고자 한다. 제6장은 광주지역의 향토기업 대표인 금호아시아나그룹을 중심으로 지역 건설업계의 흥망과 주요

제조업체의 발전사를 살펴보기로 한다. 제7장은 광주지역의 대표 대기업인 기아자동차와 뒤를 이어 생활가전산업을 이끄는 삼성전자 광주공장의 성장사와 향후 비전을 정리하였다. 제8장은 광주 중소제조업의 변천사를 살펴보고, 대기업과 중소기업 간 양극화 문제와 구조적 문제를 극복하기 위한 동반성장 방안과 광주지역 중소기업 발전방향을 고찰하였다.

마지막으로 제9장은 정부 시행 지역특화산업 가운데 유일하게 성공한 것으로 평가받고 있는 광주 광산업의 태동에서부터 육성과정, 주요 성과를 살피고, 광산업을 바탕으로 한 미래 신성장 동력산업의 방향과 비전을 제시하였다.

본서는 광주의 산업 · 금융 · 언론 · 학계에서 활동하는 지역경제 현장 전문가의 연구를 바탕으로 출간한 도서로 누구에게나 광주의 지역경제 발전 방안을 모색할 수 있는 유용한 지침서가 될 것이다.

2012년 12월

집필진 대표

김 일 태

제 1 장

수치로 본 광주경제

박재진 (한국은행 광주전남본부 경제조사팀장)
주현도 (한국은행 광주전남본부 경제조사팀 조사역)

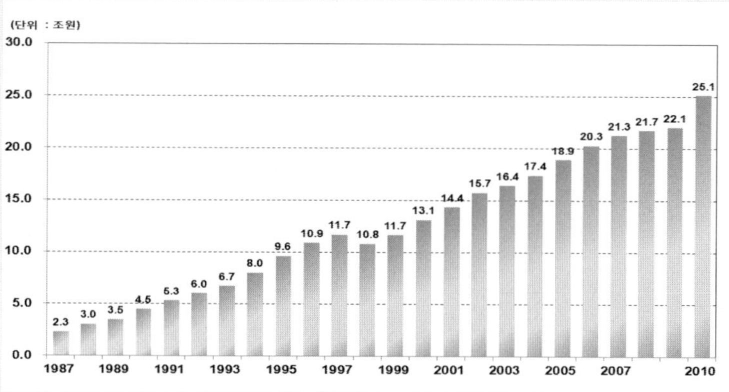

1. 지역내 총생산(GRDP)
2. 제조업 생산
3. 고용
4. 물가
5. 대외경제
6. 금융
7. 지방재정
8. 산업단지

본 장은 1990년대부터 최근까지 광주지역의 경제발전 과정을 생산, 고용, 물가, 대외거래, 금융 등 분야별 수치를 통해 살펴본다. 이를 통해 광주지역이 어떻게 성장해 왔으며 경제구조는 과거와 어떻게 달라졌는지를 확인한다.

제1장 수치로 본 광주경제

1. 지역내 총생산(GRDP)

가. 지역내 총생산(GRDP) 추이

1986년 직할시(현 광역시)로 지정된 이듬해인 1987년 광주시(이하 광주로 표기)의 GRDP(명목기준)는 2.3조원에 불과하였다. 그러나 그 이후부터 동 GRDP는 1998년 외환위기를 겪으면서 일시적으로 감소한 것을 제외하고는 매년 꾸준히 성장하여 2010년에 25.1조원을 기록하였다. 이처럼 1987년부터 2010년까지 23년간 광주의 경제규모는 10.9배로 성장하여 전국(9.6배), 서울(8.6배)과 비교하여 상대적으로 매우 빠른 성장세를 보였다. 이에 따라 광주 경제가 우리나라 전체 경제에서 차지하는 비중은 1987년 1.90%에서 2010년 2.14%로 상승하였다.

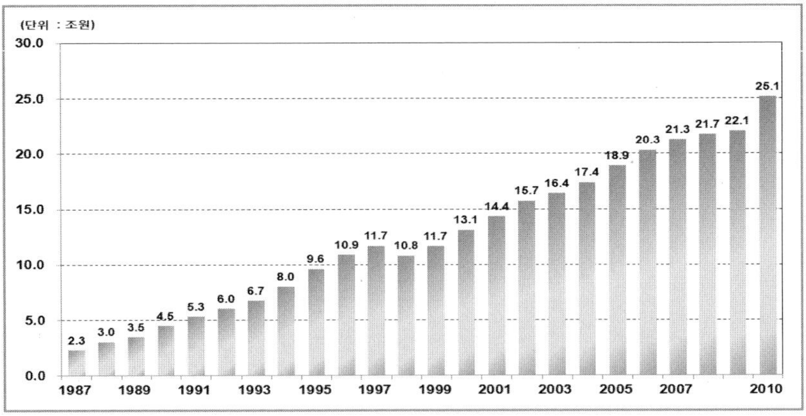

자료 : 통계청

〈그림 1-1〉 광주광역시 명목 GRDP

실질GRDP도 명목GRDP와 마찬가지로 1988년 이후 높은 증가세를 지속하긴 하였으나 여러 번에 걸쳐 부진한 모습을 보였다. 먼저 1998년에는 외환위기로 실질GRDP가 -14.1% 성장이라는 심각한 경기침체를 경험하였으며 2003년에는 카드사태 여파로 성장이 정체되기도 하였다. 그러나 2005년과 2006년 중에는 6%대의 높은 성장률을 기록하면서 카드 사태에 따른 경기부진에서 회복되는 모습을 보였다. 한편 2008년에는 글로벌 금융위기 영향으로 광주가 다시 한 번 마이너스 성장률(-0.8%)을 기록하는 부진한 모습을 보였으나 2010년에 9.1%의 높은 성장률로 회복되는 매우 탄력적인 모습을 보였다.

광주의 중장기적인 경제성장 추세를 보면 실질GRDP 성장률이 외환위기를 경험하기 전인 1988년부터 1998년까지는 연평균 6.7%였으나 1999년부터 2010년까지는 연평균 4.8%로 낮아져 외환위기 이후 경제성장세가 둔화되는 모습을 보이고 있다.

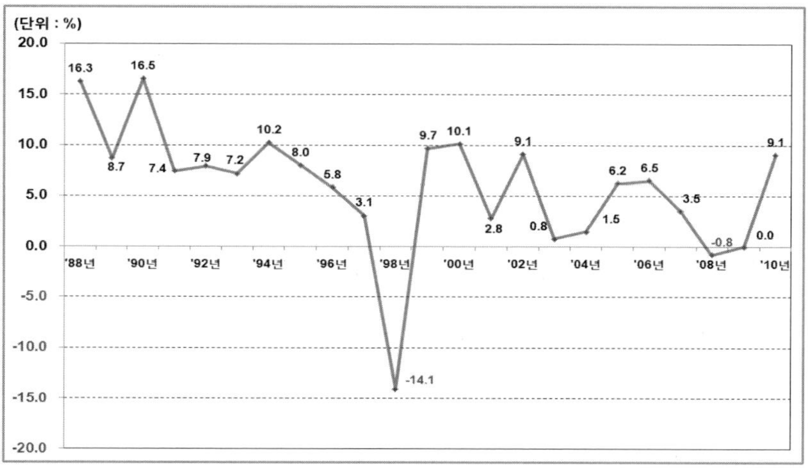

자료 : 통계청

〈그림 1-2〉 광주광역시 실질 GRDP 증감률

나. GRDP의 구성

2010년 광주 GRDP의 부가가치 구성을 보면 서비스업이 64.0%, 제조업이 28.8%, 건설업이 4.8%를 차지하여 서비스업이 가장 높은 비중을 차지하고 있다. 이는 전국 GRDP의 부가가치 구성 비율(서비스업 58.8%, 제조업 30.1%, 건설업 6.3%)과 비교했을 때 서비스업 비중이 상대적으로 높은 수준임을 보여주는 것이다.

광주의 산업구조 변화를 보면 1987년에는 서비스업 60.7%, 제조업 28.6%, 건설업 8.1%였으나 2010년에는 이에 비해 서비스업 비중이 크게 높아지고 건설업 비중은 그만큼 낮아졌다. 특히 건설업 비중은 1998년까지 10% 이상을 나타내며 광주의 부가가치에서 많은 비중을 차지하였으나 2010년에는 4.8%까지 낮아졌다. 이와 반대로 제조업은 1990년대 초반까지는 동 비중이 하락하다가 2000년대 초반부터 다시 상승하여 2010년에는 1987년과 비슷한 28% 수준으로 회복하였다.

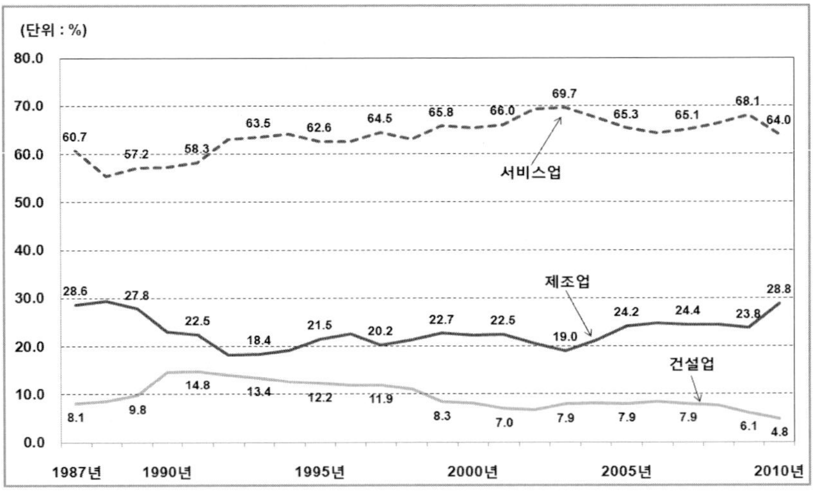

자료 : 통계청

〈그림 1-3〉 광주광역시 산업구조 변화

지출 측면에서는 최종소비지출(민간소비지출+정부소비지출) 구성비가 80~90% 수준에 달하여 광주의 GRDP에서 가장 큰 비중을 차지하고 총자본형성 비중은 30% 내외를 보이고 있다. 반면 재화와 서비스의 순이출[1]은 마이너스를 기록하여 광주의 GRDP를 감소시키는 주요 요인이 되고 있다.

GRDP = 최종소비지출 + 총자본형성 + 재화와서비스순이출

지출구조 변화를 구체적으로 보면 최종소비지출 비중은 1995년에 80% 수준에 조금 못 미쳤으나 2000년대 초반에는 90% 가까이 상승하였다. 이후 2006년에 다시 82%까지 하락하다가 2009년에 다시 90%까지 상승하였으나 2010년에는 85%로 하락하는 모습을 보였다.

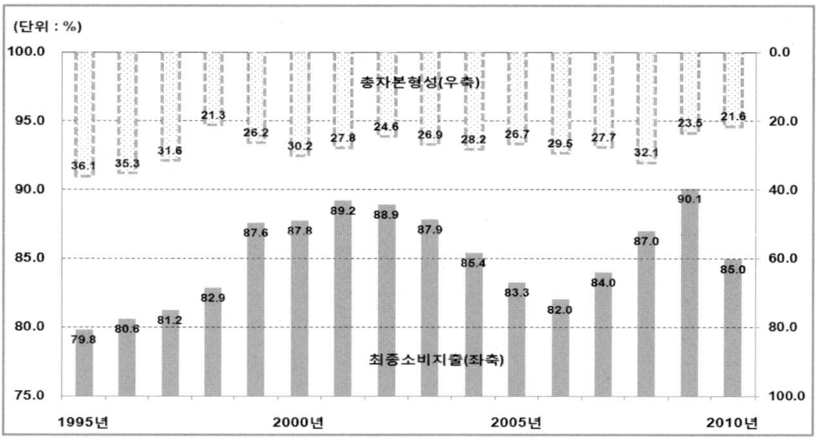

자료 : 통계청

〈그림 1-4〉 광주광역시 지출구조 변화

1) (광주에서 생산한 재화와 서비스의 타 지역 이출액 - 타 지역에서 생산한 재화와 서비스의 광주 유입액)으로 순이출이 (+)면 GRDP가 증가하고 (-)면 GRDP가 감소한다.

총자본형성 비중은 1995년 중 36.1%로 지역 내 투자가 활발하였음을 알 수 있다. 그러나 외환위기시에는 동 비중이 21.3%까지 하락하였으며 이후에는 30% 내외에서 움직였다. 다만, 2009년과 2010년에는 글로벌 금융위기 영향으로 2008년 중 32.1%에서 각각 23.5%와 21.6%로 크게 하락하였다.

한편 재화와 서비스의 순이출은 1995년 이후 매년 마이너스를 기록하고 있다. 이는 광주가 지역 내 수요(최종소비지출 및 총자본형성)를 충당하기 위해 타 지역에서 생산된 재화 및 서비스를 계속 수입하고 있음을 의미한다. 즉, 광주가 생산보다 소비가 큰 도시임을 말해주는 것이다. 이러한 추세가 고착, 확대되는 것은 광주 경제가 타 지역에 대한 의존도가 높다는 것을 의미하는 것으로 광주 경제의 자생력을 높이기 위해서는 지역 내 수요를 충분히 충족할 수 있는 생산기반을 추가로 갖추도록 노력하는 것이 바람직한 것으로 보인다.

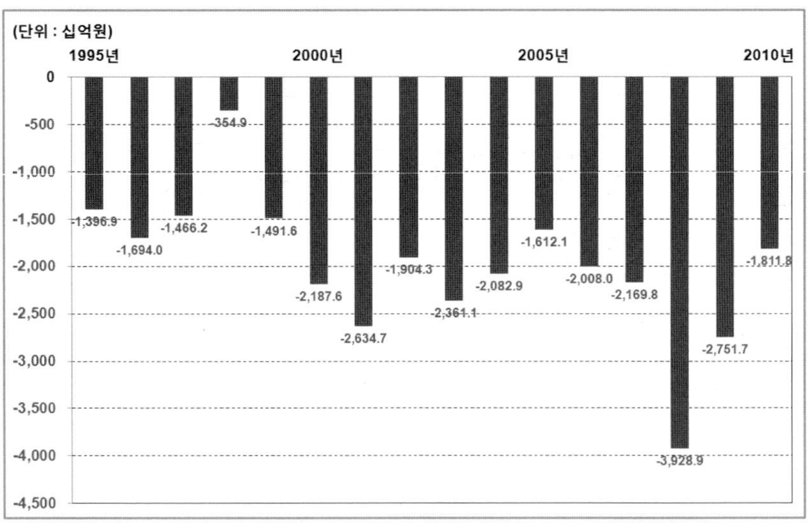

자료 : 통계청

〈그림 1-5〉 광주광역시 재화와 서비스의 순이출 추이

다. 타 지역과의 비교

2010년 중 서울 및 6개 광역시의 명목GRDP가 전국의 명목GRDP에서 차지하는 비중을 비교해 보면 서울특별시가 23.2%로 압도적인 비중을 차지하고, 다음으로 부산광역시와 울산광역시가 각각 5.1% 및 5.0%를, 인천광역시가 4.8%를 기록하여 네 개 도시의 구성비가 전체의 약 40%를 점유하고 있다. 반면 광주는 비교대상 도시 중에서 가장 낮은 2.1%에 불과하여 경제규모가 상대적으로 크지 않음을 보여주고 있다.

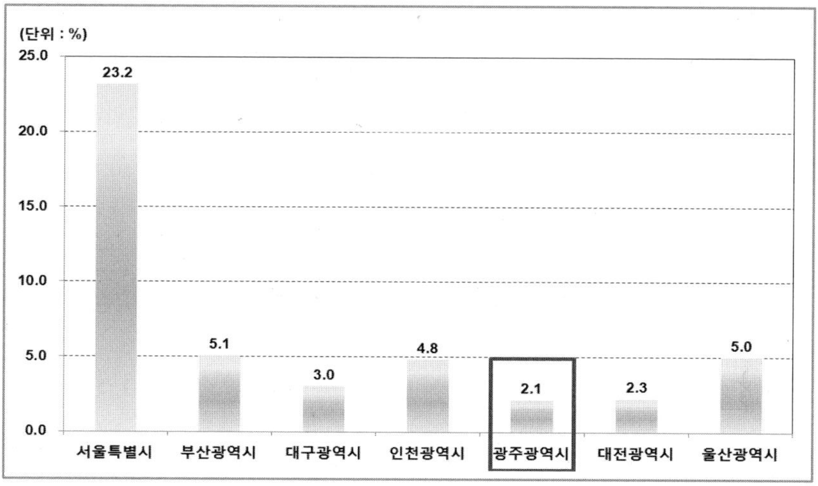

자료 : 통계청

〈그림 1-6〉 2010년 전국대비 서울 및 6대 광역시의 GRDP 구성비

다음으로 GRDP에서 최종소비지출이 차지하는 비중을 타 지역과 비교해 보면 광주는 전국 평균에 비해 매우 높은 80~90% 수준을 보여주고 있다. 이는 광주의 최종소비지출 규모가 생산규모에 비해 상대적으로 큰 데 기인한 것으로 타 지역으로부터의 재화와 서비스의 유입이 많은 이유가 되고 있다. 실제 재화와 서비스의 순이출이 (+)를 기록 중인 울산, 충남, 전남지역의 경우 명목GRDP에서 최종소비지출이 차지

하는 비중은 각각 28.4%, 40.1%, 45.4%로 전국 평균(67.8%)에 비해 크게 낮은 수준에 머물러 있다.

광주의 제조업 부가가치가 전국의 제조업 부가가치에서 차지하는 비중[2)]은 2010년 현재 비교대상 5개 광역시중 인천에 이어 2번째로 높은 수준으로 나타나고 있다. 부산, 대구 그리고 인천의 경우 1980년대 후반 제조업 부가가치 비중이 상당히 높았으나 시간이 지나감에 따라 점차 하락하는 모습을 보이고 있다. 반면 광주 제조업의 부가가치 비중은 1980년대 후반 28.6%에서 2000년대 초반 20% 내외의 낮은 수준에서 움직이다가 2003년 19.0%까지 하락한 후 다시 상승하는 모습을 보이고 있다. 다만, 광주의 경우 제조업 비중이 부산, 대구, 인천에 비해 높은 수준으로 나타났는데 이는 2003년 이후 광주의 제조업 성장세가 타 지역에 비해 월등히 높아졌기 때문이다.

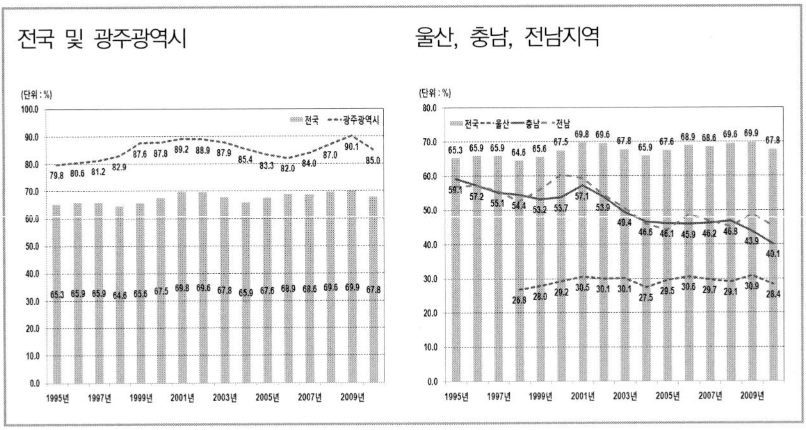

자료 : 통계청

〈그림 1-7〉 최종소비지출 비중 추이

2) 제조업 비중이 현저하게 낮은 서울(2010년 현재 5.0%)과 월등히 높은 울산(2010년 현재 71.0%)은 비교대상에서 제외함

〈표 1-1〉 서울 및 6대광역시의 지역 내 총부가가치 대비 제조업부가가치 비중

(단위 : %)

	서 울	부 산	대 구	인 천	광 주	대 전	울 산
1985	10.8	35.5	42.8	42.8	-	-	-
1986	11.5	36.5	43.9	43.3	-	-	-
1987	12.7	36.7	44.8	46.1	28.6	-	-
1988	11.4	34.8	42.9	45.8	29.4	-	-
1989	9.9	31.5	40.1	44.2	27.8	25.3	-
1990	8.3	32.1	37.4	44.6	23.1	24.6	-
1991	7.8	30.3	34.3	46.7	22.5	22.3	-
1992	8.9	27.1	30.1	40.6	18.2	18.8	-
1993	8.7	25.7	27.0	39.7	18.4	18.3	-
1994	8.5	24.1	26.3	39.3	19.2	18.7	-
1995	8.4	23.0	28.3	41.6	21.5	18.7	-
1996	8.1	21.7	26.6	41.9	22.5	18.4	-
1997	7.6	20.2	26.0	40.9	20.2	18.7	-
1998	6.7	20.7	25.7	39.7	21.3	19.5	67.6
1999	6.2	20.0	25.6	37.4	22.7	18.5	69.1
2000	6.1	19.4	24.2	39.4	22.3	19.7	67.0
2001	5.8	18.7	21.3	35.5	22.5	18.0	66.2
2002	5.7	18.3	20.9	32.5	20.5	18.4	65.6
2003	5.7	15.5	19.1	30.2	19.0	15.5	66.0
2004	5.5	16.2	20.4	31.0	21.1	17.1	68.8
2005	5.6	17.2	20.8	30.6	24.2	15.3	67.0
2006	5.3	17.4	20.4	30.2	24.7	14.2	66.2
2007	5.1	17.4	20.0	30.0	24.4	14.8	66.0
2008	4.6	19.0	19.1	29.8	24.4	15.9	68.0
2009	4.7	18.6	19.6	28.1	23.8	15.8	69.1
2010	5.0	19.5	21.4	29.4	28.8	16.5	71.0

자료 : 통계청

실제로 2003년부터 2010년까지의 제조업 성장률을 비교해보면 제조업 부가가치 비중이 70% 이상을 차지하는 울산이 83.3% 증가한 것을 비롯하여 부산은 73.0%, 대구, 인천, 대전은 약 50% 이상씩 증가하였으나 광주는 동 기간 중 135.5%나 증가하여 타 지역에 비해 월등히 높은 성장세를 시현하였다.

이처럼 동 시기에 광주의 제조업이 상대적으로 빠르게 성장한 것은 광주시가 과거 지역경제를 이끌었던 자동차, 타이어 업종 등의 성장에만 만족하지 않고 광산업과 반도체, 금형산업 등 새로운 산업을 집중적으로 육성시킨 노력의 결과로 보인다.

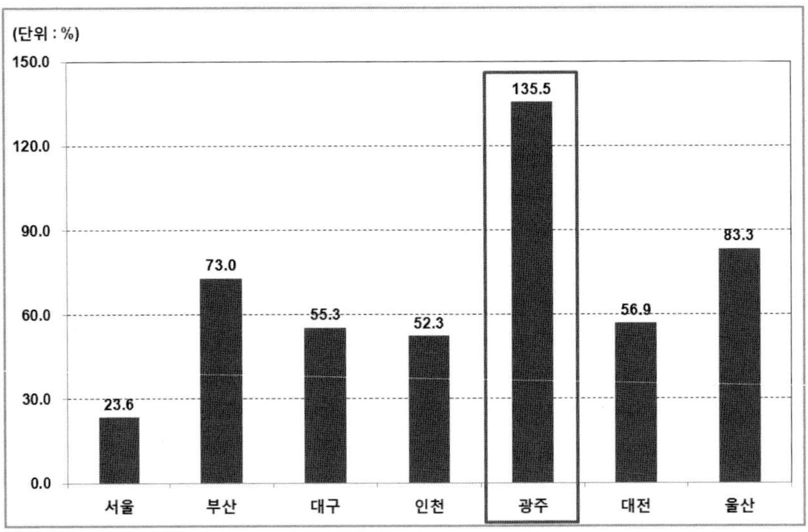

자료 : 통계청

〈그림 1-8〉 서울 및 6대 광역시의 2003년~2010년 중 제조업 성장률

2. 제조업 생산

가. 제조업 생산

광주의 제조업 생산지수 추이를 보면 1985년 이후 모두 네 번의 감소를 경험하였는데, 그 중 세 번은 -5%를 넘는 큰 폭의 감소를 보였다. 먼저 1998년은 외환위기 영향으로 전년대비 16% 감소하며 최악의 경기침체를 경험하였다. 그러나 이듬해에는 31.2%의 플러스 성장을 기록하면서 빠른 속도로 위기에서 벗어났다. 이후 외환위기 극복과정에서 늘어난 신용카드 발급 확대에 따른 카드사태 발생 영향으로 2003년에는 제조업 생산이 전년대비 5.1% 감소하였다. 또한 2008년에는 미국에서 비롯된 글로벌 금융위기 영향으로 전년대비 6.9% 감소하였다. 그러나 2010년과 2011년에는 각각 25.2%와 8.7% 성장하면서 빠른 속도로 회복되었다. 전국 제조업과 비교할 때 광주 제조업의 특징은 경제위기 시 광주의 제조업 생산이 더 큰 폭으로 감소한다는 점이다.

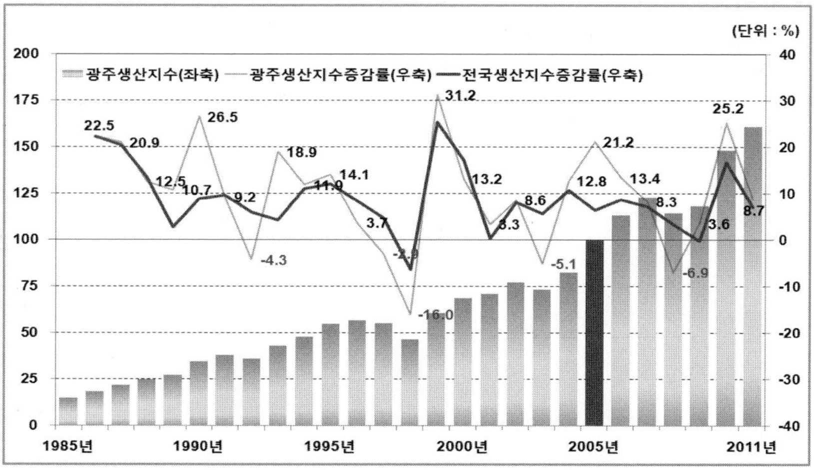

자료 : 통계청

〈그림 1-9〉 광주광역시 제조업생산지수 및 증감률

실제 외환위기시인 1998년에는 전국 제조업 생산이 6.5% 감소하는 데 그쳤으나 광주의 제조업 생산은 16.0%나 감소하였다. 또한 2003년과 2008년에는 전국 제조업 생산이 각각 5.6%, 3.4% 증가하였음에도 불구하고 광주 제조업 생산은 같은 기간 중 각각 5.1%, 6.9% 감소하였는데 이는 광주의 주력 업종이 자동차, 가전제품 등 주로 경기에 민감한 업종이기 때문이다.

한편 〈표 1-2〉를 통해 타 지역의 제조업 생산과 비교해 보면 광주의 제조업 생산은 타 지역에 비해 빠른 속도로 성장하였음을 보여주고 있다. 광주의 1985년 제조업 생산은 2005년 대비 14.8%에 불과하여 부산 및 대구의 동 비율인 78.0% 및 76.2%에 비해 매우 낮은 수준이었다. 즉, 2005년 광주의 생산수준이 1985년에 비해 6.8배로 증가한 반면 부산, 대구는 모두 1.3배로 증가한 데 그쳐 광주의 생산이 매우 빠른 속도로 증가하였음을 보여주고 있다. 이러한 성장세는 2005년 이후에도 지속되어 광주의 2011년 생산지수는 161.1로 2005년 대비 61.1% 증가함으로써 서울 및 6대 광역시 중에서 가장 높은 성장세를 기록하고 있다[3]. 반면 부산 및 대구는 2005년에 비해 각각 30.9% 및 30.1% 성장하는 데 그치고 서울은 2008년 글로벌 금융위기 이후 제조업 생산이 2005년 수준 밑으로 낮아지는 부진한 모습을 보이는 것과 크게 대조되는 모습이다.

광주의 제조업을 업종별로 보면 1998년 이전까지는 전자부품, 전기장비 등의 성장세가 뚜렷한 모습을 보였다. 전자부품과 전기 장비는 광주 제조업의 주력산업으로 1985년부터 1998년까지의 연평균 성장률이 각각 14.3%, 16.9%를 기록하며 광주 제조업의 성장세를 견인하였다.

---

3) 각 지역의 생산지수는 해당 지역의 기준년(2005년) 생산을 100으로 보고 수치화한 것이므로 지역 간 생산지수 차이를 직접 비교하지 않도록 유의하여야 함. 예를 들어 2011년 광주의 생산지수는 161.1, 부산지역의 생산지수는 130.9를 기록하였는데, 이를 광주의 생산량이 부산지역의 생산량보다 많다고 해석하는 것은 잘못된 해석임.

그러나 동 기간 중 담배(-0.5%) 및 금속가공제품(-9.0%) 등은 생산이 감소하면서 광주 제조업의 성장을 낮추는 요인으로 작용하였다.

〈표 1-2〉 서울 및 6대광역시의 제조업 생산지수 추이

	전 국	서 울	부 산	대 구	인 천	광 주	대 전	울 산
1985	17.0	64.9	78.0	76.2	31.6	14.8	–	–
1986	20.7	78.6	89.1	93.6	40.6	18.1	–	–
1987	25.0	95.1	99.8	106.7	48.8	21.9	–	–
1988	28.3	99.3	101.6	112.5	52.4	24.7	–	–
1989	29.1	92.1	97.5	109.8	54.3	27.3	–	–
1990	31.7	92.0	99.1	116.5	59.2	34.5	64.4	–
1991	34.7	95.9	99.6	119.7	61.7	37.7	66.7	–
1992	36.8	93.9	93.6	112.1	65.7	36.1	65.2	–
1993	38.3	90.5	86.5	110.0	71.2	42.9	65.0	–
1994	42.6	92.3	86.0	119.3	83.1	48.0	69.4	–
1995	47.7	92.4	85.7	110.1	93.1	54.8	68.2	61.5
1996	51.7	91.3	84.8	113.3	96.2	56.8	72.6	64.8
1997	54.1	81.4	79.5	106.1	96.6	55.1	74.3	72.6
1998	50.6	67.9	67.9	86.1	72.0	46.3	63.3	65.1
1999	63.4	91.1	71.5	96.8	90.1	60.7	71.0	73.0
2000	74.3	103.9	80.2	100.2	99.6	68.7	80.1	76.9
2001	74.4	99.9	86.4	93.0	90.3	71.0	85.5	77.4
2002	80.4	103.6	96.2	95.0	91.9	77.2	90.8	83.9
2003	84.9	106.6	96.2	96.3	94.0	73.2	96.0	88.9
2004	94.0	109.1	94.1	100.4	98.2	82.5	100.5	96.9
2005	100.0	100.0	100.0	100.0	100.0	100.0	100.0	100.0
2006	108.7	110.6	108.4	104.2	107.5	113.4	104.6	101.8
2007	116.4	113.3	120.6	109.1	114.0	122.8	109.2	104.3
2008	120.3	105.6	125.4	111.2	111.7	114.3	104.2	107.7
2009	120.0	93.1	119.4	99.6	97.1	118.4	101.2	106.6
2010	140.1	97.9	127.3	125.4	111.9	148.2	118.8	111.2
2011	149.9	91.2	130.9	130.1	115.0	161.1	120.3	123.1

자료 : 통계청

그러나 1998년 이후에는 주로 자동차의 성장세에 힘입어 광주의 제조업이 크게 성장하였다. 자동차는 1985년부터 1998년까지 연평균 10.8% 성장하다가 1998년부터 2011년까지는 연평균 19.9%씩 성장하며 광주 제조업의 성장을 주도해 왔다. 이와 달리 전자부품과 전기 장비는 연평균 성장률이 각각 8.3%, 6.9%로 외환위기 이전의 성장률에 크게 못 미치는 모습을 보였다.

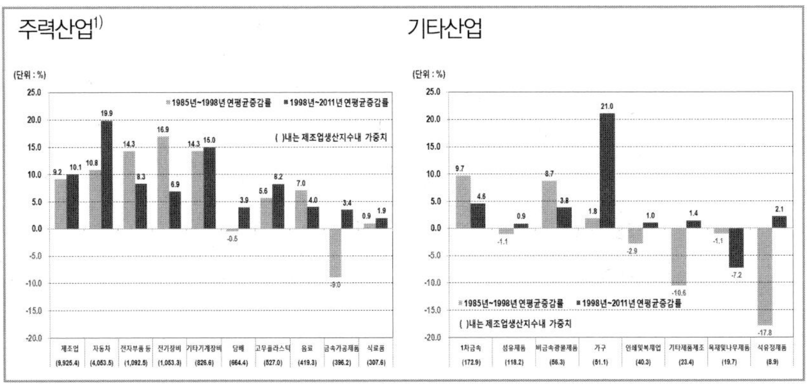

1) 광주광역시 제조업생산지수 가중치 기준 3% 이상 업종
자료 : 통계청

〈그림 1-10〉 광주광역시 업종별 제조업 생산지수 증감률

나. 생산자제품 출하 및 재고

광주의 생산자제품 출하지수는 앞서 설명한 생산지수와 거의 비슷한 움직임을 보이고 있다. 반면 재고지수는 대체로 출하지수와 반대 방향으로 움직이는 경향을 보이는 가운데 경기 상승기에는 기업들이 수요 증가에 대비해 미리 재고를 쌓아둠에 따라 출하지수와 동시에 증가하는 모습을 보이기도 하였다. 예를 들어 광주에서는 각각 외환위기와 카드대란시기 등 경기침체를 경험한 다음 해인 1999년과 2004년에는 생산자제품 출하지수와 재고지수가 동시에 증가하는 모습을 보였다.

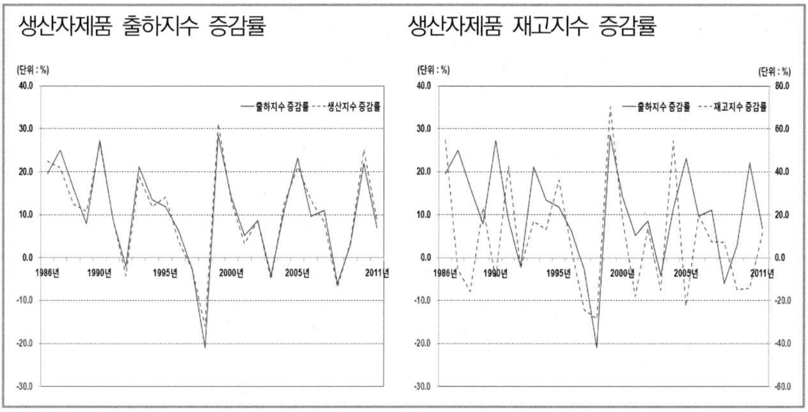

자료 : 통계청

〈그림 1-11〉 광주광역시 생산자제품 출하지수 및 재고지수 증감률

3. 고 용

가. 경제활동인구

광주의 경제활동인구는 1989년 이후 1998년, 2003년, 2006년 등 3개 년도를 제외하고는 꾸준히 증가하였다. 이중 1998년과 2003년은 각각 외환위기와 카드사태의 여파로 경기가 침체되면서 경제활동인구가 큰 폭으로 감소하였다. 이는 불황으로 인해 장기실업자들이 취업 노력을 포기하고 학업연장 등을 이유로 노동시장에서 퇴장하였기 때문인 것으로 보인다. 한편 1997년까지는 경제활동인구가 빠른 속도로 증가해 왔으나 1998년 외환위기 이후에는 경제활동인구가 상대적으로 완만한 속도로 증가하는 특징을 나타내고 있다.

광주의 경제활동인구를 연령별로 보면 1989년에는 15~29세의 청년층 비중이 30.6%로 상당히 높은 수준을 나타냈으나 이후 꾸준히 감소하여 2011년에는 동 비중이 18.0%까지 낮아졌다. 이는 청년층 인구 중 상당수가 학업, 취업 등을 사유로 타 지역으로 이동하였기 때문인 것으로

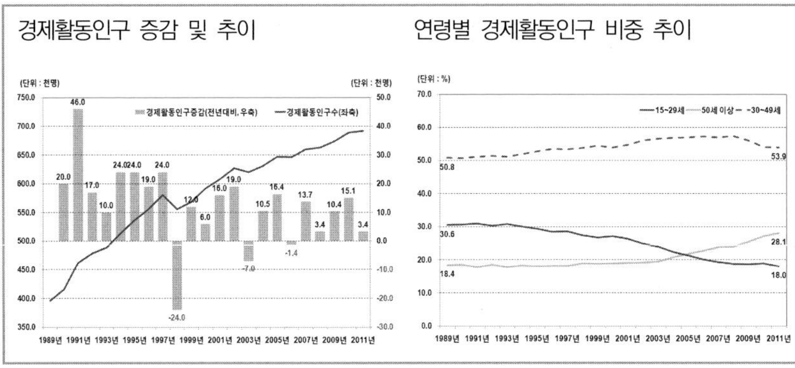

자료 : 통계청

〈그림 1-12〉 광주광역시 경제활동인구

풀이된다. 반면 50세 이상의 비중은 1989년 18.4%에서 2011년 28.1%로 약 10%p 상승한 반면 30~49세 경제활동인구 비중은 소폭 상승하는데 그치고 있어 점진적으로 인구 고령화가 진행되고 있음을 보여주고 있다.

나. 취업자 및 실업률

광주의 취업자 수는 경제활동인구와 매우 비슷한 움직임을 보이고 있다. 다만 1998년과 2003년 중에는 취업자 수 감소폭이 같은 시기의 경제활동인구 감소폭에 비해 훨씬 큼에 따라 동 기간 중 실업률이 큰 폭으로 상승하는 모습을 보여주고 있다. 연령별 취업자 수 비중 역시 앞서의 연령별 경제활동인구 추이와 유사한 모습을 보여 주고 있다. 청년층의 취업자 수 비중은 추세적으로 감소하여 1989년 28.8%에서 2011년 17.4%로 낮아진 반면 50세 이상 취업자 수 비중은 꾸준히 상승하고 있다. 이는 광주 내 청년층의 타 지역으로의 이전 등으로 취업자 수 비중이 낮아진 영향도 있겠으나 청년실업률이 높아진 점도 이에 상당히 기여한 것으로 보인다.

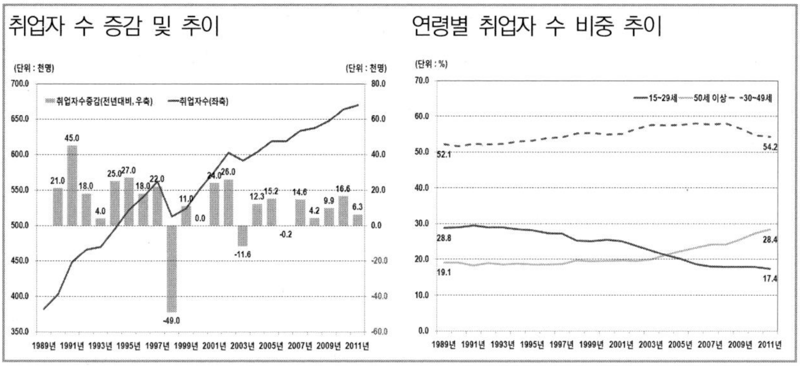

자료 : 통계청

〈그림 1-13〉 광주광역시 취업자 수

실업률은 1990년 이후 3% 내외에서 등락을 반복하다가 외환위기 여파로 1998년과 1999년 2년 연속 7.7%로 상승한 후 2002년에 가서야 3.8%까지 하락하였다. 2003년에는 카드사태의 영향으로 도소매 · 음식 숙박업 취업자 수가 크게 감소하면서 실업률이 4.6%로 반등하였으나 2004년부터 실업률이 다시 꾸준히 하락하여 2011년에는 3.1%까지 낮아졌다. 특히 2008년에는 광주의 경제성장률이 마이너스를 기록하였음

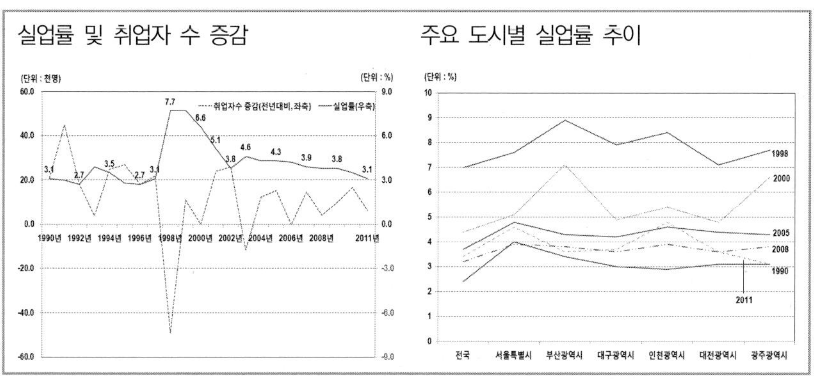

자료 : 통계청

〈그림 1-14〉 광주광역시 실업률 추이

에도 불구하고 실업률은 전년대비 0.1%p 하락하였는데 이는 글로벌 금융위기 영향으로 제조업 성장률(전년대비 -6.7%, GRDP기준)이 크게 하락하면서 제조업 취업자 수(전년대비 -6천명)가 감소하였으나 서비스업은 성장세를 이어감에 따라 서비스업 취업자 수(전년대비+19천명)가 제조업 취업자 수 감소폭보다 더 크게 늘었기 때문이다.

다. 산업별 취업자

산업별 취업자 수 비중을 보면 사업·개인·공공서비스 및 기타서비스업의 취업자 수 비중은 지속적으로 상승하는 추세인 반면 도소매·음식숙박업 취업자 수 비중은 2001년 이후 꾸준히 하락하는 모습이다. 제조업 취업자 수 비중은 1992년 19.7%를 기록한 후 점차 하락하면서 2008년에는 11.1%까지 하락하였다. 그러나 최근 제조업 경기 호황으로 인해 취업자 수가 증가하면서 동 비중이 다시 상승하여 최근에는 15%에 다소 못 미치는 수준까지 상승하였다. 또한 농림어업 취업자 수 비중은 산업구조에서 농업 비중이 줄어들고 있는 점을 반영하여 1992년 8.4%에서 2011년 2.8%까지 큰 폭으로 하락하였다.

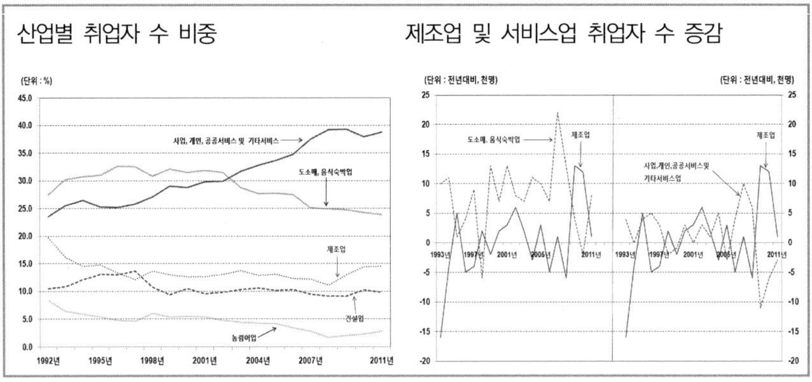

자료 : 통계청

〈그림 1-15〉 광주광역시 산업별 취업자 수

한편 제조업 취업자 수 증감을 도소매·음식숙박업 취업자 수 증감 또는 사업·개인·공공서비스 및 기타서비스업 취업자 수 증감과 비교해 보면 대체로 서로 반대되는 방향으로 움직이는 모습이다. 이는 제조업의 불황으로 실업자가 늘어날 경우 동 실업자들이 제조업에서 재취업하기 보다는 소규모 영세사업의 개업 등을 통해 서비스업 시장에 진입하기 때문인 것으로 보인다.

4. 물가

가. 소비자물가

광주의 소비자물가지수는 1985년 이후 단 한 차례의 하락도 없이 꾸준히 상승하였다. 광주 물가의 또 다른 특징은 외환위기를 전후로 물가상승률의 변동 폭이 달라진 점이다. 외환위기 이전인 1997년까지 소비자물가는 연평균 5.8% 상승하였으나 1998년부터 2011년까지의 소비자물가는 연평균 2.9% 상승하는 데 그쳐 과거에 비해 소비자물가상승률이 크게 낮아졌다. 다만, 2011년의 소비자물가는 농산물 가격이 큰 폭

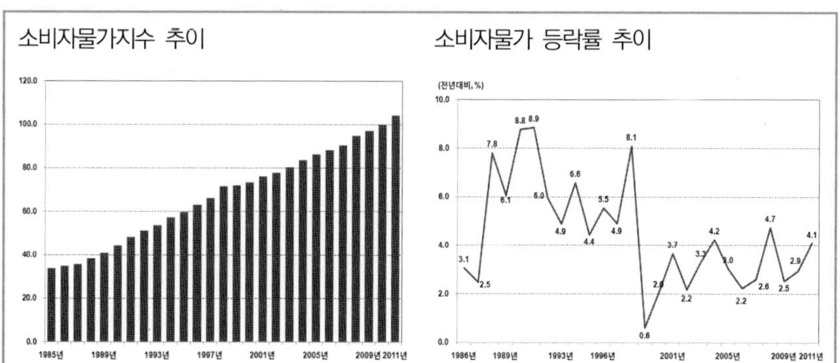

자료 : 통계청

〈그림 1-16〉 광주광역시 소비자물가

으로 상승함에 따라 소비자물가 상승률이 이보다 다소 높은 4.1%의 수준을 나타내는 모습을 보였다.

〈그림 1-17〉을 통해 광주의 소비자물가 구조를 보면 최근 광주 소비자물가 상승률이 둔화된 것은 주로 서비스물가의 하락에 기인한 것이다. 즉, 1997년까지 부문별 물가상승률을 연평균으로 보면 공업제품이 3.6%, 서비스가 6.9%를 기록하였으나 1998년부터 2011년까지는 공업제품이 2.8%, 서비스가 2.5%를 기록하여 서비스물가 상승률이 훨씬 더 큰 폭으로 하락하였다. 한편 농산물 소비자물가도 1998년 이후 가격 변동 폭이 크게 축소되는 모습을 보였으나 2010년과 2011년에는 각각 14.2%, 10.8% 상승하는 등 최근 변동 폭이 크게 확대되는 모습을 보이고 있다.

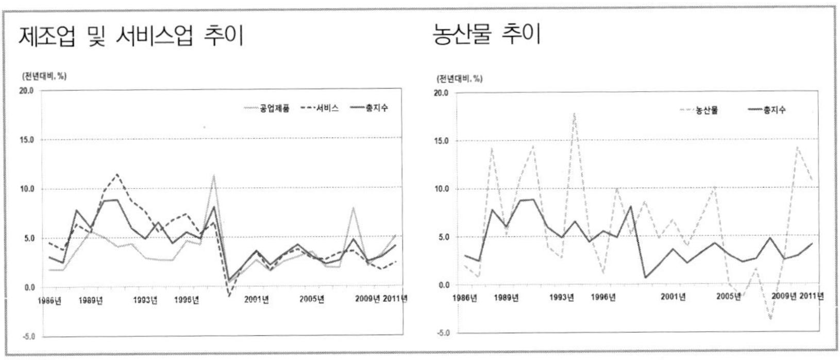

자료 : 통계청

〈그림 1-17〉 광주광역시 품목별 소비자물가 등락률

나. 생활물가

생활물가는 소비자물가와 매우 비슷한 움직임을 보였다. 다만, 생활물가지수 상승률이 소비자물가지수 상승률을 약 1%p 상회하고 있어 소비자들이 체감하는 물가상승률이 보다 더 높게 나타나고 있음을 보여주고 있다.

한편 생활물가지수 등락률과 민간최종소비지출(GRDP 기준) 증감률은 서로 반대 방향으로 움직이는 것으로 나타나고 있는데 이는 물가상승이 민간의 소비와 상호 밀접하게 관련되어 있음을 보여주는 것으로서 향후 지역 내 민간소비를 늘리기 위해서는 생활물가 관리에 노력해야 할 필요가 있음을 보여주는 것이다.

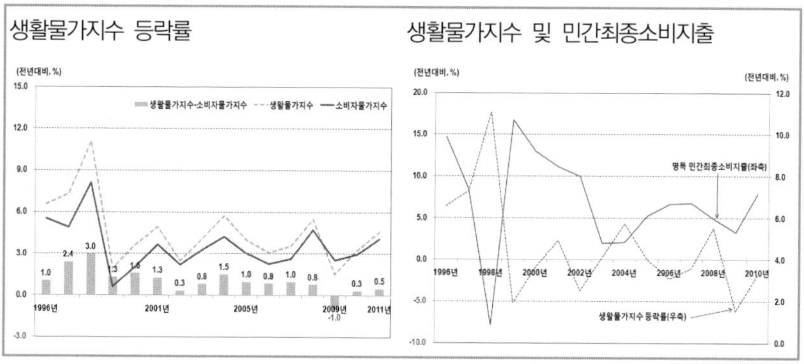

자료 : 통계청

〈그림 1-18〉 광주광역시 생활물가지수

5. 대외거래

가. 수 출

1990년대 중반부터 광주의 수출은 대체로 매우 높은 증가세를 보였다. 수출금액은 1990년 중 4.2억 달러에 불과하였으나 2011년 중에는 133.4억 달러를 기록하였다. 이는 동 기간 중 수출금액이 31.4배로 늘어난 것으로 같은 기간 중 8.5배로 늘어난 전국의 수출금액보다 훨씬 빠른 속도로 증가한 것이다.

광주의 수출증감률은 대체로 전국의 수출증감률과 비슷한 움직임을 보이는 가운데 외환위기시에는 크게 다른 움직임을 보였다. 즉, 1997년

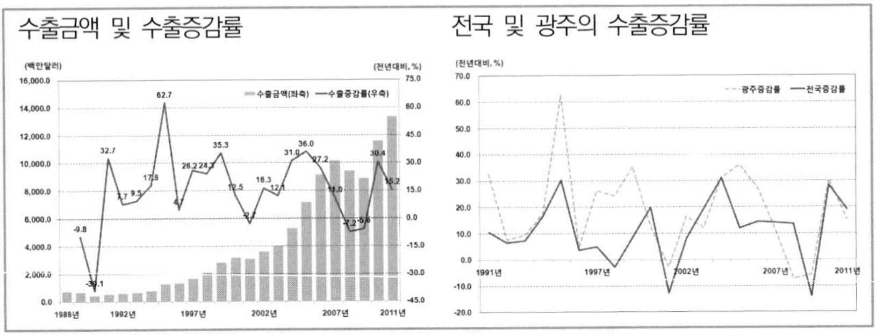

자료 : 관세청

〈그림 1-19〉 광주광역시 수출 추이

〈표 1-3〉 광주광역시 수출금액 및 증감률

(단위 : 백만 달러, 전년대비, %)

	전국수출액	광주수출액	광주수출 증감률	전국수출 대비비중
1990년	65,015.7	424.5	−39.1	0.7
1991년	71,870.1	563.4	32.7	0.8
1992년	76,631.5	606.9	7.7	0.8
1993년	82,235.9	664.5	9.5	0.8
1994년	96,013.2	783.1	17.8	0.8
1995년	125,058.0	1,274.1	62.7	1.0
1996년	129,715.1	1,333.4	4.7	1.0
1997년	136,164.2	1,682.2	26.2	1.2
1998년	132,313.1	2,091.7	24.3	1.6
1999년	143,685.5	2,829.9	35.3	2.0
2000년	172,267.5	3,182.6	12.5	1.8
2001년	150,439.1	3,095.2	−2.7	2.1
2002년	162,470.5	3,598.3	16.3	2.2
2003년	193,817.4	4,034.8	12.1	2.1
2004년	253,844.7	5,287.6	31.0	2.1
2005년	284,418.7	7,188.6	36.0	2.5
2006년	325,464.8	9,142.0	27.2	2.8
2007년	371,489.1	10,143.9	11.0	2.7
2008년	422,007.3	9,412.1	−7.2	2.2
2009년	363,533.6	8,883.2	−5.6	2.4
2010년	466,383.8	11,581.4	30.4	2.5
2011년	555,213.7	13,339.7	15.2	2.4

자료 : 관세청

중 전국의 수출증감률이 전년대비 2.8% 감소하였음에도 불구하고 광주는 반도체 수출 증가[4]에 힘입어 24.3% 증가하는 등 전년의 26.2%에 이어 높은 증가세를 지속하였다.

한편, 1999년 및 2000년 중에도 꾸준한 증가세를 보이던 광주 수출은 2001년에는 세계 및 IT산업 경기 부진 등으로 전국과 마찬가지로 일시적으로 수출이 감소하는 모습을 보였으나 이후 2008년 글로벌 금융위기 전까지는 견조한 증가세를 보였다. 그러나 2008년 글로벌 금융위기 발생 이후 2년간 광주의 수출은 각각 -7.2% 및 -5.6%의 증가율을 보이는 부진한 모습을 보였으나 2010년 및 2011년에 각각 30.4% 및 15.2% 증가하는 빠른 회복세를 보였다.

광주의 수출이 전국에서 차지하는 비중은 1990년대 중반 이후 광주의 높은 수출증가세에 힘입어 크게 높아진 것으로 나타났다. 광주의 전국대비 수출비중은 1990년 0.7%에서 외환위기 직후인 1999년에 2.0%로 상승한 후 2006년에는 2.8%까지 높아졌다. 이후에는 2.0%대 중반을 유지하다 2011년에는 2.4% 수준에 머무르고 있다.

광주의 주요 수출품목을 보면 2000년에는 반도체가 15.6억 달러로 가장 많이 수출된 품목으로 전체 수출중 약 50%를 차지하고 그 다음으로 자동차, 가정용 회전기기(선풍기, 세탁기 등) 등이 각각 전체 수출중 11.4% 및 8.1%의 비중을 차지하였다. 그러나 최근 연도인 2011년에는 자동차가 48.8억 달러로 2000년 수출금액 대비 13.5배로 성장하면서 수출금액 1위 품목이 되었으며 그 다음으로 반도체, 냉장고 등이 각각 18.7% 및 10.5%의 비중을 차지하였다.

2000년과 2011년의 10대 수출품목을 비교해 보면 자동차, 반도체, 냉장고, 가정용 회전기기, 원동기 및 펌프 등 5개 품목이 지난 10여 년간 계속해서 10대 주력 수출품목 자리를 차지하고 있는 반면 고무제품,

4) 1996년 아남반도체 광주공장 설립

섬유 및 화학기계, 자동차부품, 금형 등이 새로운 10대 수출품목으로 등장하였다.

〈표 1-4〉 광주광역시 주요 수출품목

2000년 10대 수출품목

(단위 : 천 달러, %)

	품 목 명	수출금액	구성비
1	반 도 체	1,564,798	49.2
2	자 동 차	362,297	11.4
3	가정용회전기기	258,625	8.1
4	냉 장 고	251,086	7.9
5	난방및전열기기	177,601	5.6
6	원동기및펌프	82,061	2.6
7	영상기기	69,282	2.2
8	음향기기	39,404	1.2
9	회전기기	38,468	1.2
10	전자시계및게임기	37,949	1.2
	기 타	301,034	9.5
합계	합 계	3,182,605	100.0

2011년 10대 수출품목

(단위 : 천 달러, %)

	품 목 명	수출금액	구성비
1	자 동 차	4,884,522	36.6
2	반 도 체	2,488,093	18.7
3	냉 장 고	1,399,866	10.5
4	고무제품	1,285,621	9.6
5	가정용회전기기	632,016	4.7
6	섬유및화학기계	558,229	4.2
7	자동차부품	302,535	2.3
8	원동기및펌프	278,595	2.1
9	기구부품	127,970	1.0
10	금 형	121,357	0.9
	기 타	1,260,891	9.5
합계	합 계	13,339,695	100.0

자료 : 관세청

한편 광주 전체 수출금액에서 상위 10대 수출품목의 수출금액이 차지하는 비중을 보면 2000년과 2011년 모두 동 비중이 90.5%를 차지하여 상위 10대 품목에 대한 수출의존도가 지나치게 높은 것으로 나타났다. 따라서 광주는 향후 수출품목의 다변화를 통해 대외여건 변화에 따른 특정 주력 제품의 수출 부진 및 이에 따른 지역 내 고용이나 소득이 과도하게 변동하지 않도록 지역경제의 안정을 도모하는 것이 바람직할 것으로 보인다.

나. 수 입

광주의 수입은 수출과 마찬가지로 지난 20여 년간 상당히 빠른 속도로 증가하였다. 광주의 수입증감률은 대체로 전국의 수입증감률과 유사한 모습을 보였으나 일부 기간 중에는 상이한 모습을 보였다. 특히 1999년과 2003년에는 각각 66.3% 및 70.3%의 높은 수입증가율을 보여 전국과의 괴리가 매우 커진 것으로 나타났는데 이는 반도체 등 주력품목의 생산 공장 전입 등에 기인한다.[5] 2011년에는 전자전기 및 기계류 수입의 부진으로 전년대비 5.9% 감소함으로써 같은 해에 23.3% 증가한 전국의 수입증가율과 매우 큰 차이를 보였다.

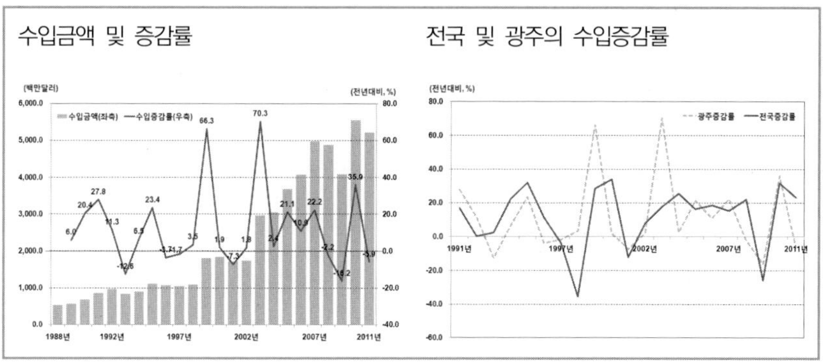

자료 : 관세청

〈그림 1-20〉 광주광역시 수입추이

한편 우리나라 전체 수입에서 광주의 수입이 차지하는 비중을 보면 1990년 1.0%에서 2003년 1.7%까지 상승하여 전국에 비해 수입이 빠른 속도로 늘어났음을 보여주고 있다. 그러나 2003년 이후에는 전국대비 비중이 꾸준히 하락하여 2011년 현재 1.0% 수준으로 수입 비중이 점차

---

5) 1999년 Amkor Technology Korea, Inc. 설립(기존 아남반도체 광주공장 인수), 2003년 Amkor 부천공장을 광주로 이전 통합하였음.

줄어드는 모습을 보이고 있다.

광주의 품목별 수입을 보면 2000년에는 반도체가 11.8억 달러로 광주 전체 수입액의 63.8%를 차지하며 가장 큰 비중을 차지하였다. 마찬가지로 2011년에도 반도체는 29.4억 달러로 금액 기준으로 1위 수입품목이었으나 광주 전체 수입액에서 차지하는 비중은 56.3%로 예전에 비해 크게 낮아졌다. 반도체 외에 인쇄회로, 스위치 등 기구부품, 기타 농산물 등이 2000년 이후 수입금액 기준 상위 10대 수입품목에 꾸준히 포함되어 광주의 주요 수입품목이 되고 있다.

반면 2011년에는 반도체 제조용 장비, 철강판, 자동차부품 등이 새로운 10대 수입품목으로 포함되었다. 이는 지난 11년간 광주에 반도체, 금형, 자동차 산업이 크게 성장함에 따라 수입품목도 이에 맞추어 변하였음을 보여주는 것이다.

〈표 1-5〉 광주광역시 주요 수입품목

2000년 10대 수입품목

(단위 : 천 달러, %)

	품 목 명	수입금액	구성비
1	반 도 체	1,176,605	63.8
2	기타농산물	80,244	4.4
3	기구부품	78,508	4.3
4	천연섬유사	41,172	2.2
5	컴 퓨 터	31,904	1.7
6	수동부품	23,668	1.3
7	원동기및펌프	19,986	1.1
8	압연기용접기	16,837	0.9
9	합성수지	14,789	0.8
10	합성고무	14,357	0.8
	기 타	345,876	18.8
합계	합 계	1,843,946	100.0

2011년 10대 수입품목

(단위 : 천 달러, %)

	품 목 명	수입금액	구성비
1	반 도 체	2,939,788	56.3
2	임산부산물	520,524	10.0
3	기구부품	279,577	5.4
4	기타농산물	184,170	3.5
5	반도체제조용장비	139,756	2.7
6	철 강 판	107,712	2.1
7	자동차부품	55,504	1.1
8	합성고무	53,328	1.0
9	합성수지	51,225	1.0
10	가정용회전기기	48,212	0.9
	기 타	843,423	16.1
합계	합 계	5,223,219	100.0

자료 : 관세청

한편 2000년 및 2011년의 상위 10대 수입품목 수입금액은 각각 광주 전체 수입금액의 81.2% 및 83.9%를 차지하고 있어 수출품목과 마찬가지로 상위 품목의 수입비중이 매우 높아 특정 품목에 편중되어 있음을 보여주고 있다.

다. 무역수지

광주의 무역수지를 살펴보면 1990년부터 1994년까지는 적자가 지속되었다. 그러나 1995년부터 수출이 수입을 큰 폭으로 앞지름에 따라 무역수지가 흑자로 전환되었으며 흑자폭도 점차 확대되는 모습을 보이고 있다. 특히 수출금액 증가속도가 수입금액 증가속도보다 빨라 최근에는 수출금액이 수입금액을 훨씬 상회하면서 큰 폭의 무역수지 흑자를 기록하고 있다. 예를 들어 1990년 수입금액은 6.8억 달러로 수출금액인 4.2억 달러보다 많았으나 2011년에는 수출금액이 133.4억 달러로 수입금액인 52.2억 달러보다 약 2.5배 정도로 커진 것으로 나타났다.

한편 우리나라 전체 무역수지는 1990년부터 1997년까지 8년 연속 적자를 기록하는 등 적자기간이 광주보다 오래 지속되었다. 특히 1998년에는 외환위기가 발생한 점에 비추어 볼 때 오랜 기간 동안의 무역수지 적자가 외환위기 발생 원인의 하나가 되었음을 추측해 볼 수 있다. 그러나 광주의 무역수지는 전국과 달리 무역수지 적자 기간이 1990년부터 1994년까지 5개년에 그쳐 상대적으로 짧은 데다 최근 글로벌 금융위기 시에도 큰 폭의 흑자를 기록하는 등 보다 건실한 모습을 보여주고 있다.

예를 들어 전국의 무역수지는 1998년부터 꾸준히 흑자를 기록해 온 가운데 2008년에는 글로벌 금융위기로 133억 달러의 큰 폭의 무역수지(통관기준) 적자를 기록하였으나 광주는 2008년에 45.4억 달러 규모의 무역수지 흑자를 기록하여 글로벌 금융위기 여파가 타 지역에 비해 상대적으로 크지 않았음을 보여주었다.

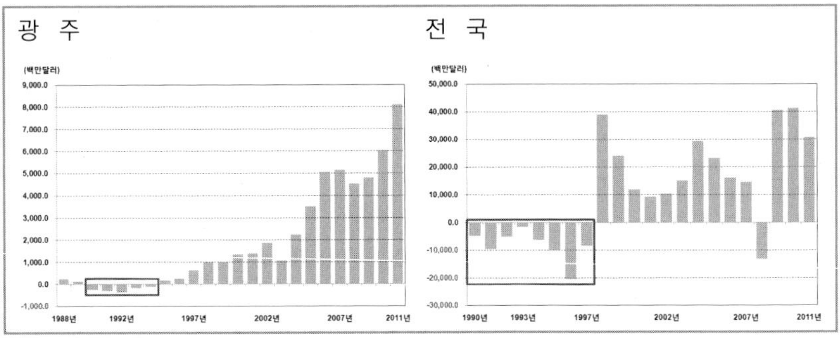

자료 : 관세청

〈그림 1-21〉 광주광역시 및 전국 무역수지 추이

6. 금 융

가. 예금은행 수신

광주의 예금은행 수신은 1995년 말 현재 4.3조원에서 2011년 말 현재 18.1조원으로 4.2배로 성장하였다. 연도별로 예금은행 수신의 주요 추이를 보면 2002년까지는 예금은행의 높은 수신금리에 따른 원화예금 증가의 영향으로 매년 10% 이상의 높은 증가율로 늘어나다 2004년에 일시적으로 전년대비 5.2%의 감소세를 기록한 이후 다시 꾸준한 증가세를 지속하였다.

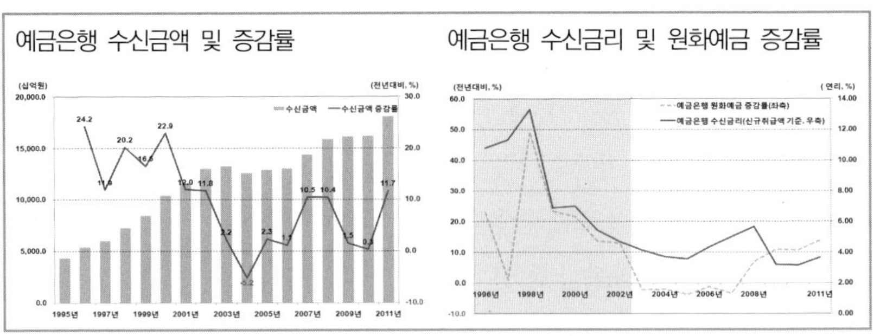

자료 : 한국은행

〈그림 1-22〉 광주광역시 예금은행 수신

광주의 예금은행 수신 증감률을 전국 예금은행 수신 증감률과 비교해 보면 양자 모두 대체로 비슷한 움직임을 보였으나 일부 기간에서 상이한 특징을 보였다. 광주의 수신 증감률은 2002년부터 2006년까지 5년간 전국의 수신증감률보다 낮은 증가세를 보이는 특징을 나타내고 있는데 이는 동 기간 동안 낮은 원화예금 금리 수준의 영향으로 여타 자산으로 자금이동이 확대되면서 예금증가율이 현저히 낮아졌기 때문인 것으로 풀이된다. 다만, 2011년 들어서는 전국보다 높은 증가세를 보였으며 나머지 기간 중에는 전국 수신증감률과 비슷한 움직임을 보였다.

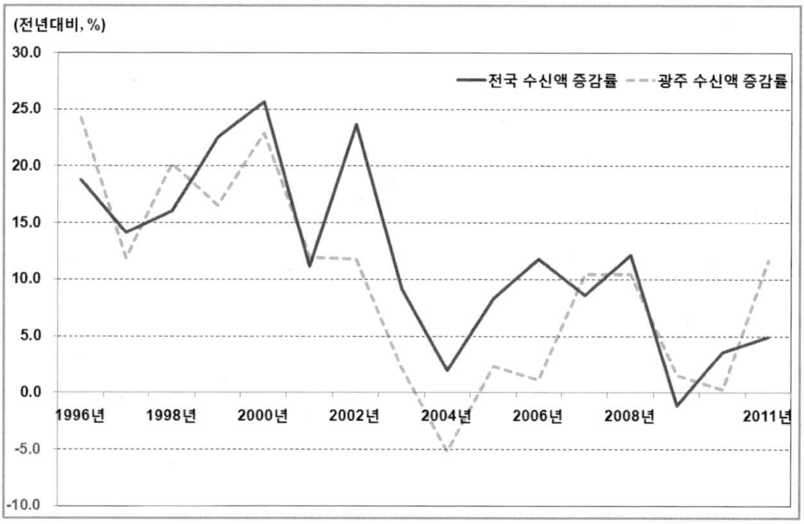

자료 : 한국은행

〈그림 1-23〉 전국 및 광주광역시 수신금액 증감률

광주의 예금은행 수신을 예금종별로 보면 원화예금이 은행 수신의 가장 큰 기반임을 보여주고 있다. 2011년 말 현재 총예금은행 수신에서 차지하는 예금종별 비중을 보면 원화예금이 87.3%, 양도성예금(CD)이 4.0%, RP매도가 3.4%, 매출어음이 0.4%, 금융채발행이 4.8%로 1995년

말 현재(원화예금 77.5%, 양도성예금(CD) 15.8%, RP매도 4.7%, 매출어음 1.5%, 금융채발행 0.6%)와 비교 시 원화예금 및 금융채발행 비중은 각각 9.8%p, 4.2%p 높아진 반면 양도성예금(CD), RP매도, 매출어음 비중은 각각 11.7%p, 1.3%p, 1.0%p 낮아졌다.

각 예금종별로 비중 추이를 보면 원화예금 비중은 2002년 92.2%까지 상승하였으나 2011년에는 87.3%로 소폭 낮아졌다. 양도성예금(CD)은 1995년 15.8%였으나 이후 꾸준히 감소하여 2001년에는 전체 수신의 0.3%에 그쳤다가 2009년에는 10.8%로 다시 높아졌다. 다만 은행의 예대율 규제로 인해 2010년부터는 양도성예금(CD) 규모가 다시 감소하고 있는 상황이다. 한편 금융채 발행은 2011년 금융채 발행 수신 비중이 4.8%로 1995년에 비해 대폭 상승하여 예금은행의 새로운 수신기반의 하나가 되었다.

전국 예금은행 수신대비 5대 광역시의 예금은행 수신 비중은 꾸준히 하락하다 2008년 이후 소폭이나마 상승하고 있다. 이 가운데 광주 예금은행 수신의 전국대비 비중은 2011년 1.6%로 울산을 제외한 5대 광역시중 가장 낮은 수준을 보이고 있다.

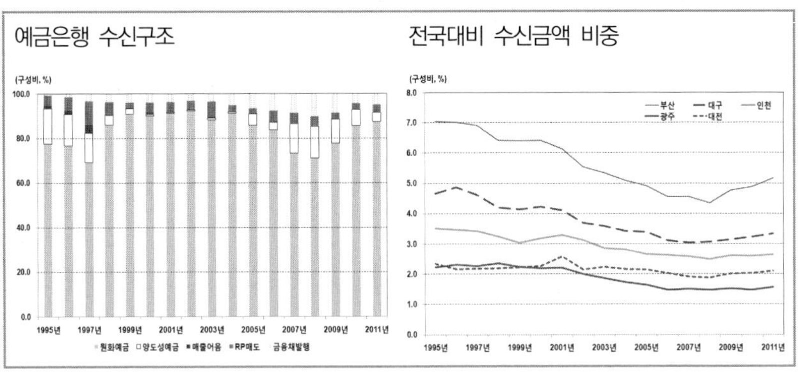

자료 : 한국은행

〈그림 1-24〉 광주광역시 예금은행 수신구조

나. 예금은행 여신

광주의 예금은행 여신은 1995년 말 현재 3.9조원에서 2011년 말 현재 19.5조원으로 5배로 성장하였다. 광주 예금은행 여신은 외환위기시에 부산(-9.0%), 대구(-4.8%), 인천(-6.6%), 대전(-8.3%) 등이 큰 폭의 감소를 경험했던 것과는 달리 소폭(+0.7%) 증가하는 모습을 보였다. 이후에도 광주 여신은 견조한 증가세를 보이다 글로벌 금융위기 여파로 2009년과 2010년에 각각 3.2% 및 2.6% 감소하는 모습을 보였다. 구체적으로 2009년에는 은행의 리스크관리 강화 등으로 신용관련대출이 크게 줄어 가계대출이 감소한 데다 건설경기 침체로 인한 지역건설사들의 부도 영향 등으로 지역 내 자금수요가 줄어들면서 산업 대출이 감소한 것이다. 2010년에는 건설경기 침체 지속 영향으로 건설업, 부동산 및 임대업을 중심으로 대출이 큰 폭으로 감소한 데 따른 영향으로 은행 여신이 전년에 이어 감소세를 지속하였다. 다만, 2011년 들어서는 글로벌 금융위기가 완화되면서 7.6% 증가하는 높은 회복세를 보였다.

〈표 1-6〉 광주광역시 은행별 여신 증감률

(단위 : 전년대비, %)

	'97	'98	'99	'00	'01	'02	'03	'04	'05	'06	'07	'08	'09	'10	'11
시중은행	40.5	−3.8	31.3	21.7	15.9	27.0	4.8	−4.3	−5.0	16.4	20.1	8.4	−7.0	−2.2	7.9
지방은행	11.4	−6.3	37.6	5.1	22.2	36.6	15.5	9.4	13.6	12.1	15.6	5.6	2.6	−2.2	8.9
특수은행	−25.5	15.7	25.7	−14.2	22.4	18.7	43.9	14.1	19.9	11.6	9.9	7.0	−4.0	−3.5	6.0
계	7.7	0.7	31.1	6.9	19.0	27.5	16.6	4.6	7.9	13.5	15.4	7.1	−3.2	−2.6	7.6

자료 : 한국은행

한편 광주의 전국대비 여신금액 비중은 1995년 2.6%에서 2011년 1.8%로 크게 낮아졌다. 동 기간 중 부산, 대구 및 대전 등 대부분의 광역시도 여신 비중이 하락한 것으로 나타났다. 다만, 인천은 5개 광역시

중 유일하게 1995년 비중보다 2011년 비중이 상승한 것으로 나타났다.

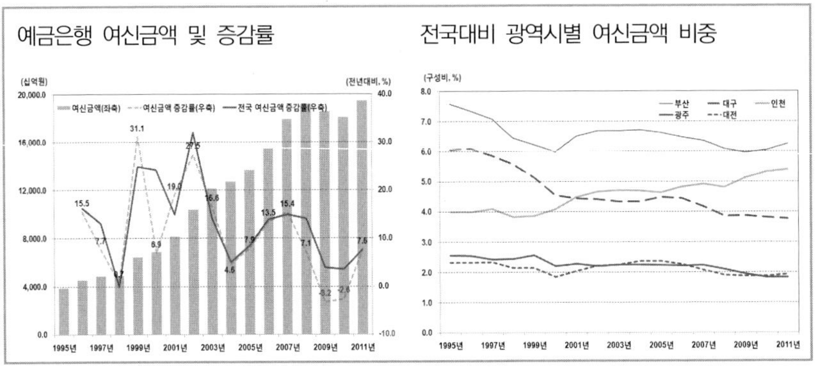

자료 : 한국은행

〈그림 1-25〉 광주광역시 예금은행 여신

다. 비은행예금취급기관 수신

광주의 비은행예금취급기관 수신은 2004년 말 현재 8.8조원에서 2011년 말 19.5조원으로 7년 동안 2.2배로 성장하였다. 2004년 말 현재 예금은행 수신금액 12.6조원보다 낮은 수준이었던 비은행예금취급기관 수신은 2004년 이후 꾸준히 증가하여 2007년에는 동 수신 규모가 14.9조원으로 예금은행 수신규모인 14.4조원보다 커지면서 역전되는 모습을 보였다.

한편 비은행예금취급기관 수신은 2007년 대폭 증가한 이후 증가세가 점차 둔화되는 모습을 보이고 있다. 이는 광주뿐만 아니라 부산, 대구, 인천 등 기타 광역시에서도 공통적으로 나타나는 현상이다. 특히 부산 지역 수신은 2011년 부산저축은행 사태의 영향 등으로 7.8% 감소하는 모습을 보였는데 그 동안 이들 지역의 수신 감소는 비은행예금취급기관에 대한 민간의 신뢰성이 약화된 데 기인한 것으로 보인다.

비은행 예금취급기관 수신금액 및 증감률

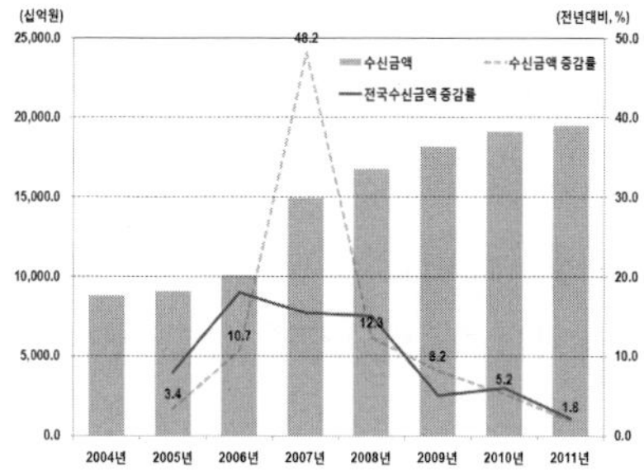

전국, 서울 및 6대 광역시별 수신금액 증감률

(전년대비, %)

	'05	'06	'07	'08	'09	'10	'11
전국	7.9	18.0	15.5	15.1	5.1	6.0	2.1
서울	8.0	21.5	-3.7	21.3	1.9	7.9	1.6
부산	3.8	11.6	66.7	8.7	6.1	-0.4	-7.8
대구	6.3	14.2	64.3	8.3	5.7	4.7	1.6
인천	10.5	17.9	43.7	10.0	7.4	4.2	1.0
광주	3.4	10.7	48.2	12.3	8.2	5.2	1.8
대전	9.2	15.4	57.2	9.0	8.6	5.5	0.3
울산	8.0	19.3	42.2	12.6	11.4	5.7	6.3

자료 : 한국은행

〈그림 1-26〉 광주광역시 비은행예금취급기관 수신

전국 비은행예금취급기관 수신대비 광주의 동 수신비중을 보면 2004년 말 현재 1.8%에서 2011년 말 현재 2.1%로 0.3%p 상승하였다. 같은 기간 중 부산 등 모든 광역시의 수신 비중이 상승하였는데 이는 서울지역의 수신 비중이 줄어든 데 주로 기인한 것이다. 즉, 전국대비 서울지역 비은행예금취급기관의 수신 비중은 2004년 53.4%에서 2011년 47.4%로 6.0%p 하락하였다.

〈표 1-7〉 전국대비 서울 및 6대 광역시별 비은행예금취급기관 수신비중

(단위 : %)

	'04(A)	'05	'06	'07	'08	'09	'10	'11(B)	(B-A, %p)
서 울	53.4	53.4	55.0	45.8	48.3	46.9	47.7	47.4	-6.0
부 산	4.5	4.4	4.1	5.9	5.6	5.7	5.3	4.8	+0.3
대 구	2.7	2.7	2.6	3.7	3.5	3.5	3.5	3.4	+0.7
인 천	2.2	2.2	2.2	2.8	2.7	2.7	2.7	2.6	+0.4
광 주	1.8	1.7	1.6	2.1	2.0	2.1	2.1	2.1	+0.3
대 전	1.7	1.7	1.7	2.3	2.1	2.2	2.2	2.2	+0.5
울 산	1.3	1.3	1.3	1.6	1.6	1.7	1.7	1.7	+0.4

라. 비은행예금취급기관 여신

광주의 비은행예금취급기관 여신은 수신과 마찬가지로 2004년 이후 꾸준히 증가해 왔다. 2004년 4.8조였던 비은행예금취급기관 여신은 2011년 9.3조로 7년 동안 1.9배로 늘어났다. 같은 기간 예금은행 여신이 1.5배로 늘어난 것과 비교하면 비은행예금취급기관 여신이 더욱 빠르게 증가한 것이다. 이는 동 기간 중 수신금액이 예금은행의 경우 1.4배로 증가한 반면 비은행예금취급기관은 2.2배로 증가하였기 때문인 것으로 풀이된다.

한편 광주의 전국대비 비은행예금취급기관 여신비중을 보면 2004년 말 현재 2.9%에서 2011년 말 현재 2.7%로 0.2%p 하락하였으며 같은 기간 중 부산은 부산저축은행 사태의 영향 등으로 1.9%p 하락하였다. 이와 달리 대구는 0.2%p, 인천은 0.3%p, 울산은 0.4%p 각각 상승하는 모습을 보이는 가운데 대전은 변화가 없었다. 동 기간 중 전국대비 서울지역의 여신비중은 2004년 24.0%에서 2011년 30.2%로 6.2%p 상승하여 6.0%p 감소한 수신비중과 대조를 보였다.

비은행예금취급기관 여신금액 및 증감률

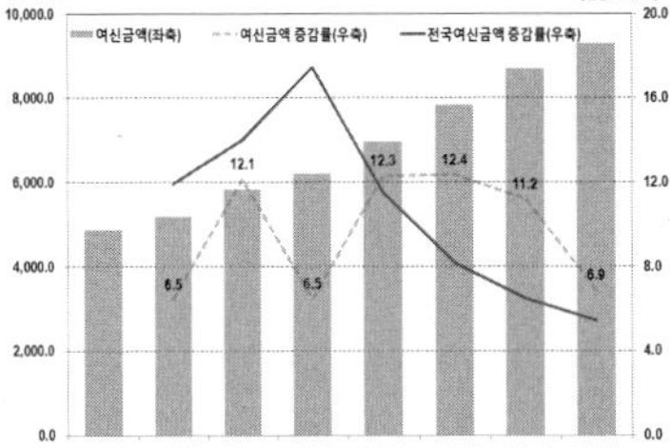

전국대비 서울 및 6대 광역시별 여신비중

(전년대비, %, %p)

	'04(A)	'05	'06	'07	'08	'09	'10	'11(B)	B-A
서울	24.0	25.4	27.8	31.1	30.1	30.2	29.9	30.2	6.2
부산	6.8	6.4	6.1	5.6	5.6	6.0	6.3	4.9	−1.9
대구	3.7	3.8	3.9	3.7	3.6	3.5	3.7	3.9	0.2
인천	4.2	4.2	4.3	4.3	4.3	4.5	4.4	4.5	0.3
광주	2.9	2.7	2.7	2.4	2.4	2.5	2.7	2.7	-0.2
대전	2.4	2.4	2.3	2.2	2.2	2.2	2.4	2.4	0.0
울산	2.0	2.0	1.9	1.9	2.0	1.9	2.1	2.4	0.4

자료 : 한국은행

〈그림 1-27〉 광주광역시 비은행예금취급기관 여신

7. 지방재정

가. 재정자립도

광주 재정자립도[6]는 2005년 이후 지속적으로 하락하고 있다. 2005년까지는 대체로 60% 내외의 수준을 유지하였으나 2005년 이후 매년 하락하여 2012년에는 46.6%까지 낮아졌다.

지난 2001년부터 서울 및 6대 광역시의 재정자립도를 비교해 보면 광주가 제일 낮은 수준을 기록하고 있다. 2012년에는 광주 다음으로 재정자립도가 낮은 대구와도 6.2%p 차이가 나는 등 타 광역시에 비해 광주의 재정자립도가 취약한 모습이다. 특히 2007년까지는 전국 평균에 비해 높은 수준을 유지하였으나 2008년부터는 전국 평균을 하회하게 되었다. 한편 서울 및 6대 광역시는 2001년 이후 전반적으로 재정자립도가 큰 폭으로 하락하는 모습을 보이고 있는 가운데 서울, 인천, 울산은 하락폭이 타 지역에 비해 상대적으로 작은 것으로 나타났다.

광주광역시 재정자립도 추이

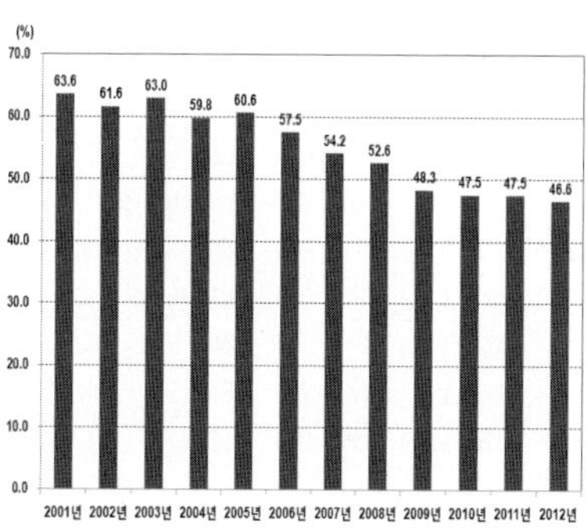

전국, 서울 및 6대 광역시별 재정자립도

	전국	서울	부산	대구	인천	광주	대전	울산
01년	57.6	95.6	74.4	75.3	77.7	63.6	74.9	76.4
02년	54.8	95.6	69.7	69.2	74.4	61.6	73.6	67.1
03년	56.3	95.9	74.9	76.4	74.6	63.0	73.6	71.6
04년	57.2	95.5	75.6	73.2	75.9	59.8	74.4	69.6
05년	56.2	96.1	73.4	73.9	70.0	60.6	75.0	69.9
06년	54.4	94.3	70.2	70.7	69.2	57.5	72.8	65.7
07년	53.6	90.5	62.9	63.9	69.8	54.2	72.1	68.4
08년	53.9	88.3	60.5	59.5	71.0	52.6	66.4	69.9
09년	53.6	92.0	58.3	54.7	74.2	48.3	59.3	67.7
10년	52.2	85.8	57.6	56.3	70.4	47.5	56.3	67.2
11년	51.9	90.3	56.4	53.5	69.3	47.5	57.2	69.1
12년	52.3	90.2	57.4	52.8	71.0	46.6	58.3	71.2

자료 : 재정고

〈그림 1-28〉 전국, 서울 및 6대 광역시별 재정자립도

6) 재정자립도=[(지방세+세외수입)/자치단체 예산규모]×100

나. 주민 1인당 지방세 부담액

주민 1인당 지방세 부담액[7]은 매년 증가하고 있다. 2001년 주민 1인당 지방세 부담액은 39만 4천원이었으나 이후 꾸준히 증가하여 2008년에는 63만 6천원으로 7년 동안 61% 증가하였다. 2009년에는 지방세액의 감소로 부담액이 소폭 감소하였으나 2010년부터는 다시 증가하여 2012년 현재 주민 1인당 지방세 부담액은 76만 9천원이다.

서울 및 6대 광역시와 비교한 광주의 주민 1인당 지방세 부담액은 재정자립도와 마찬가지로 가장 낮은 수준으로, 2012년 1인당 지방세 부담액은 서울의 53.8%, 울산의 65.3%, 전국 평균의 72.5% 수준에 불과하다. 타 지역에 비해 광주의 낮은 지방세 부담액이 취약한 재정자립도의 원인중 하나임을 보여주고 있다.

주민1인당 지방세 부담액 추이

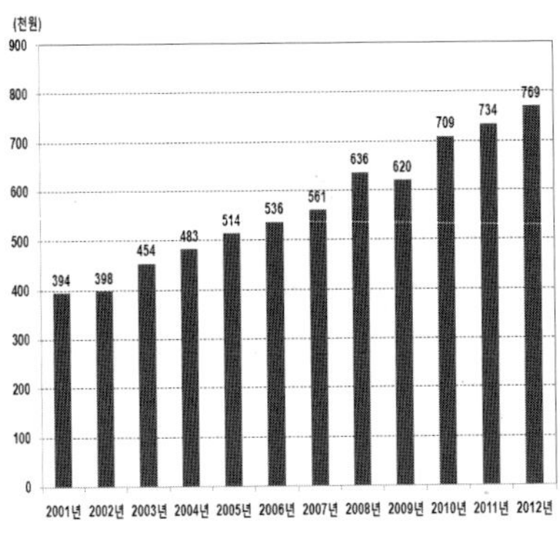

전국, 서울 및 6대 광역시별 1인당 지방세 부담액(천원)

	전국	서울	부산	대구	인천	광주	대전	울산
01년	492	754	420	372	528	394	438	494
02년	519	756	444	442	506	398	465	494
03년	598	831	515	492	578	454	518	582
04년	661	944	568	531	606	483	558	634
05년	694	987	628	570	671	514	607	721
06년	723	980	635	616	725	536	637	727
07년	777	1,017	620	641	796	561	720	776
08년	884	1,233	711	683	858	636	704	915
09년	950	1,402	732	693	981	620	713	983
10년	962	1,318	827	784	1,044	709	743	1,040
11년	985	1,327	866	781	995	734	787	1,041
12년	1,060	1,430	904	810	1,141	769	842	1,178

자료 : 재정고

〈그림 1-29〉 광주광역시 주민 1인당 지방세 부담액

7) 주민 1인당 지방세 부담액=(지방세액/주민등록 인구수(전년도 12.31기준))×100

8. 산업단지

광주시내 산업단지는 2001년 8개에서 2004년 7개로 감소하였다. 그러나 2007년 진곡일반산업단지, 2009년 빛그린 국가산업단지가 새로 지정됨에 따라 2011년에는 9개로 증가하였다. 특히 진곡일반산업단지는 1994년 평동외국인일반산업단지 지정 이후 13년 만에 처음으로 새로 지정된 것이다.

〈표 1-8〉 광주광역시 산업단지 지정현황

종류	01년	02년	03년	04년	05년	06년	07년	08년	09년	10년	11년
계	8	8	8	7	7	7	8	8	9	9	9
국가산단	2	2	2	1	1	1	1	1	2	2	2
일반산단	5	5	5	5	5	5	6	6	6	6	6
농공단지	1	1	1	1	1	1	1	1	1	1	1

자료 : 산업입지정보센터

광주 산업단지의 생산규모는 2001년 7.6조원에서 2011년 22.1조원으로 2.9배로 성장하였다. 산업단지 생산은 2008년 중 5.3% 감소한 것을 제외하고는 꾸준히 증가하는 모습을 보였는데 2001년 중 생산의 70.5%가 일반산업단지에서 생산되고 있으며, 그 비중은 계속 확대되었다(2011년 중 비중 : 85.3%). 반면 국가산업단지 생산은 2001년 21.7조원에서 2011년 23.3조원으로 소폭 증가하는 데 그쳤다. 이와 달리 농공단지 생산은 지난 10년간 687억 원에서 9,080억 원으로 13배 넘게 증가하며 빠르게 성장하였다.

광주 산업단지 수출은 생산과 비슷한 움직임을 보이고 있다. 다만 2008년에 이어 2009년에도 글로벌 금융위기 영향으로 수출이 소폭 감소하면서 생산과는 다른 움직임을 보였다. 또한 생산의 85% 이상이 일반산업단지에서 공급된 것과는 달리 광주 전체 수출에서 일반산업단지의 수출이 차지하는 비중은 65%로 생산 비중에 비해 크게 낮은 수준을 보이고 있다.

한편 전국 산업단지의 생산과 수출에서 광주 산업단지의 생산과 수출이 차지하는 비중은 2001년 중 각각 3.1%, 2.6%에서 2011년 중 2.0%, 2.2%로 하락하는 모습을 보이고 있다.

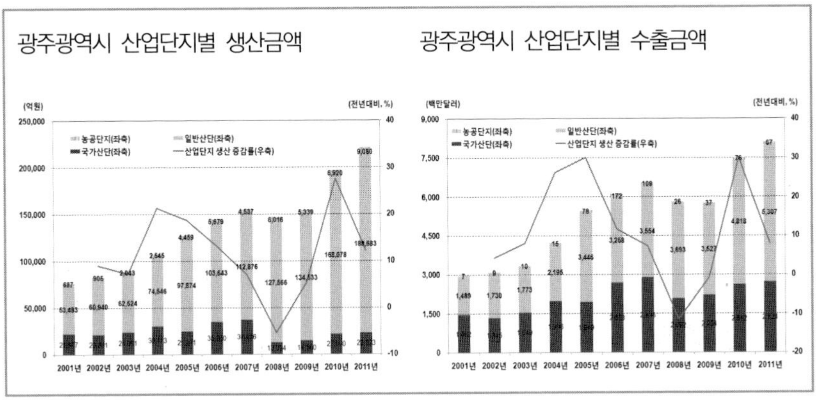

자료 : 한국산업단지공단

〈그림 1-30〉 광주광역시 산업단지 생산 및 수출

〈표 1-9〉 광주광역시 지정 산업단지 현황 (2011.12월말 기준)

단지명	시군구	지정면적	지정일자	사업기간(년)
총 9개		26,512		
국가 2개		11,849		
광주첨단과학산업단지	북구	9,992	1990-07-21	1991~2012
◇ 광주첨단과학(1단계)	북구	7,931	1990-07-21	1991~2011
◇ 광주첨단과학(2단계)	북구	2,061	1990-07-21	2005~2012
빛그린산업단지	광산구	4,081	2009-09-30	2009~2014
◇ 빛그린(광주광역시 구역)	광산구	1,856	2009-09-30	2009~2014
일반 6개		14,339		
소촌일반산업단지	광산구	190	1979-05-16	1981~1983
평동일반산업단지	광산구	4,964	1991-07-05	1993~2010
◇ 평동(산업단지)	광산구	3,599	1991-07-05	1993~2010
◇ 평동(평동외국인)	광산구	1,365	1994-10-13	1993~2005
본촌일반산업단지	북구	937	1979-07-04	1979~1983
송암일반산업단지	남구	394	1979-07-04	1979~1983
하남일반산업단지(1-3차)	광산구	5,944	1982-09-20	1981~1991
진곡일반산업단지	광산구	1,911	2007-03-30	2007~2013
농공 1개		324		
소촌농공단지	광산구	324	1987-08-13	1987~1988

자료 : 산업입지정보센터

참 고 문 헌

1. 한국은행(2003), 『광주전남지역 경제연보(2003)』, 한국은행
2. 한국은행(2005), 『2005 광주전남지역 경제연보』, 한국은행
3. 한국은행(2006), 『2006 광주전남지역 경제연보』, 한국은행
4. 한국은행(2008), 『2007 광주전남지역 경제연보』, 한국은행
5. 한국은행(2009), 『2008 광주전남지역 경제연보』, 한국은행
6. 한국은행(2010), 『2009 광주전남지역 경제연보』, 한국은행
7. 한국은행(2011), 『2010 광주전남지역 경제연보』, 한국은행
8. 한국은행(2012), 『2011 광주전남지역 경제연보』, 한국은행
9. 전남대학교 지역개발연구소(2011), 『광주 · 전남지역의 경제현황과 발전방향』, 전남대학교

참고사이트

1. 통계청 국가통계포털 (http://www.kosis.kr/)
2. 한국은행 경제통계시스템 (http://ecos.bok.or.kr/)
3. 재정고 (http://lofin.mopas.go.kr/)
4. 산업입지정보센터 (http://www.industryland.or.kr/)
5. 한국산업단지공단 (http://www.kicox.or.kr/main.jsp)
6. 관세청 (http://www.customs.go.kr/)

저 자 소 개

박 재 진

미국 일리노이대 경영대학원 석사
한국은행 광주전남본부 경제조사팀장

주 현 도

고려대학교 경제학과 졸업
한국은행 광주전남본부 경제조사팀 조사역

지역 산업구조

김일태 (전남대학교 경제학부 교수)

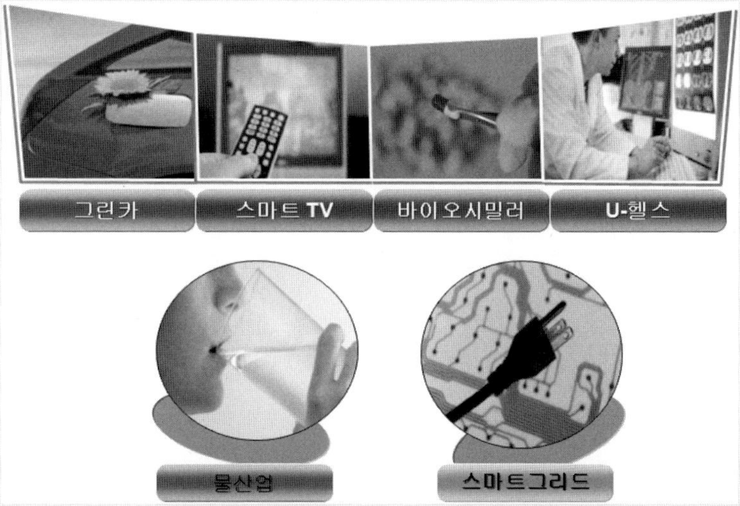

1. 광주지역의 산업 · 경제적 특성

2. 1990년대 광주의 산업구조

3. 2000년대 광주의 산업구조

4. 민선5기 산업정책 성과와 과제

본 장은 광주지역의 산업 · 경제적 특성을 분석하고, 1990년대부터 2000년대까지 광주지역 산업구조의 변화를 살펴본다. 이를 통해 광주지역 산업구조의 변화 방향과 특징이 민선5기 지역산업정책에 주는 과제를 제시하고자 한다.

제2장 지역 산업구조

1. 광주지역의 산업 · 경제적 특성

가. 일반 현황

광주광역시는 서울로부터 약 320km 떨어진 한반도 서남단의 내륙에 위치하며, 광주공항, 철도, 호남고속도로, 88고속도로 및 국도 5개 노선이 교차하는 호남의 관문이며 거점도시이다.

광주광역시의 2011년 기준 주민등록인구는 약 1백 46만 3천여 명으로 저출산 사회분위기에도 불구하고 지난 4년간 꾸준히 증가하였다. 민선 5기 출범이후 2010년에서 2011년 사이 인구증가율을 살펴보면 광주광역시가 특별 · 광역시 중 세 번째로 높다.[1] 〈표 2-1〉은 연도별 인구현황을 시도별로 나타낸 표로 광주광역시의 인구규모는 낮은 편이나, 2010년도에 비해 증가 인구수가 타 시 · 도에 비해 상대적으로 높은 것을 확인할 수 있다. 이것은 거점 고등 교육기관으로의 진학과 기업체 이전 등의 경제적 효과를 반영하고 있다.

그러나 광주광역시의 경제활동참가율은 전국평균과 다른 시 · 도에 비해 매우 낮다. 〈표 2-2〉는 2008년부터 2011년까지 전국평균과 서울특별시, 호남권의 경제활동참가율을 나타낸 표이다. 2011년 경제활동참가율을 살펴보면 광주광역시가 58.4%로 특별 · 광역시 중 두 번째로 낮으며, 전국에서 세 번째로 낮다. 2011년 전국 평균 경제활동참가율은

1) 민선 5기 2년 동안(2010.7-2012.6) 인구증가율은 특별 및 광역시 중에서 2.2%로 인천(3.4%)에 이어 2위를 차지하고 있다.

〈표 2-1〉 연도별 인구현황

(단위 : 명)

시 도 별	2008	2009	2010	2011
전 국	49,540,367	49,773,145	50,515,666	50,734,284
서울특별시	10,200,827	10,208,302	10,312,545	10,249,679
부산광역시	3,564,577	3,543,030	3,567,910	3,550,963
대구광역시	2,492,724	2,489,781	2,511,676	2,507,271
인천광역시	2,692,696	2,710,579	2,758,296	2,801,274
광주광역시	1,422,702	1,433,640	1,454,636	1,463,464
대전광역시	1,480,895	1,484,180	1,503,664	1,515,603
울산광역시	1,112,407	1,114,866	1,126,298	1,135,494
경 기 도	11,292,264	11,460,610	11,786,622	11,937,415
강 원 도	1,508,575	1,512,870	1,529,818	1,536,448
충 청 북 도	1,519,587	1,527,478	1,549,528	1,562,903
충 청 남 도	2,018,537	2,037,582	2,075,514	2,101,284
전 라 북 도	1,855,772	1,854,508	1,868,963	1,874,031
전 라 남 도	1,919,000	1,913,004	1,918,485	1,914,339
경 상 북 도	2,673,931	2,669,876	2,689,920	2,699,195
경 상 남 도	3,225,255	3,250,176	3,290,536	3,308,765

자료 : 국가통계포털, www.kosis.kr, 주민등록인구(외국인미포함)

〈표 2-2〉 경제활동 참가율(2008-2011)

(단위 : %)

시 도 별	2008	2009	2010	2011
전 국	61.5	60.8	61.0	61.1
서울특별시	62.0	60.8	61.8	62.5
광주광역시	58.5	58.6	59.0	58.4
전 라 북 도	60.1	59.3	58.5	59.1
전 라 남 도	64.8	64.9	63.4	63.3

자료 : 국가통계포털, www.kosis.kr.

61.1%이며, 전라남·북도와 광주광역시를 합한 호남권 평균은 60.3%로 광주광역시의 경제활동참가율이 호남권 중 가장 낮음을 알 수 있다. 이것은 생산기반 취약으로 취업과 교육 여건 등의 사유로 수도권으로의 유출이 지속적으로 발생하고 있음을 보여준다.

나. 실질경제성장률과 산업별비중

광주지역의 2010년 실질 경제성장률은 8.5%로 전국평균 6.3%보다 높으며, 타 특별·광역시보다 높은 수준이다. 특히 제조업의 경우 대구 다음으로 높은 경제성장률(26.4%)을 나타냈으며, 건설업은 전국평균에 비해 크게 감소했다. 이런 실적은 국내외 경기침체가 장기화됨에 따라 광주·전남 건설업체의 수주실적이 악화되어 영업성과의 부진으로 이어져 부도금액과 업체가 속출하는데서 기인한다. 〈그림 2-1〉은 2010년 호남권의 실질 경제성장률을 나타낸 것이다. 2010년 광주광역시의 실질경제성장률과 제조업 분야 성장률은 전국평균과 전북·전남보다 높은 것을 볼 수 있다. 반면 농림어업분야의 성장률은 전국평균과 전북·

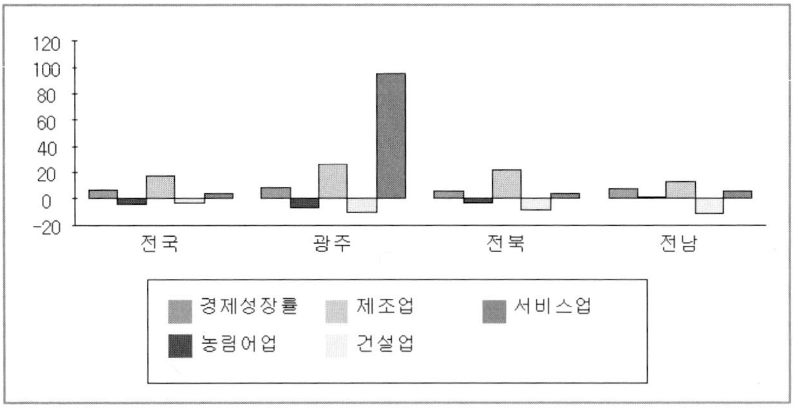

자료 : 국가통계포털, www.kosis.kr. (단위 : %)

〈그림 2-1〉 2010년 호남권의 실질경제성장률

전남에 비해 낮으며, 서비스업 분야의 성장률은 월등히 높음을 알 수 있다.

<표 2-3>은 전국평균과 광주광역시, 전라남도의 총부가가치 대비 산업별 비중이 어떻게 나타나는지를 나타낸 것이다. 광주광역시와 전남 모두 2007년에 비해 총부가가치 대비 제조업 비중이 크게 증가하였고, 농림어업과 서비스업은 그 비중이 감소하였다. 광주광역시의 경우 제조업종은 대부분 광산업, 정보가전, 자동차조립 등의 가공조립형에 치중되어 잇고 서비스업이 차지하는 비중은 전국 평균과 전남에 비해 높게 나타났으나, 점차 감소하고 있음을 알 수 있다.

<표 2-3> 광주 · 전남의 총부가가치대비 산업별 비중(2007-2010년)

(단위 : %)

시 도 별	산업구분	2007년	2008년	2009년	2010년
전 국	농림어업	2.8	2.6	2.7	2.6
	제 조 업	27.2	27.7	27.8	30.1
	서비스업	69.7	69.5	69.2	67.1
광주광역시	농림어업	1.0	0.9	0.9	0.9
	제 조 업	24.4	24.4	23.8	28.8
	서비스업	74.6	74.7	75.3	70.2
전라남도	농림어업	9.2	7.6	8.4	8.1
	제 조 업	34.8	40.0	35.8	40.4
	서비스업	55.5	51.9	55.4	51.1

자료 : 국가통계포털, www.kosis.kr.

다. 산업 · 경제 현안

1999년부터 실행해 온 지역전략산업 진흥사업이 2012년을 기점으로 3단계가 완료되며, 국비 예산 지원이 마감될 예정이다. 지난 3년 연속 광주광역시는 지역전략산업 진흥사업 평가에서 전국 1위라는 성적을 낮았다. 〈그림 2-2〉는 전국의 선도산업과 전략산업을 표시한 것으로 광주의 집중 육성사업인 광산업, 정보가전산업, 자동차부품산업, 디자인산업은 현재 도약단계에 있으나, 지역전략산업 진흥사업의 높은 성과를 이어 지역밀착형산업으로 성장하기 위해서는 후속조치로서의 4단계 육성사업이 필요하다 할 수 있다.

광주광역시는 고부가가치화가 가능한 지역 내 산업자원과 자연환경을 구비하고 있으며, 전략산업부문의 관련 기업체가 집적해 있으며, 대

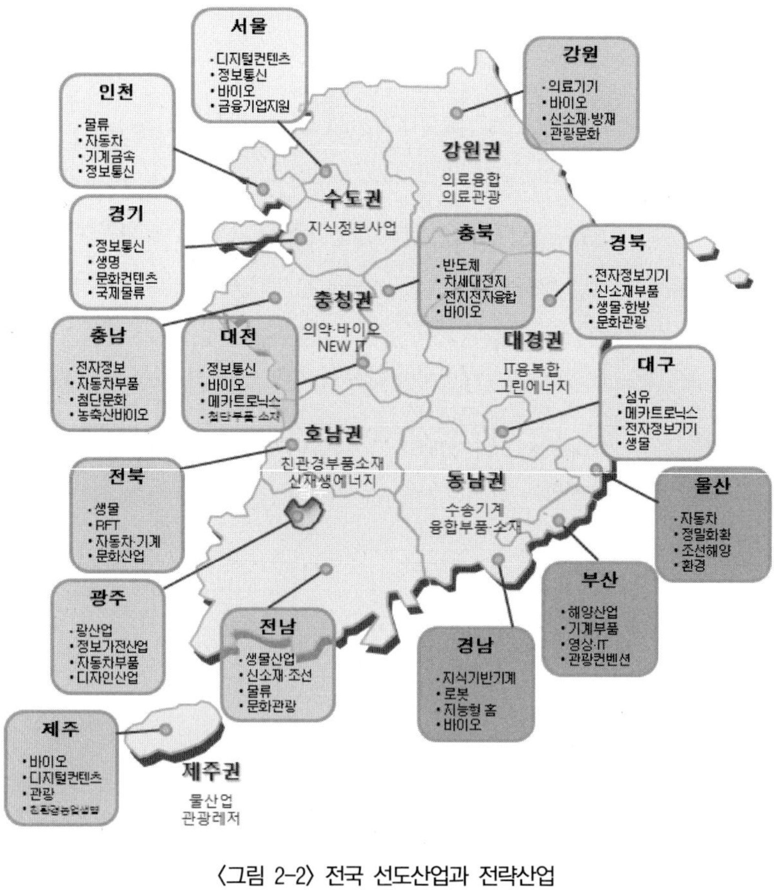

〈그림 2-2〉 전국 선도산업과 전략산업

규모 국가지원 사업 추진으로 발전 잠재력이 있다. 최근 새로운 광역권 발전 패러다임이 대두되고, R&D특구 조성과 기초과학 분야의 국제과학비지니스벨트 유치 등 지역혁신기반이 조성됨에 따라 발전가능성의 기회를 엿보고 있다.

그러나 산업구조가 낙후화 되어있고, 대기업의 비중도 낮고[2] 중소기업 경쟁력이 약하며, 기간산업 낙후로 재정자립도가 낮다는 취약점이 있다. 또한 기존 주역산업의 경쟁력이 저하되었을 뿐만 아니라 지역 간 경쟁이 심화되고, 중국의 산업발전속도가 가속화 되어 광주광역시 산업발전의 위협으로 작용하고 있다.

광주광역시의 산업구조는 산업부문간 및 기업 간 양극화를 초래하고 있다. 광주의 대규모 종사자를 지닌 제조업의 급여액은 최저수준 급여액의 약 4배에 달하며, 출하액 또한 최고수준과 최저수준의 차이가 심하게 나타나고 있다. 또한 광주지역의 자동차(완성차 조립), 가전산업(완제품 조립), 타이어 등 대기업집단의 부가가치 비중이 70% 수준에 해당하여, 특정분야와 대기업이 산업의 대부분을 차지하고 있다.

이런 환경에서 광주광역시는 지역 내 영세 사업체 수 비중이 높고, 급여수준과 출하액 차이가 커서 소득수준의 양극화가 심화될 수 있다. 〈그림 2-3〉은 2009년 광주의 제조업체 규모별 급여액 및 출하액을 나타낸 것으로, 규모에 따른 급여액과 출하액의 차이가 매우 큼을 알 수 있다. 이런 점에서 지역경제의 안정성을 위한 중소규모의 지역기업을 육성하는 정책이 시급하다.

---

2) 광주상공회의소 자료에 의하면, 최근 5년간(2007-2011) 국내 매출액 상위 1000개 기업 중에서 광주·전남 기업은 34개로 전국의 3.4%에 불과하고, 광주지역 기업은 17개로 전국 1.7%이고 매출액 비중도 0.6%로 11위를 차지하고 있으며 삼성광주전자(주)광주1공장은 122위에 머물고 있다.

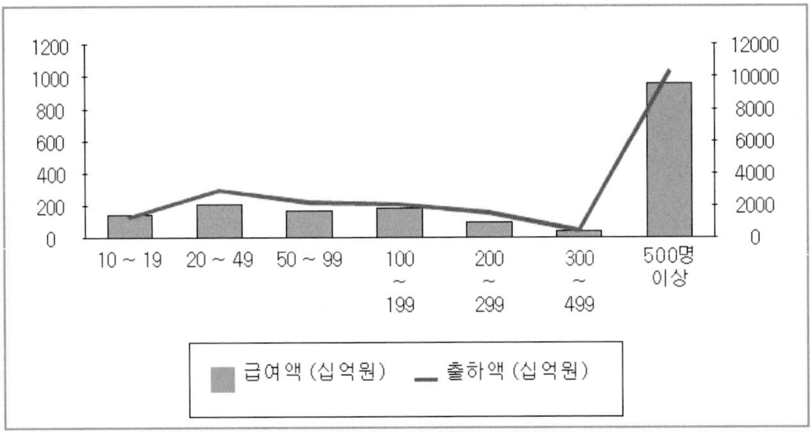

자료 : 국가통계포털, www.kosis.kr.

〈그림 2-3〉 광주광역시 제조업체 규모별 급여액 및 출하액(2009년)

2. 1990년대 광주의 산업구조

1990년대 한국 경제의 가장 큰 이슈는 바로 1997년 IMF 외환위기라 할 수 있다. 당시 우리나라의 많은 대기업들과 은행들이 부도 위기에 처해 있었고, 경기불황과 대량 실업에 이어 구제금융 요청까지 이어졌다. 이 위기와 변화는 대한민국 전체뿐만 아니라, 지역경제에도 적지 않은 영향을 미쳤다. 따라서 1990년대 광주의 지역경제를 1997년 IMF 외환위기 전후로 나누어 살펴보고자 한다.

가. IMF 외환위기 이전 광주의 산업구조

IMF 외환위기 이전 광주지역의 산업구조를 살펴보면 서비스업의 증가와, 1 · 2차 산업의 감소가 지속적으로 진행되었다. 특히 서비스업의 경우 정보통신업과 금융 및 보험, 보건 및 사회복지서비스 관련 산업이 크게 증가하였다.

〈표 2-4〉는 1990-1995년 광주광역시의 경제활동별 지역내총생산(GRDP)을 나타낸 것이다. 광주의 지역내총생산(GRDP)은 1990년 9,257,686백만 원에서 1995년 13,696,569백만 원으로 약 1.5배 증가하였음을 알 수 있다. 광업 및 제조업, 전기, 가스, 증기 및 수도사업, 서비스업은 지속적으로 부가가치가 상승했으며, 나머지 산업분야는 증가와 감소 현상 모두 나타내고 있다. 전기, 가스, 증기 및 수도사업의 경우 그 부가가치가 1990년 58,374백만 원에서 1995년 145,116백만 원으로 약 4배 정도 증가하였다. 이는 1990년대 이후 전자, 정보통신, 반도체와 같은 첨단 산업이 점차 발전하는 시기였기 때문인 것으로 보인다.

〈표 2-4〉 광주광역시 경제활동별 지역내총생산(1990-1995)

(단위 : 백만 원)

	1990년	1991년	1992년	1993년	1994년	1995년
지역내총생산 (시장가격)	9,257,686	9,945,332	10,733,411	11,505,300	12,680,252	13,696,569
순생산물세	809,642	893,563	976,033	1,020,425	1,140,030	1,240,736
총부가가치 (기초가격)	8,448,044	9,051,769	9,757,378	10,484,875	11,540,222	12,455,833
농림어업	207,354	192,084	190,951	195,977	198,565	215,082
광업	1,903	1,274	1,577	1,388	1,468	2,846
제조업	2,034,370	2,169,547	2,224,495	2,302,003	2,488,473	2,496,472
전기, 가스, 증기 및 수도사업	58,374	75,196	85,002	121,655	135,052	145,116
건설업	1,303,922	1,283,154	1,288,907	1,350,321	1,431,924	1,559,785
서비스업	4,842,121	5,330,514	5,966,446	6,513,531	7,284,740	8,036,532

자료 : 국가통계포털, www.kosis.kr.
주 : 2005년 기준년가격

〈표 2-5〉는 광주지역 경제활동별 지역내총생산의 전국대비 비중을 나타낸 것이다. 전국의 지역내총생산(GRDP) 비중을 100으로 했을 때, 광주광역시의 지역내총생산(GRDP)은 전국의 2.38%에 해당한다. 1990년부터 1995년까지 그 수준은 큰 변화가 없이 유지되고 있음을 알 수 있다. 1990년의 전국 농림어업 대비 광주지역 농림어업 비중은 1.03%에서 1995년 0.89%로 0.14%p 감소했다. 제조업 분야와 건설업 분야 역시 각각 0.16%p, 0.37%p 감소하였다. 반면 1990년에서 1995년으로 광업, 전기가스수도업, 서비스업은 각각 0.05%p, 0.33%p, 0.15%p 증가하였음을 볼 수 있다.

〈표 2-5〉 광주광역시 지역내총생산의 전국대비 비중(1990-1995)

(단위 : %)

	1990년	1991년	1992년	1993년	1994년	1995년
전국	100	100	100	100	100	100
지역내총생산(시장가격)	2.38	2.33	2.34	2.37	2.38	2.39
순생산물세	2.58	2.51	2.45	2.45	2.49	2.50
총부가가치(기초가격)	2.36	2.31	2.33	2.36	2.37	2.38
농림어업	1.03	0.94	0.85	0.90	0.90	0.89
광업	0.14	0.09	0.12	0.10	0.10	0.19
제조업	2.16	2.15	2.12	2.16	2.15	2.00
전기, 가스, 증기 및 수도사업	1.16	1.29	1.29	1.62	1.51	1.49
건설업	3.25	2.80	2.82	2.70	2.80	2.88
서비스업	2.45	2.46	2.50	2.54	2.54	2.60

자료 : 국가통계포털, www.kosis.kr.

〈그림 2-4〉는 광주지역 총부가가치대비 산업별 비중을 그래프로 나타낸 것이다. 총부가가치대비 비중을 살펴보면, 농림어업의 경우 1990년 2.45%에서 1995년 1.73%로 0.73%p 감소, 광업의 경우 0.02%로 동일, 제조업의 경우 24.08%에서 20.04%로 4.04%p 감소하였다. 건설업 또한 15.43%에서 12.52%로 2.91%p 감소하였다. 반면, 전기·가스·증기및수도사업의 경우 0.69%에서 1.17%로 0.47%p 증가하였고, 서비스업은 57.32%에서 64.52%로 7.20%p 증가하였다. 퍼센트 포인트(%p)를 비교해보았을 때 서비스업이 가장 많이 증가한 것으로 보이나, 연평균 증가율을 보면, 전기, 가스, 증기 및 수도 사업이 11.01%로 가장 빠른 속도로 증가하였다.

이처럼 IMF 외환위기 이전 광주지역은 총부가가치를 기준으로 한 산업비중 중 3차 산업이 가장 높았으며, 1차, 2차 산업은 감소하는 추세를

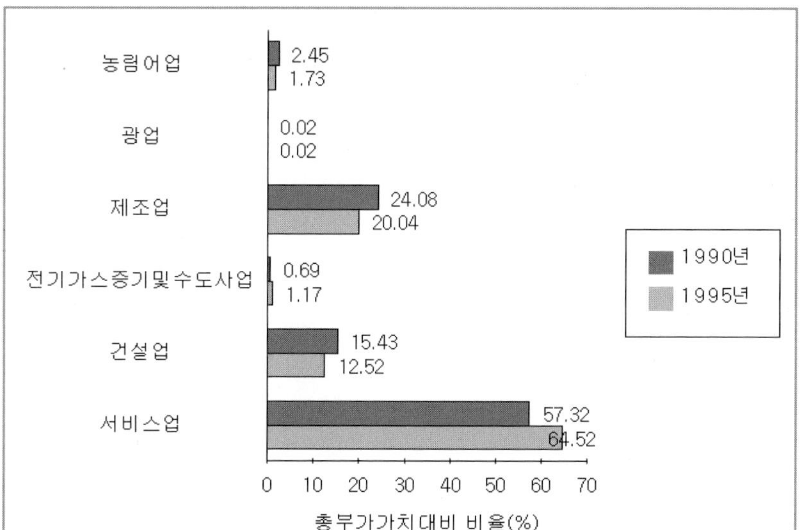

자료 : 국가통계포털, www.kosis.kr.

〈그림 2-4〉 광주광역시 산업별 부가가치 비중(1990-1995)

보였다. 한편, 서비스업은 비중이 높고, 지속적으로 증가하였으며, 전기 가스수도업의 경우 그 비중은 낮으나, 높은 증가속도를 나타냈다.

나. IMF 외환위기 이후 광주의 지역경제

다음으로 IMF 외환위기 시점의 산업구조를 살펴보기로 한다.

〈표 2-6〉은 1996년부터 1999년까지의 광주지역 경제활동별 지역내총생산을 나타낸 것이다. 지역내총생산(GRDP)과 총부가가치 모두 1996년에서 1997년 사이 증가하다가, 1997년에서 1998년 사이에 크게 감소하였고, 다시 1998년에서 1999년으로 가면서 증가하였음을 알 수 있다. 각 분야별 부가가치 역시 동일한 증감현상을 보이고 있는데, 광업·제조업 분야는 더 이른 시기(1996년에서 1997년 사이)에 부가가치가 감소하였다. 이는 광업·제조업 분야가 경기 변화에 민감하게 반응함을 예상할 수 있다.

〈표 2-6〉 광주광역시 경제활동별 지역내총생산(1996-1999)

(단위 : 백만 원)

	1996년	1997년	1998년	1999년
지역내총생산(시장가격)	14,490,247	14,933,383	12,834,584	14,075,939
순생산물세	1,320,714	1,349,421	1,015,018	1,209,160
총부가가치(기초가격)	13,169,533	13,583,962	11,819,566	12,866,779
농림어업	182,928	215,518	270,435	184,868
광업	9,434	1,434	1,706	1,413
제조업	2,589,148	2,491,421	2,045,397	2,805,303
전기, 가스, 증기 및 수도사업	143,899	168,172	168,779	159,077
건설업	1,635,803	1,671,446	1,427,606	1,153,870
서비스업	8,608,321	9,035,971	7,905,643	8,562,248

자료 : 국가통계포털, www.kosis.kr.

주 : 2005년 기준년가격

〈그림 2-5〉는 1996년부터 1999년까지 광주지역 산업별 부가가치 비중의 변화를 그래프로 나타낸 것이다. 마찬가지로 3차 산업이 차지하는 비중이 가장 높으며, 다음으로 제조업, 건설업 순으로 경제활동분야를 차지하고 있다. 외환위기 직전후로 광업, 제조업, 건설업은 총부가가치 대비 비중이 감소한 반면, 농림어업, 전기, 가스, 증기 및 수도사업, 서비스업은 꾸준히 증가하였다. 제조업의 경우 1998년 이후 전년대비 증감이 4.49%p로 높게 상승하였는데, 기초소재형 제조업은 감소하고, 가공조립형 제조업과 생활관련형 제조업은 증가하였다.

1990년부터 1999년 사이 광주지역의 경제활동별 총부가가치대비 비중이 가장 높게 증가한 산업 분야는 서비스업으로(9.23%p 상승), 금융 및 보험업 분야와 부동산관련업 분야가 주를 이뤘다. 반대로 가장 크게 감소한 분야는 건설업으로 6.47%p 감소하였다.

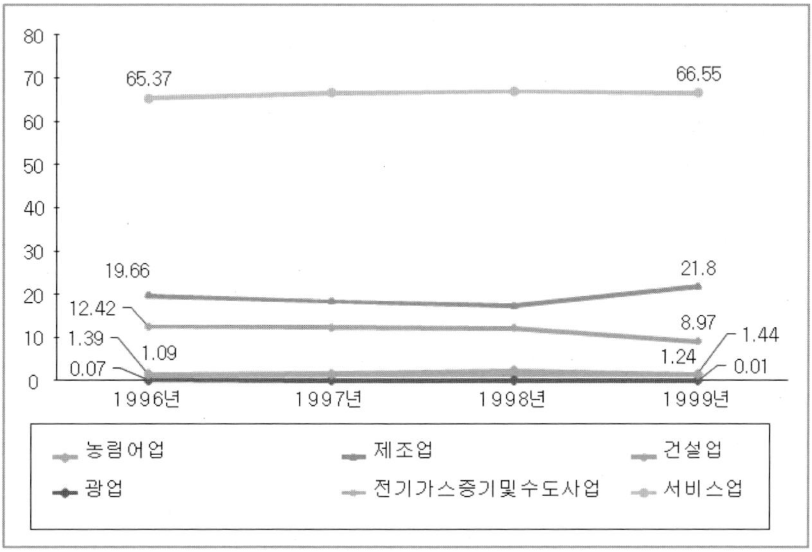

자료 : 국가통계포털, www.kosis.kr. (단위 : %)

〈그림 2-5〉 광주광역시 산업별 부가가치 비중(1996-1999)

1990년대 광주의 산업구조를 정리하면 다음과 같다. 광주의 지역내총생산은 전국의 2.5%정도로, 금융 및 보험, 부동산관련 서비스업 중심의 산업구조가 형성되었고, 비중은 적지만 전기, 가스, 증기 및 수도 사업이 빠른 속도로 성장하였다. 또 1990년대 광주는 기초소재형 제조업, 생활관련형 제조업이 감소하고, 가공조립형 제조업이 증가하였는데, IMF 외환위기를 기점으로 자동차, 기계 등의 가공조립형 제조업이 잠시 주춤했음을 알 수 있다. 이것은 1990년대 광주 제조업의 대부분을 소수 대기업이 이끌어왔기 때문이다.

3. 2000년대 광주의 산업구조

IMF 외환위기 이전에는 기아자동차와 금호타이어가 광주의 지역경제를 이끌었다 해도 과언이 아니다. 그러나 IMF 외환위기로 기아자동차 도산(1998년 현대차 인수)과 함께 소수 대기업들의 연쇄부도가 이어졌고, 지역경제 위기의 상황에서 산업구조 변화에 대한 필요성이 요구되었다. 또 대외의존도가 높은 개방경제체제인 우리나라는 해외부문의 잠재적인 영향력을 무시할 수 없게 되었다.

외환위기를 극복하고, 국민소득 2만 달러 시대에 도달한 시점에서 한국은 2008년 미국발 글로벌 금융위기에 영향을 받게 되어 수출부진으로 당시 지역경제가 불황을 겪었고 또한 부동산 경기침체로 지역경제에 대한 우려가 컸다.

가. 2008 글로벌 금융위기 이전의 광주

먼저 2000년에서 2006년 사이 광주의 경제활동별 지역내총생산을 살펴보면 〈표 2-7〉과 같다. 광주의 지역내총생산은 2000년 15,500,928

백만 원에서 2006년 20조를 넘어섰고, 2000년에 비해 약 30%정도 증가하였다. 그리고 농림어업을 제외한 모든 경제활동분야에서 부가가치가 상승하였다.

〈표 2-7〉 광주광역시 경제활동별 지역내총생산(2000-2006)

(단위 : 백만 원)

	2000년	2002년	2004년	2006년
지역내총생산(시장가격)	15,500,928	17,386,480	17,787,127	20,126,899
순생산물세	1,349,101	1,610,695	1,517,124	1,897,793
총부가가치(기초가격)	14,151,827	15,775,785	16,270,003	18,229,106
농림어업	277,795	223,078	212,548	189,014
광업	1,510	2,056	2,354	3,204
제조업	3,047,903	3,390,716	3,484,474	4,612,301
전기, 가스, 증기 및 수도사업	226,725	256,681	265,437	276,708
건설업	1,215,782	1,100,311	1,305,626	1,525,767
서비스업	9,382,112	10,802,943	10,999,564	11,622,112

자료 : 국가통계포털, www.kosis.kr.

〈그림 2-6〉은 2000년에서 2006년까지의 광주시 산업별 부가가치 비중을 연도별로 나타낸 것으로, 광업과 제조업 분야만 그 비중이 증가하는 것을 볼 수 있다. 농림어업의 경우 연평균 증가율이 -10.09%로 가장 낮았고, 광업은 그 비중이 작으나, 8.67%의 높은 증가율을 보였으며, 다음으로 제조업이 2.72%의 증가율을 보였다.

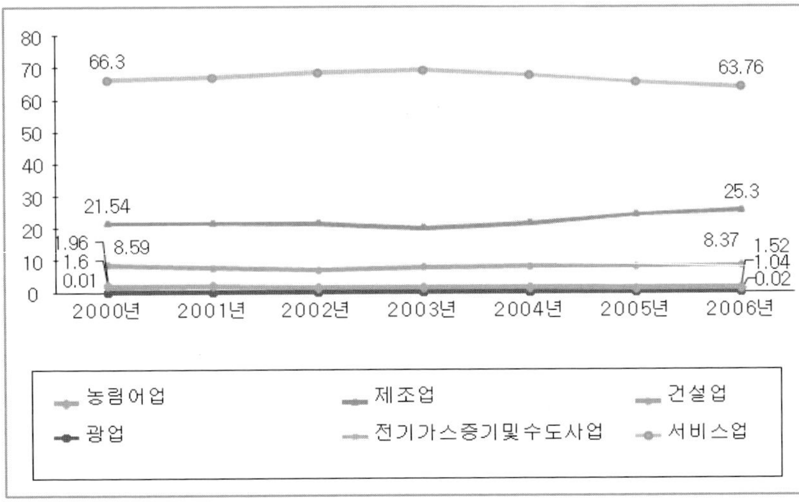

자료 : 국가통계포털, www.kosis.kr. (단위 : %)

〈그림 2-6〉 광주광역시 산업별 부가가치 비중(2000-2006)

나. 2008 글로벌 금융위기 이후의 광주

〈표 2-8〉은 2007년부터 2010년 현재까지 광주지역의 경제활동별 지역내총생산(GRDP)을 나타내고 있다. 광주의 2010년 현재 지역내총생산(GRDP)는 약 22억 5천 4백만 원으로 2007년에 비해 1.7억 원 정도 상승하였다.

분야별 부가가치를 살펴보면, 건설업과 전기, 가스, 증기 및 수도 사업, 농림어업 분야의 부가가치는 계속 하락하였으나, 광업, 제조업, 서비스업 분야의 부가가치가 이를 상쇄시켜 총부가가치의 상승을 가져온 것으로 보인다. 여기서 총부가가치에서 많은 비중을 차지하고 있는 제조업의 상쇄효과가 앞으로 광주의 지역경제와 산업구조에 어떠한 영향을 미칠 것인지 파악하는 것이 중요할 것이다.

〈그림 2-7〉은 2007년부터 2010년까지 광주지역의 산업별 부가가치 비중을 그래프로 나타낸 것이다. 〈표 2-5〉에서 본 것과 마찬가지로, 광업,

〈표 2-8〉 광주광역시 경제활동별 지역내총생산(2007-2010)

(단위 : 백만 원)

	2007년	2008년	2009년	2010년
지역내총생산 (시장가격)	20,830,752	20,668,438	20,671,045	22,543,618
순생산물세	1,917,954	1,780,494	1,743,185	1,839,375
총부가가치 (기초가격)	18,912,798	18,887,944	18,927,860	20,704,243
농림어업	188,623	186,052	180,978	168,243
광업	2,062	3,992	2,766	2,472
제조업	4,922,289	4,592,154	4,759,839	6,016,339
전기, 가스, 증기 및 수도사업	275,597	287,061	264,248	266,878
건설업	1,471,417	1,444,861	1,129,552	1,006,927
서비스업	12,052,810	12,373,824	12,590,477	13,243,384

자료 : 국가통계포털, www.kosis.kr.
주 : 2005년 기준년가격

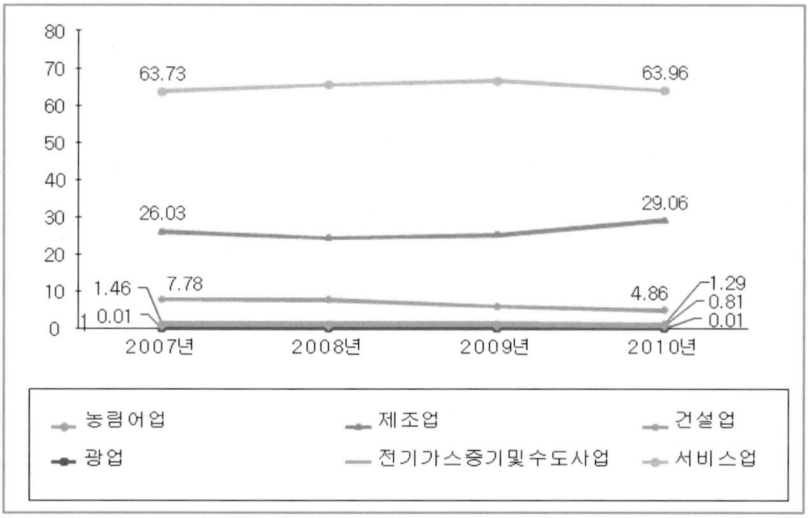

자료 : 국가통계포털, www.kosis.kr. (단위 : %)

〈그림 2-7〉 광주광역시 산업별 부가가치 비중(2007-2010)

제조업, 서비스업의 부가가치 비중 또한 증가하는 모습을 보였으며, 서비스업의 경우 2010년에 들어서 그 비중이 감소하였다. 농림어업은 부가가치 비중의 연평균 증가율이 -55.93%, 전기가스수도사업은 -38.77%, 건설업은 -88.73%로 높은 감소폭을 보였다. 반면 제조업과 광업의 부가가치 비중의 연평균 증가율은 각각 55.40%, 43.82%로 큰 폭으로 상승하였다.

제조업 분야의 특징은 IMF 경제위기와 2008년 미국발 금융위기 시기를 제외하면 부가가치가 계속해서 증가하였고, 총부가가치 대비 비중이 낮지 않으며, 그 비중 또한 몇 차례를 제외하고 큰 폭으로 상승하였다는 것이다.

〈그림 2-8〉은 2000년에서 2010년까지 광주지역 제조업의 유형별 부가가치 비중을 나타낸 그래프이다. 광주시 제조업의 부가가치 비중은

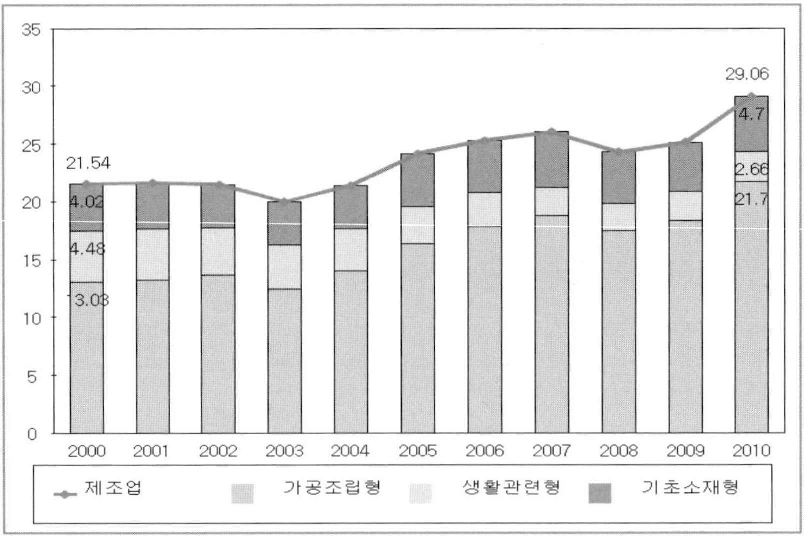

자료 : 국가통계포털, www.kosis.kr. (단위 : %)

〈그림 2-8〉 광주광역시 제조업 유형별 부가가치 비중(2000-2010)

2000년 21.54%에서 29.06%로 7.52%p 상승하였다. 이 중 생활관련형 제조업은 감소하였고, 가공조립형 제조업과 기초소재형 제조업은 증가하였다.

특히 가공조립형 제조업이 매우 큰 폭으로 증가하였는데, 2010년 제조업 생산액 기준 7개 광역시 가운데 광주지역이 가장 높다. 가공조립형 제조업 분야 중 '기타 기계 및 장비제조업'과 '전기 장비 제조업'이 높은 증가폭을 보였고, '자동차 및 트레일러 제조업' 또한 크게 증가하였다. 기초소재형 분야의 '고무 및 플라스틱제품 제조업'은 전년대비 300% 이상 증가하였다.[3)]

〈표 2-9〉는 2010년 12월 31일 기준 광주광역시 제조업 분야의 생산액 및 부가가치를 나타낸 것으로 제조업 분야 중 가공조립형 제조업 분야가 많은 생산액과 부가가치를 내고 있다. 가장 많은 생산액과 부가가치를 내는 분야는 '자동차 및 트레일러 제조업'이며, 다음으로 '전기 장비, 제조업', 다음은 '기타 기계 및 장비제조업'으로 전년대비 증가율은 각각 27.6%, 46.9%, 53.5%로 급증하였다. 기초소재형 제조업 분야의 '고무 및 플라스틱제품 제조업'은 전년대비 350% 증가하였고, 생활관련 제조업 분야는 소폭 감소하였다.

이와 같은 이유는 광주시의 산업육성정책과 더불어 광산업을 비롯하여 전기장비업의 매출증가와 기아자동차의 생산라인 증설(연 50만대에서 62만대)과 수출호조, 금호타이어 생산량 증가 때문인 것으로 보고 있다.

---

3) 광주광역시청(2012) 참조.

〈표 2-9〉 광주광역시 제조업 생산액 및 부가가치

(단위 : 백만 원)

분류	생산액	부가가치
제조업	27,430,976	8,590,190
1. 식료품 제조업	539,958	219,876
2. 음료 제조업	212,976	96,879
3. 담배 제조업	X	X
4. 섬유제품 제조업; 의복제외	396,327	131,040
5. 의복, 의복액세서리 및 모피제품 제조업	14,345	7,850
6. 가죽, 가방 및 신발 제조업	-	-
7. 목재 및 나무제품 제조업; 가구제외	31,224	10,327
8. 펄프, 종이 및 종이제품 제조업	164,997	47,696
9. 인쇄 및 기록매체 복제업	83,382	26,908
10. 코크스, 연탄 및 석유정제품 제조업	X	X
11. 화학물질 및 화학제품 제조업; 의약품 제외	88,102	36,494
12. 의료용 물질 및 의약품 제조업	X	X
13. 고무제품 및 플라스틱제품 제조업	2,551,911	871,704
14. 비금속 광물제품 제조업	146,519	74,802
15. 1차 금속 제조업	1,037,926	121,977
16. 금속가공제품 제조업; 기계 및 가구 제외	1,632,152	388,789
17. 전자부품, 컴퓨터, 영상, 음향 및 통신장비 제조업	1,987,067	1,086,326
18. 의료, 정밀, 광학기기 및 시계 제조업	93,720	52,700
19. 전기장비 제조업	6,446,894	1,633,440
20. 기타 기계 및 장비 제조업	1,879,917	877,066
21. 자동차 및 트레일러 제조업	9,446,058	2,588,129
22. 기타 운송장비 제조업	-	-
23. 가구 제조업	251,150	50,788
24. 기타 제품 제조업	7,224	4,092

자료 : 광주광역시청(2012) 참조, 잠정(2012. 2월), 확정(2012. 7월), 보고서발간(2012. 12월)

주 : 2010. 12. 31. 기준. X : 미상자료, - : 자료없음.

4. 민선5기 산업정책 성과와 과제

민선5기 2년, 광주광역시는 지역산업정책을 발판으로 하여, 광산업과 함께 자동차, 가전 등 주력산업[4]을 중심으로 사상최대 수출 (2011년 133.4억불)을 달성하였으며, '수출선도형 생산도시'로 거듭나고 있다. 또한 R&D 특구 지정과 국제과학비지니스 벨트 유치, 신성장 동력산업 육성을 위한 인프라 구축 등을 통해 신재생에너지의 선도도시와 생산연구도시로의 도약을 위해 노력하고 있다. 이는 지역전략산업 진흥사업 계획 평가 3년 연속 전국 1위, 지식경제부 광역경제권 선도산업 평가 최우수 선정 등 민선5기 산업정책의 높은 성과와도 연결되어 지역산업정책의 위력을 돋보인다.

2010년 현재 광주 지역내총생산(GRDP)의 전국대비 비중은 2.1%로 낮지만, 실질 경제성장률이 8.5%로 전국 평균인 6.3%보다 높은 수준이며, 이 중 제조업분야의 경제성장률은 전국 두 번째 순위로 26.4%에 달한다. 이런 지역경제의 성장과정에서 광산업, 자동차, 가전, 금형, 문화콘텐츠, 고객센터 등 민간 일자리 11,000개를 포함한 서민의 일자리 56천개(2012년 5월 현재) 창출함으로써 풍요로운 경제공동체 형성의 기반이 되었다. 그러나 광주지역의 제조업은 자동차, 가전 등과 같은 경기에 민감한 내구재 위주로 구성되어 글로벌 경제위기에 따른 변동성이 크게 나타나는 것이 특징이다.

이처럼 광주지역 산업구조의 변화양상과 특성에 대한 검토는 남은 민선5기의 산업정책 과제를 풀어나가는데 중요한 기회가 될 것이다.

---

4) 광산업은 2009년 1조 6,157억 원에서 2011년 2조 6,101억 원으로, 자동차는 2009년 5조 5,058억 원에서 2011년 8조 5,000억 원으로, 가전산업은 2009년 5조 4,548억 원에서 2011년 7조 8,697억 원으로 매출액이 증가하였다. 광주광역시(2012) "민선 5기 2년 주요 시정 성과" 자료 참조.

검토를 통한 시사점은 다음과 같다. 먼저, 지역전략산업 진흥사업의 3단계 사업이 종료되는 시점에서 후속연계분야에 대한 육성정책을 마련해야 한다. 이는 3년 연속 전국 1위의 성과를 극대화하고, 지속적이고 안정적인 지역산업의 성장을 도모하여 신성장동력산업의 조화로운 육성과 지역경제 성장을 촉진할 것이다. 산업 패러다임과 트렌드의 변화로 국내 기존 업종에서 파생되어 성장 가능한 산업분야로 그린카, AMOLED, 스마트그리드, 그린홈, 2차전지, 풍력, 바이오에너지, 지열, APP-Store, E-Paper, 게임, 지능형로봇, 플렉서블 디스플레이, 스마트TV, 바이오시밀러, U-헬스, 물 산업이 있다.[5)]

광주지역의 산업적 특성을 고려한 지역전략산업 진흥사업의 후속연계산업분야는 그린카, 스마트TV, 바이오시밀러, U-헬스 등이다(〈그림 2-9〉 참조). 또한 한국전력을 비롯한 15개 기관이 광주·전남 공동혁신도시로 이전함에 따라 함께 광주광역시와 전라남도가 스마트그리드 거점지구 공동유치에 나섰으며, 물 과학기술 분야에서 세계 최고수준의 연구력을 갖춘 광주과학기술원(GIST)과 대한환경공학회가 국립물연구소 광주 설립을 위한 MOU를 체결하고, 국립물연구소 설립을 위한 포럼이 개최되는 등 물 산업 분야에 대한 전망이 높아지고 있다.

둘째, 광주시는 제조업 생산의 높은 변동성으로 인해 글로벌 및 지역의 경기상황에 대한 판단과 정책의 파급효과에 대한 신중한 고려가 선행되어야 한다. 이런 점에서 성장효과가 높은 전략산업 및 선도산업[6)]과 일자리를 창출하여 안정적으로 성장할 수 있는 기반을 제공하는 지역연고산업(텔레마케팅, 광산업 및 자동차부품, 김치, 전자회로모듈, 하우징자재)을 조화롭게 육성해야 한다. 특히 지역의 주력업종 및 연고사업은 고용노동부의 '지역 맞춤형 일자리 창출'과 연결하여 대책을 마련

5) 삼성경제연구소(2011) 참조.

6) 광산업, 정보가전산업, 자동차부품산업, 디자인산업

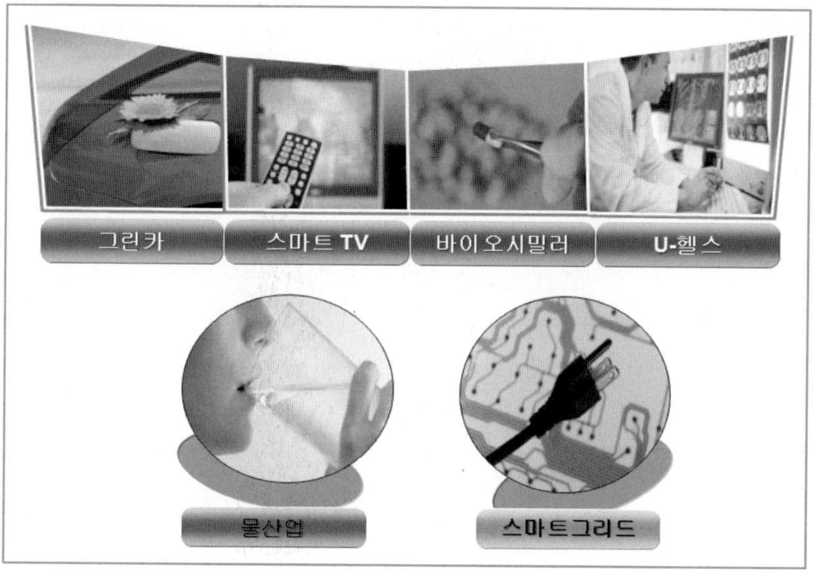

〈그림 2-9〉 광주지역 전략산업진흥사업 후속연계산업 분야

한다면 효과적일 것이다.[7)]

셋째, 제조업과 지식관련서비스업 간 균형발전을 모색하는 것이 필요하다. 정부가 선정한 녹색기술산업(6개), 첨단융합산업(6개)과 함께 3대 분야 총 17개 신성장동력의 하나인 고부가가치서비스산업은 5개(글로벌 헬스 케어, 글로벌 교육서비스, 녹색금융, 콘텐츠・소프트웨어, MICE[8)]・관광)로, 서비스산업의 생산성은 지역경쟁력을 결정하는 중요

---

7) 광주광역시 지역 맞춤형 일자리 창출 사업 : 광주전략산업 에코-에듀 프로젝트 사업, 가전산업 맞춤형 기능양성 및 지속가능한 지역 HRD인프라 육성사업, 문화콘텐츠+광 IT 기업 간 창조적 하모니 프로젝트, 기계설계 및 자동화 기계 여성인력 양성사업, 제7차년도 광주고용포럼, IT-광융합 기술 인력양성 사업, 3D영상콘텐츠 인력양성 아카데미, 국제 비즈니스형 관광서비스 아카데미, SMART CGI 문화산업 일자리창출사업, 광주광역시 북구 수공예공방 일자리창출사업, 텔레마케터 전문 인력 양성과정, 금형산업 기능인력 양성사업, 친환경 자동화산업 기능인력 양성사업.

8) MICE는 Meeting(기업회의), Incentives(포상관광), Convention(컨벤션), Events(국제회의)를 뜻한다.

요소로 작용한다. 또한 산업 간 생산성 향상이 불균형하게 이루어질 경우 그 격차로 인해 경제사회적 비용이 발생할 것이다. 따라서 광주는 성장 중인 제조업과 연계하여 글로벌 헬스 케어, 콘텐츠·소프트웨어 등 지식관련서비스업을 활성화시켜 산업 간 균형을 통한 지역경제의 발전이 필요할 것이다.

넷째, 제조업의 분야는 '고용 없는 성장'이라는 평가와 함께 제조업 성장과 수출 증가는 일자리창출로 연결되지 못한다는 비판이 많이 있었다. 광주가 진정한 '수출선도형 생산도시'로 인정받기 위해서는 고용친화적인 생산을 가져올 수 있는 전략이 필요하다. 이를 위해 광주광역시가 제안한 제18대 대통령 선거 공약 '자동차 100만대 생산기지'건설로 협력부품업체의 지역 이전을 적극 추진하여 부품업체를 집적화하는 것이 일자리 창출의 극대화를 이룰 것이다.

마지막으로, 글로벌화에 대응한 지역맞춤형 선도산업을 준비해야 한다. 고령화와 기후변화, 그린에너지 등은 전 세계적인 관심이다. 국가 간 경쟁력이 아닌 지역 간 경쟁력이 중요한 시대에서 이제 지역경제는 세계에 초점을 맞춰야 한다. 현재 광주광역시를 포함한 호남권에서 신재생에너지 및 친환경(첨단)부품 소재 등의 신성장동력산업 육성은 추진되고 있다. 이런 정책을 추진하는 과정에서 주력산업을 고도화시키는 선도산업의 육성은 지역의 산업적 특성을 고려해야 할 것이다. 앞에서 광주지역의 산업적 특성을 진단했듯이, 파급효과의 크기를 감안하여 먼저 투자되어야 할 산업을 선정하는 것이다. 이런 점에서 일반기계, 수송장비 등은 광주 지역경제의 파급효과가 높은 분야이다. 예를 들면, 그린카 상용화 생산라인 유치와 자동차 부품산업에 그린에너지를 적용한다면 선진국에 버금가는 하이브리드 부품소재산업으로 성장하여 첨단그린도시를 조성할 수 있을 것이다(〈그림 2-10〉 참조).

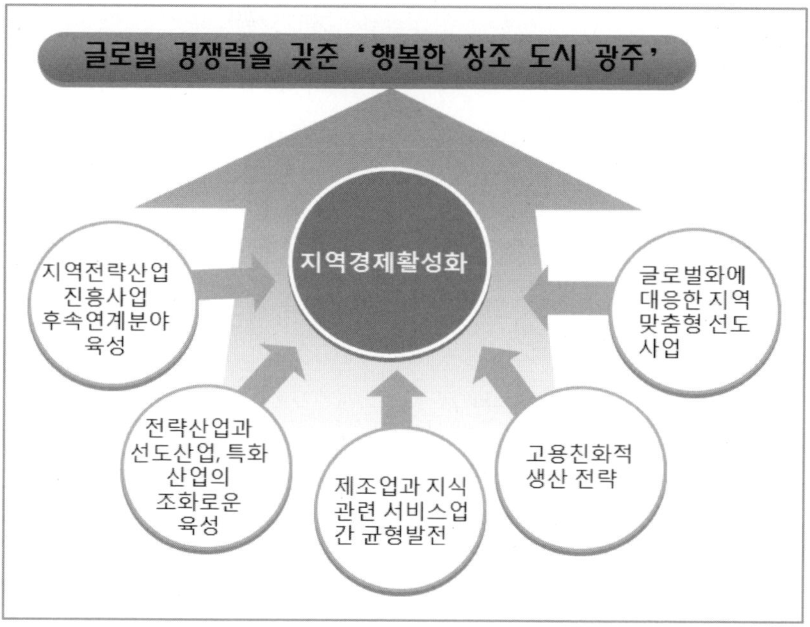

〈그림 2-10〉 민선5기 과제와 광주의 지역경제활성화

참 고 문 헌

1. 광주광역시청(2012), “2010년 기준 광업제조업조사 통계표”.
2. 광주광역시청(2012), “신성장 동력산업 육성정책 보고”.
3. 광주광역시청(2012), “민선 5기 2년 주요 시정 성과”.
4. 삼성경제연구소(2011), “산업 트렌드 변화와 성장 유망산업 분야 전망”, 벤치마킹 DB.

참고사이트

1. 국가통계포털, www.kosis.kr.

김 일 태

저 자 소 개

미국 조지아대학교 경제학박사
전남대학교 경영대학 학장 역임
한국경제통상학회 회장 역임
전남대학교 경제학부 교수 겸 지역개발연구소 소장

산업단지 변천사

오성수 (광주매일신문 정치부장)

1. 서론
2. 광주산업단지 현황
3. 전국 최초 민자조성 본촌 · 송암산업단지
4. 광주 최대의 하남산업단지
5. 광산업 발상지 첨단산업단지
6. 조성중인 산업단지
7. 시사점

광주지역 산업단지의 태동에서부터 현재에 이르기까지의 과정을 살펴본다. 또 광주광역시와 정부가 추진중인 향후 산업단지의 개발 방향에 대해서도 알아본다. 이를 토대로 지역경제 발전에서의 산업단지의 역할과 시사점을 제시하고자 한다.

제3장 산업단지 변천사

1. 서 론

국내 경제발전의 저변에는 제조업이 주요 역할을 했다. 노동집약적 특성을 지닌 제조업은 1990년대 과학산업 연구단지와 2000년대 산업클러스터가 등장하기 전까지 괄목할 만한 신장으로 국내 경제 성장을 견인했다. 이 같은 제조업은 전국 주요 산업단지를 배경으로 하였다. 따라서 국내 경제발전의 흐름은 산업단지의 변천과도 맥을 같이한다 할 수 있다.

산업단지는 공장, 지식산업 관련 시설, 문화 관련 산업 시설, 정보통신 관련 산업, 재활용관련 시설, 자원비축 시설과 관련 교육, 정보처리, 유통시설 및 이들 시설의 기능제고를 위하여 시설의 종사자와 이용자를 위한 주거, 문화 의료 관광, 체육, 복지시설 등을 집단적으로 설치하기 위하여 포괄적 계획에 따라 지정 · 개발되는 일단의 토지를 의미한다(이용희 2012). 이 같은 산업단지는 유형에 따라 국가산업단지, 일반산업단지, 도시첨단 산업단지, 농공단지 등으로 구분된다.

우리나라의 산업단지는 1960년대 초 경제개발계획과 더불어 정부 주도의 산업화 정책에 의해 조성되기 시작해 국가경제성장과 균형발전을 이끄는 역할을 담당하였다. 지난 1960년대 공업화 초기 단계부터 추진되기 시작한 산업단지의 효시는 1962년 설립된 울산공업센터다. 이후 1964년 재일교포 유치 등을 위해 계획입지 차원에서 조성된 서울 구로공단이 착공하게 되면서부터 관심을 끌기 시작해 전국에서 다양한 형태의 산업단지가 개발되기 시작했다.

광주광역시에서의 산업단지는 이보다는 다소 늦은 1978년 본촌과 송암 산업단지를 필두로 본격적으로 개발되기 시작하였다. 본촌단지와 송암 산업단지는 광주지역에서 처음으로 산업단지로 개발이 이뤄졌다는 데 의의가 있다. 이후 1980년대 개발된 하남산업단지는 지역경제의 중심 역할을 하게 된 명실상부한 지역의 대표적인 산업단지로 자리 잡았으며, 빛그린 산업단지와 첨단산업단지 등은 향후 미래 광주의 경제 지도를 바꿀 산업단지로 기대되고 있다. 이에 본고에서는 광주지역 산업단지 발전과정을 지역 최초의 산업단지인 본촌산업단지 및 송암산업단지와 지역 최대 규모의 하남산업단지 그리고 미래 산업단지로 조성중인 빛그린 산업단지 등 3단계로 구분하여 현황과 의의 등을 알아보고 시사점 등을 제시하고자 한다.

2. 광주지역 산업단지 현황

가. 산업단지 현황

1) 조성 완료된 산업단지

광주지역 산업단지는 크게 3단계로 구분할 수 있다. 1단계는 광천산업단지와 본촌산업단지, 송암산업단지를 들 수 있다. 이들 산업단지는 70년대 후반에 조성되기 시작해 1983년 준공돼 초창기 광주지역산업단지의 역할을 했다. 지금도 이들 산업단지에는 200여개의 업체에서 3천800여명이 근무하고 있는 등 산업단지의 명맥을 유지하고 있다.

이후 지난 1981년 착공해 1991년 조성된 하남산업단지가 들어서면서 광주의 산업단지는 큰 변화를 가져왔다. 2011년 말 현재 총 976개 업체가 가동 중인 하남산업단지는 초창기 어려운 여건을 극복하고 지

〈표 3-1〉 광주지역산업단지 조성현황

(단위: 천㎡)

구 분	착 공	준 공	조성면적	공장면적
본촌산업단지	1979. 6	1983.12	937	763
송암산업단지	1979. 6	1983.12	394	278
하남산업단지	1981. 1	1991. 3	5,944	4,551
소촌산업단지	1981.12	1983. 5	189	106
소촌농공	1987.12	1988.12	324	262
평동산업단지(1,2차)	1993. 3	2010.11	4,965	3,290
평동일반산업단지	1993. 3	2010.11	3,600	2,200
평동외투	1993. 3	2005. 2	1,365	1,090
첨단산업단지	1992. 4	2003.12	7,931	1,713
소 계	-	-	20,684	10,963

자료: 광주광역시 2012산업단지현황

역의 대표적인 산업단지 역할을 하고 있다. 하남산업단지는 소촌산업단지와 소촌농공단지의 개발에 이어 평동산업단지와 유일한 국가산업단지인 첨단산업단지의 개발로 이어졌다.

이후 광주광역시와 정부는 산업단지의 수요가 급격하기 늘자 지난 2007년 착공해 오는 2014년 완공 예정인 진곡산업단지를 비롯해 2012년 말 완공 예정인 2단계 첨단산업단지, 오는 2018년 완공 예정인 빛그린 산업단지 조성에 박차를 가하고 있다. 이와는 별개로 시는 오는 2016년 말 완공 목표로 평동산업단지(3차)과 첨단산업단지(3지구)을 조성키로 하고 현재 실시설계를 위한 용역에 들어갔다.

광주지역은 지난 2012년 6월 말 기준 국가산업단지 4곳과 일반산업단지 8곳 등 총 12곳의 산업단지에 3,372만8천㎡가 조성돼 있거나 준공을 앞두고 있다. 산업단지에 대한 수요가 지속적으로 늘어나면서 공급도 꾸준히 증가하고 있다. 현재 조성되어 기업체가 입주해 있는 하남산업단지 등 일반산업단지 6곳과 첨단산업단지 등 국가산업단지 1곳으로 규모는 2,068만4천㎡에 이른다. 이들 산업단지에서는 총 2,325개 업체가 입주해 생산 활동을 하고 있으며, 고용인원은 5만7,755명에 이른다.

광주지역 최초의 산업단지는 지난 1979년 착공돼 1983년 조성된 본촌산업단지와 송암산업단지다. 광주시 북구 양산동과 일곡동 일원에 자리 잡은 본촌산업단지는 지역산업 구조조정과 도심 지역업체의 집단화로 쾌적한 도시환경을 위하여 조성되었다. 남구 송하동 일대에 자리 잡은 송암산업단지는 도심지에 산재된 공해업체의 이주로 쾌적한 도시환경과 생산도시화를 위하여 추진되었다. 호남고속도로 동림 IC와 철도(호남선 송정역)를 이용하여 교통편익을 제공하였다.

이들 산업단지는 하남산업단지가 조성되기 이전 광주의 대표적인 산업단지로 지역경제의 든든한 구심 역할을 했다. 그러나 도시 팽창과 산업용지에 대한 수요 증가로 산업단지가 포화상태에 이르자 하남산업단지 등이 조성되는 등 지금까지도 산업단지 조성이 활발하다.

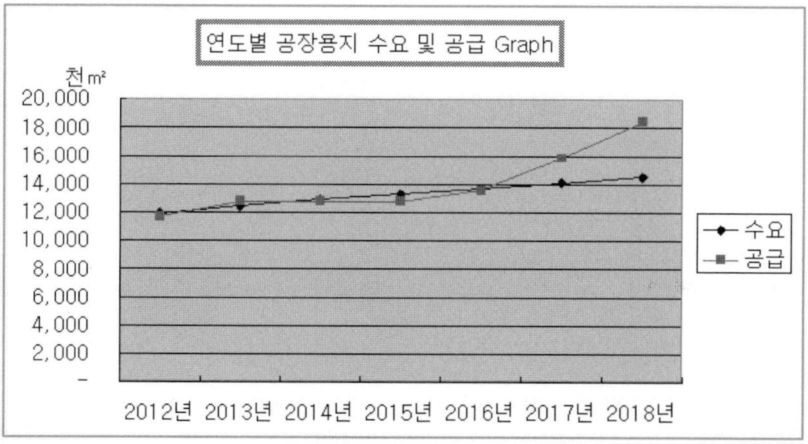

〈그림 3-1〉 광주시 공장용지 수요 및 공급그래프

광주지역 최대의 산업단지인 하남산업단지는 기존 광천동 일원에 조성된 광천공업단지 이주 계기로 조성되었다. 광산구 장덕동과 오선동, 안청동, 도천동 일대에 조성된 하남산업단지는 총 부지 594만4천㎡에 사업비만도 1천566억원이 들어간 대규모 공단이다. 하남산업단지는 인근 소촌산업단지와 소촌 농공단지를 동시에 개발하면서 본격적인 산업단지시대를 예고하였다.

하남산업단지가 조성된 후 10여년이 지난 1992년에는 첨단 산업단지, 이듬해인 1993년 평동산업단지가 착공되면서 그동안 광주시 주관으로 조성된 산업단지가 국가산업단지로 조성되는 계기가 되었다. 광주지역에서 유일한 국가산업단지인 첨단 산업단지(1단계)은 광산업 부흥 등 광주지역의 새로운 성장 동력의 모티브가 되었다.

2) 조성·계획중인 산업단지

산업단지의 수요가 늘면서 정부와 광주광역시는 산업단지개발에 주력하고 있다. 이 같은 산업단지조성은 지난 2010년 이후 산업단지 수요가 매년 400만-480만㎡가 증가하고 있지만 공급아 이에 미치지 못하고 있기 때문이다. 이에 광주광역시는 오는 2018년까지 5곳에 총 1304만4

〈표 3-2〉 광주지역 조성 · 계획중인 산업단지

(단위: 천㎡)

구 분	주 체	착 공	준공예정일	면 적	진행상황
진곡	광주시	2007. 3	2014.12	1,910	보상78%, 공사5%
첨단2단계	국 가	2007.10	2012.12	2,061	공사99%
빛그린산업단지	국 가	2009. 9	2018.12	4,081	손실보상준비중
평동3차	광주시	-	2016.12	1,165	실시설계용역중
첨단3지구	국 가		2017.12	3,827	실시설계용역중

주 : 1) 빛그린산업단지 조성 면적중 2,225천㎡은 전남지역
2) 첨단 3지구조성면적중 2,720천㎡는 전남지역

자료 : 광주광역시 산업단지 조성현황

천㎡를 조성하여 광주지역 산업단지를 총 3천372만8천㎡(1천203만평)으로 확대한다는 방침이다. 이를 위해 현재 진곡산업단지와 첨단산업단지(2단계) 빛그린 산업단지의 조성공사가 진행 중이며, 평동산업단지(3차)과 첨단산업단지(3차)도 실시설계용역을 추진 중이다.

광주광역시는 오는 2017년 수요 누적치가 265만8천㎡지만 같은 해에 229만5천㎡가 공급되는 등 누적분이 440만8천㎡에 달해 175만㎡의 공급 초과로 이어질 것으로 전망하고 있다.

3. 전국 최초의 민자조성 본촌·송암공단

가. 산업단지조성 배경

광주지역 최초의 산업단지인 본촌·송암 공단이 조성될 무렵인 지난 1970년대 후반 광주에서는 지역상공인 등을 중심으로 광주권 생산도시화 운동이 본격적으로 추진되었다. 당시 광주시에는 용도구역상6개 지역의 공업지역이 있었으나 일신, 전방, 아시아자동차 등 기존 공장들이 들어서 있어 새로운 공업단지 조성 부지로는 본촌(本村)과 송암(松岩) 지역이 대안으로 부각되었다.

당시 송언종 광주시장과 지역 기업인들은 광주권의 경제력이 전국 최하위임에도 인구 비례에 따른 학생 수는 서울이나 부산보다도 월등하게 많아 전형적인 소비도시의 병폐가 쌓이고 있다고 지적하고 본촌과 송암 공단 조성이 광주권 생산도시화를 위한 1차적인 과제라고 강조했다. 이에 광주시와 상공인들은 구체적인 방안을 마련하고 정부에 건의를 하기도 하였다.

1978년 2월21일 박정희 대통령이 전라남도를 연두 순시하는 자리에서 이 문제가 거론되었다. 이날 도내 기관장과 유지들이 함께 한 오찬

자리에서 신태호 당시 광주상공회의소회장이 박 대통령에게 '광주에 공업단지를 건설해 줄 것'을 건의했다. 당시의 이 같은 건의는 사전에 아무 예고나 협의 없이 단도직입적인 발언으로 화기애애한 오찬분위기가 다소 썰렁해지면서 참석자들도 매우 당황했다고 한다. 그러나 박 대통령은 즉석에서 건의를 받아들여 외각에 공업단지를 조성하는 문제를 고건 전남지사에게 연구하도록 지시한 것이 계기가 되어 1년 후인 1979년 본촌과 송암 공단의 착공 배경이 되었다.

대통령의 지시에 탄력을 받게 되자 광주시는 본촌공단에는 식품을 비롯한 무공해 업종을, 송암 공단에는 기계, 금속이 각각 타당하다는 결론을 내리고 이를 추진하게 되었다. 아울러 성공적인 공단 조성을 위해 시내 도심지에 산재해 있는 생산업체들을 대상으로 대대적인 입주 권유에 나서게 된다. 그러나 막상 공단을 조성한 후 입주자 신청 마감

자료: 광주상공회의소 제공

〈그림 3-2〉 1979년 6월15일 송암산업단지 착공식

(마감일 1978년 9월 30일)이 다가와도 신청자는 본촌지구는 조성계획 면적대비 20%, 송암 지구는 25%에 불과했다. 평당 4만원 내외의 분양가격에 면적에 따라 평당 1만원의 현금이나 유가증권 예치 등 과도한 조건 때문이었다. 이에 광주시는 마감을 10여일 연장하고, 입주 권유활동을 강화해 겨우 50%를 넘기게 된다. 그러나 지역신문에서는 "본촌·송암 공단이 타 지역 보다 분양가격이 높고 입주 신청 시 과중한 예치금 부담 및 공단규모가 협소하다"는 부정적인 기사를 잇달아 게재해 당시의 여론을 짐작케 했다.

이러한 부정적인 반응에도 불구하고 1978년을 전후로 본촌에는 경방이 5만평, 롯데와 호남식품(코카콜라)이 각각 2만평과 1만5천 평, 송암 산업단지에는 (주)광주고속정비공장이 2만4천 평, 전남자동차정비공장 1만1천 평이 위·수탁협약을 맺으면서 공단이 활기를 띠게 되었다. 그러나 1979년 제2 석유파동의 여파로 물가가 치솟고 10.26사태에 이어 80년 들어 5·18 광주민주화운동 등으로 전국이 어수선 하면서 공단입주를 희망하는 업체들이 심각한 자금난으로 입주가 지연되었다.

그러나 다행히 80년 하반기부터 입주 분할 등기가 활발하게 진전되고 부대시설 공사가 완공되면서 공단은 다시 활기를 찾게 되었다. 이후 1984년 9월 25일 호남식품(주)의 코카콜라가 이곳 지하수가 청량음료에 최적격임을 인정하여 입주하게 되고, 이어 10월 5일에는 롯데칠성음료주식회사 광주공장이 준공하게 된다. 이후 11월 19일에는 해태제과 광주공장이, 1987년 5월 22일에는 동양맥주광주공장이 잇따라 들어서면서 본촌공단은 당시에는 명실상부 국내 최대의 제과·주류산업단지로 자리 잡게 되었다. 지금은 다소 협소한 본촌·송암 산업단지는 우리나라에서 최초로 상공인들이 자력으로 조성했다는 점과 광주생산권도시화 운동이 맺은 최로의 결실이었다는 점에서 의의가 있다 하겠다.

나. 본촌 · 송암산업단지 현황

광주시 북구 양산동과 일곡동 일원에 자리 잡은 본촌산업단지는 93만7천㎡의 부지에 76만3천㎡의 공장 부지를 갖추고 있다.

약 30여 년 전 국비 6억3천800만원과 분양금 90억8천400만 원 등 총 97억2천200만원을 들여 조성한 본촌산업단지는 광주지역 최초의 공단인데다 도심권에 위치에 있어 지금도 160여 업체에서 2천100여명이 근무하고 있다. 식음료 업체가 48개에 1천209명, 섬유의복이 13개에 174명, 전기전자가 10개 347명 등으로 이들 업종이 대부분을 차지하고 있다. 생산액은 연간 8천304억 원에 수출액은 1억 달러 수준에 그치고 있지만 호남고속도로 서광주 IC와 인접해 있는 등 지리적인 특성으로 인기가 높다.

〈표 3-3〉 본촌산업단지 주요 현황

조성면적(천㎡)	공장면적(천㎡)	업 체 수	고용인원(명)	생산액(억 원)
937	763	160	2,174	8,304

송암산업단지는 광주지역에서 가장 규모가 작은 공단이다. 1970년대 후반 당시 도심지에 산재한 공해업체의 이주로 쾌적한 도시환경과 생산도시화 차원에서 조성되었다. 광주 남구 송암동 일대 394㎡의 토지에 278㎡의 공장이 들어서 있어 공장용지 비율이 70.6%에 이른다. 비교적 소규모 공단으로 현재 66개 업체가 가동 중이며, 근로자수는 1천736

〈표 3-4〉 송암산업단지 주요 현황

조성면적(천㎡)	공장면적(천㎡)	업 체 수	고용인원(명)	생산액(억원)
394	278	66	1,736	520

주: 2012년 6월말 현재

명에 이른다. 이중 기계업종이 41개사에 1천350여명이 근무해 대부분을 차지하고 나머지는 석유화학 관련업종이나 조립금속, 운송장비등의 업체들이 가동 중이지만 대부분 영세하다.

4. 광주 최대의 하남산업단지

가. 하남산업단지 조성배경[9)]

광주지역 최대의 산업단지인 하남산업단지는 모두 3차례에 걸쳐 조성되었다. 하남산업단지 조성이 표면화 된 것은 지난 1975년부터다. 당시 IBRD(세계은행)의 차관사업인 광주권 개발 제 1단계 사업이 확정된데 이어 정부는 제 2단계 소득증대사업 일환으로 광주 제 2공업단지(하남공업단지) 조성을 포함하는 광주권 개발 제 2단계사업계획안을 확정했다. 이 안에 따르면 총 사업비 70억3천만 원(내자 30%, 외자 70%)을 들여 광산군 하남면 일대 60만평에 공업단지를 조성해 50개 업체를 입주시킨다는 방침이었다.

1차 하남산업단지가 조성되는 계기였다. 그러나 이 같은 안에 대해 당시 지역 상공인은 정부의 결정은 환영하지만 공단 규모가 너무 작다며, 아쉬움을 보였다. 이에 광주상공회의소가 중심이 돼 1977년 5월2일 '최소한 200만평은 되어야 한다'는 내용의 건의문을 관계부처에 보내기도 했다. 이에 세계은행측은 1977년 9월 3억900만원을 들여 경제성 조사 전문기관인 아더·영 회사 및 기술조사 전문업체인 루이스조지 사(社)에 용역을 의뢰해 경제성 및 사업비등을 포함한 타당성조사를 하게 된다. 타당성 조사 기간 동안 지역 국회의원과 상공인들은 공단 확장운동을 대대적으로 전개하지만 세계은행측은 당초의 자체 계획안인 부지

9) 광주권생산도시화운동 pp.214-325 요약

〈그림 3-3〉 하남산업단지 기공식 장면

45만평 개발안을 굳히고 1978년 6월 조사를 완료하였다. 타당성 조사 결과는 경제성은 있지만 규모는 45만평으로 확정했다. 이에 광주시는 어쩔 수 없이 이 안을 수용하되 45만평이 성공적으로 분양될 경우 2차로 60만평을 더 조성키로 했다.

그러나 하남산업단지 개발은 막상 공사입찰 계약을 앞두고 전체 부지 면적 중 22만평이 절대농지로 묶여 있어 개발공사에 막대한 지장을 초래했다. 당초 예정된 1981년 초 착공이 어려울 것으로 전망되자 당시 신태호 광주상공회의소 회장이 정종택 농수산부장관을 만나 농업용지의 공업용지 전환을 요구하게 되며, 그 자리에서 정 장관이 흔쾌하게 받아들여 1980년 12월30일자로 농지전용이 허가되었다. 이에 따라 지난 1981년 1월15일 공사계약을 체결하고 1월 16일 건설부 고시 제 6호에 의거해 도시계획변경 결정고시를 거쳐 2월20일 대망의 착공을 하게 된다. 총 사업비 169억8천200만원을 들여 1983년까지 조성되는 하남산업단지 1단계공사는 조성 면적 44만9천평 중 73.7%인 33만640평이 공장부지로 조성돼 표준공장 30동을 지어 분양하고, 광주지방 국토관리청이 위탁 시행하게 된다.

광주시는 부지조성공사 착공에 이어 1981년 4월부터 광천동 광주공업단지업체들을 대상으로 제 2차 입주희망업체 조사에 나선다. 당시 광천동 소재 광주공업단지는 11만5천400여 평(아시아자동차 제외)에 61개 업체가 가동 중이었는데 당초 입지 선정 잘못으로 도시가 급격히 팽창하면서 이 공업단지는 주택가에 에워싸이게 되어 이전이 불가피하였다. 이에 하남공단 조성공사가 탄력을 받자 광주시는 1982년 6월부터 3개월 동안 하남산업단지 입주희망업체 공모에 나서게 되는데 막상 입주 신청은 극히 저조했다. 입주희망업체 조사 결과 59개 업체에 희망면적이 33만9천 평에 그쳤다.

광주시는 당초 하남산업단지 건설 기획과정에서 규모 확장을 건의하기 위해 실시한 1978년 4월19일 제 1차 입주희망 면적 조사에서는 150만평에 달했는데, 2차 조사에서는 34만평에 그치자 매우 당혹했다. 이 같은 부진은 경기불황과 까다로운 조건 때문이었다. 당시 분양가격은 50명 규모의 종업원을 고용할 수 있는 5천 평형 시범공장 30동은 평당 분양가격이 22만원, 일반 부지는 평당 5만원에 달했다. 게다가 당시는 5·18광주민주화운동 직후라는 특수한 상황이 계속된 것도 큰 영향을 미쳤다. 더욱이 용도변경에 따른 도시계획상의 감보율 협상이 타결이 이루어지지 않았고, 진입로 개설공사가 광주시의 주관이 아니어서 행정력이 미치지 못해 어려움을 겪었다. 여기에 공업용수도 장성 호(湖) 물을 끌어들여 사용해야 하는데 관계기관과의 까다로운 절차로 여간 쉽지 않았다.

따라서 분양공모가 시작된 지 만 1년이 되는 1983년 6월 15일 현재 입주계약 면적은 공장부지 36만6천 평 중 28%에 불과한 10만2369평에 그쳤다. 또 30채의 시범공장도 단 2채 만이 분양되었다. 설상가상 분양 부진으로 광주시는 세계은행에 막대한 이자만 내야 할 형편이었다. 이에 광주시와 광주상공회의소는 대기업을 대상으로 입주유치 활동을 펼치는 한편, 정부에는 각종 세제 혜택과 금융지원을 요구하게 된다. 이에 대해 정부는 입주기업에 대해 취득세와 등록세, 재산세를 5년간 면제하고, 공장시설가격의 10%범위 내에서 이전준비금을 손비로 처리할 수 있도록 하며, 지원금도 중소기업 특별자금명목으로 소요자금의 90%까지 지원받을 수 있도록 했다.

이 같은 조치로 1983년 하반기부터 분양이 활기를 띠게 되었다. 아시아자동차와 중소기업진흥공단의 지원으로 발족한 광주자동차부품조합이 7월 6일 1만2천 평 규모의 광주자동차부품협동화사업공장을 기공한 것을 비롯하여, 11월말에는 36개 업체가 12만평을 분양했다. 여기에 1984년 1월1일부터 분양가격이 평당 5만5천원에서 6만원으로, 표준공장건물은 평당 22만원에서 24만원으로 각각 인상된다는 것이 알려지면서 역설적으로 분양을 촉진하게 되었다.

이후 럭키금성과 대우전자 등 대기업을 중심으로 한 유치활동이 가시적인 효과를 거두면서 분양이 활기를 띠기 시작했다. 1차 조성공사가 완료되는 시점에서 2차 조성사업이 추진되었다. 2차 산업단지 조성은 럭키금성과 대우전자 등 대기업들의 잇따른 분양계약으로 1984년부터 하남산업단지의 확장이 본격적으로 거론되었다.

1차 조성사업은 총 45만평 중 공공용지를 제외한 가용면적이 36만평에 불과한데다 광천동공업단지 입주업체들이 집단으로 이주하게 되어 기존계약면적을 합치면 이미 한계에 달했기 때문이다. 그러나 이번에도 면적이 관건이었다. 당시 상공인들은 입주희망업체와 필요한 면적을 조사한 결과 최소한 200만평이 필요하다고 주장했다. 상공인 등은 1차 조성과정에서 당시에도 100만평이 필요하다고 주장했으나 세계은행 측에서는 자체적인 조사를 바탕으로 45만평이면 충분하다는 결론을 내리고 이를 추진했다. 결과적으로 지역상공인들의 주장이 맞은 셈이다. 대기업들이 막상 입주를 하려고 해도 5만평이나 10만평단위의 부지가 없어 애를 먹었기 때문이다. 한 예로 럭키금성그룹은 10만평의 입지를 물색했으나 한 필지로 남아있는 부지가 없어 결국 3만7천평만 계약했다.

이에 광주시와 상공인들은 정부에 2차 조성계획의 필요성을 강력하게 주장하였다. 이런 과정에서 1984년 3월8일 당시 전두환 대통령이 금성알프스광주공장 기공식에 참석하게 되고, 이 자리에서 광주시가 건의한 60만평 규모의 2차 조성공사를 추진하라고 지시한 것이 계기가 되어 2차 확장공사가 탄력을 받게 된다. 당시의 계획안에 따르면 1984년 6월1일부터 1986년 6월30일까지 제 2차로 60만5천평을 조성하고, 2000년 이후 3차로 81만4천평을 조성하는 것이 골자였다.

2차 단지조성은 기존 1차단지와 연계된 하남리와 흑석리, 오산리, 지역이 대상이었다. 2차 조성사업은 총 360억 원을 투입해 1985년 착공, 1987년 완공 예정이었다. 그러나 토지개발공사가 입지자 확보를 선행조건으로 제시하면서 차질을 빚게 되었다. 결국 당초 1985년 10월 착공예정이었던 하남산업단지 2차 조성공사는 연말로 연기되더니 결국 1986년 사업으로 확정되면서 1986년 11월 4일 착공하게 되었다. 따라서 하남산업단지 2단계 조성공사는 광주시의 사업시행 의뢰를 받은 토지공사가 1985년 11월30일 동사 용지조성위원회의 확정 절차를 거친 후 2년 만에 착공을 하게 된 셈이다.

그러나 2차 하남산업단지도 공장부지에만 초점이 맞춰져 도로나 공공시설 건설은 매우 부진했다. 따라서 기업들이 어느 정도 입주해 근로자들이 약 2천여 명이 근무하고 있었지만 부대시설은 매우 열악했다. 진입도로는 매우 비좁은 데다 송정리로 연결되는 도로는 편도 1차선으로 되어 있어 당시에는 '살인도로'로 불리었다. 교통사고가 잦았기 때문이다. 게다가 시내에서 공단을 연결하는 시내버스도 40분에 한 대 꼴이었으며, 그나마 현재의 흑석4거리가 종점이었다. 따라서 버스 한대에 80-90여명이 타고 다녔으며, 그나마 눈이 내려 버스가 운행하지 않을 경우에는 걸어서 다녀야 했다. 이 같은 도로 상황은 이후에도 좀체 개선되지 않다 공단 조성 20여년 만에 현재와 같은 6차선으로 확장하게 되었다. 창원공단이 공단조성과 동시에 도로확장공사를 추진해 입주업체 및 근로자들의 편익을 도모했던 것과는 대조적이었다.

2차 조성이 마무리 되었지만 수요가 꾸준하게 늘자 광주시는 1989년 2월 제 3차 단지조성을 추진해 1991년 2월 준공을 하였다. 총 914억을 투입해 72만7천평 규모의 3차단지는 사실상 하남산업단지의 마지막 조성공사로 현재에 이르고 있다. 이 같은 일련의 조성사업을 통해 하남산업단지는 명실 공히 광주지역 최대의 산업단지로 정착되면서 지금도 지역 제조업의 중심 역할을 하고 있다.

나. 하남산업단지 현황

하남산업단지는 광주광역시 장덕동과 하남동 안청동 도천동 일원 5,944천㎡(1,804천 평)에 1,2,3차로 구분하여 조성되었다. 1차 단지는 1981년 1월20일 착공, 1983년 12월20일 준공하였고, 2차 단지는 1986년 11월4일 착공해 1989년 8월7일 준공하였으며, 3차 산업단지는 1989년 2월1일 착공하여 1991년 2월21일 준공하여 현재에 이르고 있다.

하남산업단지는 총 5,944천㎡의 단지 가운데 공장용지는 75.5%인

〈표 3-5〉 하남산업단지 주요 현황

조성면적(천㎡)	공장면적(천㎡)	업 체 수	고용인원(명)	생산액(억원)
5,944	4,551	976	28,717	158,505

주: 2012년 6월말 현재

〈표 3-6〉 하남산업단지 연도별 입주업체현황

구 분	가동업체수	생산실적(백만원)	고용인원(명)
1985	46	44,317	2,795
1990	144	734,604	14,336
1995	363	2,594,795	20,418
2000	656	4,197,778	21,902
2005	858	8,322,886	26,447
2012	976	15,850,500	28,717

자료: 하남산업단지관리공단

4,507천㎡를 차지하고 있으며, 지원 및 공공용지는 24.5%인 1,198천㎡를 점하고 있다. 여기에는 총 976개 업체에 28,717명이 근무하고 있으며, 생산액은 연간 15조8천500억 원에 이른다.

하남산업단지는 해마다 입주업체가 크게 늘어나면서 지역의 대표적인 산업단지로 자리 잡았다. 1차 준공된 1983년만 해도 입주업체는 50여개에 그쳤으나 갈수록 늘면서 지금은 976개사로 늘었다. 여기에는 광주삼성전자와 LG이노텍, 대우전자 등 대기업 10여개사가 가동되면서 지역경제의 든든한 중심역할을 하고 있다. 삼성전자 등 대기업의 입주는 나영산업 등 중견 협력업체 60여곳의 동반 입주를 유도하면서 공단에 활력을 불어 넣었다.

하남산업단지는 초창기 분양부지에 불구하고 지역의 대표산업단지로 자리 잡으면서 분양 가격도 1차 조성 당시에는 평당 5만 원 내에서 지금은 120만원을 육박하고 있다.

다. 평동산업단지

3차례에 걸쳐 조성된 하남산업단지도 수요에 비해 한정적인 공급으로 점차 공급난을 겪게 되었다. 이에 광주광역시와 하남산업단지관리공단은 현재의 수완택지지구를 중심으로 4단계 하남산업단지를 조성한다는 방침을 세웠다. 그러나 하남 인근 주민들의 반대로 4단계 단지 공사는 착수하지 못하게 된다. 하남산업단지가 활성화되면서 환경문제가 새롭게 대두된 데다, 광주광역시가 주택난을 겪으면서 택지조성이 어려움을 겪자 당초 산업단지로 조성될 예정이었던 수완지구는 택지지구로 전환되고, 대신 평동산업단지가 조성되었다.

1993년부터 1,2차로 나누어 진행된 평동산업단지는 첨단산업 육성과 지역산업기반 확충 일환으로 추진되었다. 광산구 평동과 월전동, 옥동, 용동 일원 총 4,965천㎡부지에 조성된 평동산업단지는 3,290천㎡의 공장 부지를 갖추고 있으며, 각종 부대시설과 도로망이 잘 갖춰져 있어 기존의 하남산업단지와는 차별화를 추구했다. 광주광역시가 조성한 평동산업단지는 보상비 2,995억 원에 공사비 1,387억 원 , 기타 907억 원 등 사업비만도 총 5,289억 원이 소요되었다. 광주시는 평동산업단지를 첨단산업 위주로 재편하기 위해 석유정제품제조업 등 일부 업종의 입주를 제한하기도 했다. 다만 평동산업단지 입주를 희망하는 업체 중 상당수는 기존 하남산업단지나 본촌산업단지 등에서 이전하기 위해 분양을 받았으나 경기불황 등으로 제때 이전을 못하고 지연되는 경우도 발생하였다.

그러나 평동산업단지는 기반 시설이 잘 갖춰진데다 첨단 업종위주로 재편되면서 하남산업단지와 함께 광주의 대표적인 산업단지로 자리 잡았다. 현재 평동산업단지에는 총 456개 업체에 1만1674명이 근무하고 있으며, 생산액도 4조원에 육박하고 있다.

평동 산업단지 내에는 외국인투자지역이 있다. 광주광역시에서는 외국인 투자유치 촉진을 위해 처음으로 외국인투자지역을 조성해 분양했다. 평동외국인 투자지역은 총 1,365천㎡ 부지에 공장용지는 1,090천㎡ 규모로 1993년 3월 착공해 2005년 2월 완공되었다. 지경부 산하 한국산업단지관리공단이 관리하는 평동 외국인투자지역은 6,612㎡규모

〈표 3-7〉 평동산업단지 입주현황

구분	조성 면적(천㎡)	공장면적(천㎡)	업체수	고용인원	생산액(억 원)
일반산업단지	3,600	2,200	405	8,777	27,215
평동외투	1,365	1,090	64	2,897	10,708
계	4,965	3,290	469	11,674	37,923

주: 2012년 6월말 기준

이상의 공장 69개사를 만들어 최장 50년까지 저렴하게 임대(10년 단위 재계약)하는 방식으로 운영되고 있다. 외국인 투자유치 일환으로 조성돼 임대가격이 파격적이다.

임대가격은 지난 1991년부터 2004년까지는 ㎡당 40원, 2005년에는 45원, 2006년 50원, 2007년 57원, 2008년 63원으로 점진적으로 상승했으나 다른 산업단지보다 파격적으로 낮았다. 이 같은 낮은 임대가격으로 입주희망이 기업이 늘면서 일부 부작용도 있었지만 외국인 투자지역의 역할을 톡톡히 했다. 현재 평동외국인 투자지역에는 64개 업체에 2,897명이 근무하고 있으며, 연간 1조원 규모의 매출을 올리고 있다.

5. 광산업 발상지 첨단산업단지[10)]

첨단산업단지는 광주지역 유일의 국가산업단지다. 광주의 전략산업인 광산업 직접화단지가 들어서고 동북아 최대의 사이언스 파크로 자리 잡은 첨단산업단지는 광주의 연구・개발(R&D)특구의 중심이다. 광주의 성장 동력인 광산업체를 중심으로 첨단기업들이 입주했거나 연구소를 운영하고 있다.

---

10) '황무지에서 첨단산업의 메카로', 광주시, pp. 67-89 요약.

그러나 첨단산업단지는 경제적인 동기보다 정치적인 의도에 의해 조성되었다. 첨단산업단지 개발이 본격적으로 거론된 것은 1987년 대통령선거 기간이었다. 당시 여당 후보였던 노태우 후보는 선거운동과정에서 5·18의 진실이 알려지면서 광주를 찾아 선거운동을 하는데 어려움을 겪었다. 이때 김양배 광주시장은 광주에 테크노폴리스를 건설해 줄 것을 건의하게 되고, 노 후보는 지역균형발전 차원에서 광주에 첨단과학단지를 건설하고, 단지 내에 제2의 과학기술원을 개원해 산학연의 발전 동력으로 삼겠다는 공약을 발표했다. 하지만 이 공약은 서해안 종합개발계획이나 호남고속철도 건설 등 굵직한 공약 등에 밀려 당시에는 큰 주목을 받지 못했지만 광주첨단산업단지가 처음으로 등장한 계기가 되었다.

결국 정부가 광주의 아픔을 치유하려는 보상 차원의 정치적인 의도에서 시작한 광주첨단산업단지는 전국 과학산업단지 중에서 가장 먼저 탄생하는 특수한 배경이 되었다. 1988년 4월13일 과학기술처는 업무보고에서 광주 첨단과학산업단지 건설의 필요성을 노태우 대통령에게 보고하면서 이 사업은 탄력을 받게 된다. 4월15일 취임 후 처음으로 광주와 전라남도를 방문한 노 대통령은 광주에 제2과학기술대학을 세우고, 1천만 평에 세계적인 첨단산업기술단지를 조성하겠다고 다시 한 번 밝혔다. 이날 사실상 광주첨단단지 조성사업이 국가 프로젝트로 확정 발표됐으며, 그해 10월 서해안개발계획안에 반영되어 우선순위 사업으로 심의 확정되면서 정식 국가사업으로 추진되었다.

결국 첨단단지는 정치적인 차원에서 시작되었지만 지역균형발전과 과학기술입국이라는 국가적 과업을 실현하는 두 가지 효과 차원에서 급부상하게 되었다.

이후 과학기술처는 1988년 1월 전남대 지역개발연구소에 '광주첨단단지 건설방안' 연구용역을 발주하고 지역개발연구소는 일본의 쓰쿠바

〈그림 3-4〉 첨단산업단지 전경

와 간사이, 대만의 신주단지 등 선진국의 다양한 첨단과학산업단지를 탐방해 기본적인 밑그림을 완성했다.

당시 밑그림을 그린 송인성 전남대 경영대학 교수(당시 지역개발연구소장)는 "광주 · 전남의 발전을 위해서는 첨단산업 중심으로 개편되어야 한다고 끊임없이 주장하던 차에 좋은 계기를 마련할 수 있을 것으로 생각해 흔쾌하게 제안을 받아들여 20여명의 교수들과 함께 연구용역을 수행했다"고 회고했다.

이후 1990년 건설부가 용역 안을 바탕으로 삼소 · 본촌 · 비아 일대 579만평을 광주첨단과학산업기지 개발구역으로 지정 고시하면서 조성공사가 본격화됐으며, 첫 해의 국가 예산은 290억 원으로 확정되었다. 이후 12월 6일 1단계로 한국토지개발공사가 사업시행자로 지정되고, 1년 뒤인 1991년 12월 31일 단지조성사업(1단계)실시계획 승인이 이뤄졌다. 이처럼 광주첨단산업단지는 건설구상에서 부터 실시계획 승인까지 4년이라는 비교적 짧은 기간에 가시화 되었다.

그러나 첨단산업단지도 IMF경제위기로 분양이 극도로 부진했다. 착공과 동시에 분양에 들어간 지 6년째인 1996년까지 공장용지 분양을 신청한 업체는 10여개에 불과했다. 경제위기에다 분양가격이 너무 비쌌기 때문이다. 반면 주거용지는 분양개시와 동시에 100% 분양이 이뤄져 첨단단지가 아파트 밀집지역으로 착각할 정도였다. 게다가 일부 기업들이 입주를 포기하기도 했다. 대표적으로는 LG그룹이다. 이 그룹은 당초 1993년 6월 730만5700㎡를 271억 원에 매입했다. LG는 이 곳에 2002년까지 총 1조1천억 원을 투입해 LG전자와 LG화학 생산라인 및 연구소를 입주시킬 예정이었다. 이를 통한 매출 목표는 1조9천억 원, 고용인원도 7500여명에 달했다. 그러나 LG는 투자환경이 변했다는 이유로 착공계획 조차 세우지 못했고, 결국 이 부지는 15년 가까이 잡초만 무성한 채 방치되기도 했다. 이후 이 부지는 광주시와 한국산업단지가 지난 2005년 환수절차에 들어가 발광다이오드(LED)밸리로 조성해 분양하게 되었다. 첨단지구가 광주가 LED생산의 주력기지로 자리 잡은 계기가 되기도 했지만 LG의 입주 무산은 많은 아쉬움을 남게 했다.

한편, 지난 1992년 착공해 2003년 말 완공한 첨단산업단지는 총 7,931천㎡에 공장용지는 1,713천㎡규모로 조성되었다. 이 곳에는 광산업을 중심으로 한 첨단산업체 537개사에 11,181명이 근무하고 있으며, 생산액은 2조3천324억 원에 이른다.

〈표 3-8〉 첨단산업단지 주요 현황

조성면적(천㎡)	공장면적(천㎡)	업 체 수	고용인원(명)	생산액(억원)
7,931	1,713	537	11,181	23,324

주: 2012년 6월말 현재

6. 조성중인 산업단지

가. 진곡 · 빛그린산업단지

산업단지가 꾸준히 늘어났음에도 불구하고 수요에 비해 공급이 부족해 광주시는 여전히 산업단지 조성에 주력하고 있다. 광주광역시는 2000년대 후반에는 일시적으로 산업용지 부족난이 심각하지 않았지만 활발한 기업유치와 기존 기업들의 성장세에 힘입어 산업용지 수요가 급증하고 있다. 광주시는 2011년 기준 산업단지 수요가 연간 14만평 정도에 달해 장·단기 측면에서 적기 공급을 위한 공단조성에 주력하고 있다.

광주광역시는 현재 626만평(20,684천㎡)인 공장 부지를 갖추고 있지만 만성적인 공장용지 부족으로 오는 2016년까지는 공급난을 겪은 후 현재 조성중이거나 계획 중인 산업단지가 완공되는 2018년을 기점으로 산업단지 부족난이 해소될 것으로 전망하고 있다. 광주광역시는 산업단지의 적정 규모가 총 1천만 평(33,728㎡)정도는 되어야 한다고 보고 부

〈표 3-9〉 광주시 산업단지 연도별 공장용지 수요 및 공급계획

(단위: 천㎡)

구분	수요		공급		대비	비고
	당해년도	누적	당해년도	누적		
2012년	483	483	248	248	▼235	첨단1,2 잔여 및 분양
2013년	483	966	1,082	1,330	364	진곡산업단지 분양
2014년	483	1,449	-	1,330	▼119	산업단지조성 없음
2015년	403	1,852	-	1,330	▼522	산업단지조성 없음
2016년	403	2,255	783	2,113	▼142	평동 3차분양
2017년	403	2,658	2,259	4,408	1,750	첨단 3지구분양
2018년	403	3,061	2,580	6,988	3,927	빛그린 산업단지분양

주: 수요는 투자유치(MOU) 및 기타 수요까지 반영

자료: 광주광역시

지조성 확충을 추진 중이다. 따라서 광주광역시는 오는 2018년까지 5곳에 총 1,304만㎡(394만평)의 산업단지를 조성한다는 방침아래 현재 공사를 진행 중이거나 계획하고 있다.

다만 과거와는 달리 조성중이거나 조성 예정인 산업단지가 대부분 그린벨트로 묶여있어 이를 공업용지로 전환하는 과정에서 많은 시간과 행정력이 소요되고 있다. 그러나 이로 인해 다른 지역에 비해 상대적으로 분양가격이 저렴한 것은 특징이다.

광주지역에서 개발 중인 산업단지는 진곡산업단지와 첨단산업단지 2단계 공사 및 빛그린산업단지가 대표적이다. 지난 2007년 3월 착공해 오는 2014년 말 완공 예정인 진곡산업단지는 진곡동과 고룡동, 오선동, 하남동 일원 총 1,910천㎡부지에 1,082천㎡의 공장용지를 분양할 예정이다. 총 3,327억 원의 사업비(보상 1,615억 원, 공사비 1,002억 원, 기타 710억 원)가 투입되는 진곡산업단지는 2012년 7월 말 현재 보상이 78%이뤄졌으며, 공사 진척률은 5%에 그치고 있다.

진곡산업단지는 2013년 말 산업 용지를 분양할 예정인데, 유치업종은 기계 및 장비, 전기기계 및 전기변환장치, 자동차 및 트레일러, 전자부품 및 통신장비제조업체가 주요 대상이다.

또 한국산업공단이 조성중인 첨단산업단지 2단계공사는 지난 2007년 10월 착공해 오는 2012년 말 완공목표로 현재 99%의 공사 진척률을 보이고 있다. 북구 연제동과 신용동 일원에서 조성중인 첨단산업단지2단계 공사는 총 4,267억 원(보상비 2,365억 원, 공사비 1,706억 원, 기

〈표 3-10〉 진곡산업단지 조성현황

계	공장용지	지원시설	공공용지	주거용지	공원·녹지
1,910천㎡	1,092	40	526	27	225
100%	57.2	2.1	27.4	1.4	11.8

주: 2012년 6월말 기준

타 1,196억 원)이 투입되는 대규모 공사로 광산업과 디지털정보가전산업, 첨단부품소재산업, 첨단제조업체를 유치한다는 방침이다. 기존 첨단산업단지 1단계 사업의 연장으로 광산업을 중심으로 첨단산업 관련 업종을 유치해 집중 육성한다는 계획이다

첨단산업단지 2단계공사는 2006년 12월5일 첨단과학산업단지(2단계) 개발사업 실시계획 승인을 거쳐 2007년 9월10일 공사가 착공되었으며, 2008년 12월31일 산업용지 분양고시 이후 본격적으로 추진되고 있다. 이 부지에는 외국인학교 등이 반영되어 눈길을 끌기도 하였다.

빛그린산업단지는 지난 2007년 광주광역시와 전라남도가 공동으로 정부에 국가산업단지로 조성해 줄 것을 건의하면서 본격화됐다. 이후 2008년 2월 사업타당성 검토를 거쳐 2009년 9월30일 국가산업단지로 지정 고시 된 후 2012년 7월부터 손실보상이 이뤄지면서 공사가 추진되고 있다.

빛그린산업단지는 국가산업단지로 지난 2009년 착공해 오는 2018년말 완공 목표로 현재 공사가 진행되고 있다. 광산구 삼거동과 함평군 월야면 일원 총 4,081천㎡에서 조성되고 있는 빛그린산업단지는 총 사업비 6,363억 원(보상비 2,087억 원, 공사비 2,982억 원, 기타 1,294억 원)을 투입해 광산업과 디지털정보가전, 자동차부품, 첨단부품소재산업, 생물 · 의약산업, 신소재산업 관련 기업을 유치해 지역의 성장거점으로 육성한다는 방침이다.

〈표 3-11〉 첨단산업단지 2단계 사업

계	공장용지	지원시설	공공용지	주거용지	공원·녹지
2,061천㎡	739	122	514	436	250
100%	35.8	5.9	25.1	21.1	12.1

주: 2012년 6월말 기준

〈표 3-12〉 빛그린 국가산업단지 사업개요

구분	면적	공장용지	지원시설	공공용지	주거용지	공원·녹지
계	4,081천㎡	2,580	165	792	105	439
광주시	1,856 (100%)	1,134 (61%)	63 (3.4%)	368 (19.8%)	45 (2.5%)	246 (13.3%)
전남(함평)	2,225	1,446	102	424	60	193

주: 2012년 6월말 기준

이밖에 광주광역시는 진곡산업단지와 첨단 2단계 사업과는 별개로 첨단 3지구와 평동산업단지(3차) 조성을 추진 중이다. 평동산업단지(3차)은 오는 2016년 말 완공목표로 총 1,165천㎡에 783천㎡의 공장용지를, 첨단 3지구는 오는 2017년 완공목표로 총 3,827천㎡에 2,259천㎡의 공장용지를 분양할 예정이다. 이들 산업단지는 현재 실시설계 용역중인데 사실상 광주광역시의 마지막 산업단지로 평가받고 있어 기간 내 완공여부 등이 주목되고 있다.

7. 시사점

광주광역시의 산업단지는 다른 지역에 비해 상대적으로 늦게 조성되었지만 광주 경제발전의 전진기지 역할을 했고 현재나 미래에도 큰 역할이 기대되고 있다.

광주지역 최초의 산업단지로 1979년 착공된 본촌산업단지와 송암산업단지는 정부 주도가 아닌 당시 상공인들이 주축이 되어 조성된 전국 최초의 민자 산업단지라는 점에서 의의를 찾을 수 있다. 다만 본촌산업단지와 송암산업단지는 장기적인 측면보다는 산업단지 조성에 초점을 두면서 도심권에 자리 잡은 데다 규모가 협소해 공단으로서의 경쟁력을 확보하는데 한계를 안고 있다.

광주지역 최대의 산업단지인 하남산업단지는 착공에서부터 분양에 이르기까지 많은 우여곡절 끝에 조성되어 지역 기업인들에게는 남다른 애환이 서린 곳이다. 당시 하남 일원은 비옥한 황토밭으로 이 곳에서 자란 무는 서울 등 전국에서 '황토무'로 더 유명세를 떨칠 정도였던 점을 감안하면 그야말로 '상전벽해'가 된 셈이다. 다만 하남산업단지는 조성 초기부터 개발면적의 적정 규모를 놓고 세계은행과 지역 상공인들 간의 이견이 적지 않은데다, 지속적인 수요 증대로 3차례에 걸친 단계적인 개발 등은 업종전문화 및 체계적인 개발과 역행해 이후로도 많은 아쉬움으로 남았다.

또 하남산업단지는 도로망 등 각종 인프라 구축이 매우 미흡하여 공단 입주업체들에게는 적지 않은 유·무형의 부담을 갖게 하였다. 편도 1차선으로 개설되어 각종 사고가 빈발해 당시에는 '살인도로'로 회자되었던 진입로는 해마다 최대의 민원이었지만 6차선으로 확장되기까지는 무려 20여년이 걸렸다. 이는 역설적으로 그만큼 입주기업에는 고통과 많은 물류 부담을 가중시켰던 셈이다.

비록 정치적 요소가 고려되어 조성되었던 첨단산업단지는 광주지역 최초의 국가산업단지인데다, 현재 광주 경제의 한 축을 차지하고 있는 광(光)산업의 근원지가 되었던 점을 감안하면 남다른 의의가 있다 하겠다. 다만 첨단산업단지에 당초 입주하기로 했던 몇몇 대기업들이 입주를 포기한 것은 매우 안타까운 일이라고 할 수 있다.

이제 광주는 산업단지 1천만 평(3,372만8천㎡)시대를 눈앞에 두고 있다. 현재의 계획대로 오는 2018년 1천만평의 산업단지가 조성되면 광주시는 고질적인 산업단지 부족난이 해소될 것으로 보인다. 다만 기존의 대부분의 산업단지는 조성공사가 수차례에 걸쳐 진행되는데다, 경기불황으로 입주가 지연되면서 공단별 업종별 체계적인 분류가 제대로 되지 않아 공단의 특성화가 부족하다.

참 고 문 헌

1. 이용희, 대도시권 산업단지의 기업입지 특성에 관한연구, 대구대학교 박사학위 논문, 2008.
2. 2012산업단지현황, 광주광역시
3. 황무지에서 첨단산업의 메카로, 광주광역시·광주테크노파크, 2010.3.
4. 광주권생산도시화운동, 광주상공회의소, 1986.
5. 통계로 본 한국의 산업단지, 한국산업단지공단 산업입지연구소, 2011.
6. 사진으로 본 광주상의 50년, 광주상공회의소, 1986.

오 성 수 저 자 소 개

전남대학교 지역개발학과 박사과정 졸업예정(2013. 2. 도시·지역개발학 박사)
광주매일신문 정치부장
전남발전연구원 전문가 풀(Pool) 위원

인터뷰 염 홍 섭 하남산업단지관리공단 이사장

"접근성 · 주변환경 개선 시급"

"하남산업단지가 광주의 최대 산업단지가 되기까지에는 광주광역시 등 행정기관은 물론 지역의 많은 상공인들의 노력과 헌신 덕분이었습니다."

지난 1987년 당시 하남공업단지관리공단 창립총회에서 초대 이사장에 선출되어 현재까지 재임 중인 하남산업단지관리공단 염홍섭 이사장((주)서산 대표)은 "하남산업단지는 당시 광천공단 등 광주도심에 입주한 기업들의 이전 필요성으로 개발되었는데 이제는 광주의 대표적인 산업단지로 자리잡았다"고 말했다.

염 이사장은 "하남산업단지는 개발과정에서부터 IBRD(세계은행) 차관으로 조성된 데 따른 높은 이자와 잦은 경기불황으로 이전과정에서도 큰 어려움을 겪었지만 입지여건이 좋아 이제는 1,000여개의 기업들이 입주해 생산은 15조8천5백억원으로 광주시 전체 36조7천9백억원의 43%, 수출은 50억불로 광주시 전체 105억불의 47%, 고용은 28,632명으로 광주시 전체 73,452명의 39%를 차지하여 서남해안의 대표적인 산업단지라고 할 수 있다"고 말했다.

염 이사장은 "막상 산업단지를 개발해 왔는데 광천공단에서 이전한 57개사 외에 입주하겠다고 희망한 기업들이 경기불황으로 입주를 포기해 광주시와 관리공단 차원에서 입주유치에 안간힘을 썼는가 하면, 경기가 조금 좋아질 때는 부지가 없어 들어오겠다는 기업들이 부지를 대폭 줄여 입주하기도 했다"며 당시를 회상했다.

염 이사장은 "다만 창원산업단지 같이 개발과정에서부터 도로망 등 각종 간접시설을 갖추지 못해 입주한 후에도 많은 기업들이 큰 애로를 겪었던 것은 매우 안타깝다"고 했다.

인터뷰 **염 흥 섭 하남산업단지관리공단 이사장**

그는 "이제 하남산업단지도 포화상태에 달해 다른 지역에서 잇따라 산업단지가 개발되고 있지만 하남산업단지의 경쟁력을 위해서는 여전히 개선점이 많다"고 했다.

염 이사장은 "25년 전에 개발된 산업단지다 보니 무엇보다 환경개선과 접근성 개선이 시급하다"고 강조했다.

그는 "산업단지 진입도로 쪽에서는 환경개선이 이루어졌으나, 내부 좁은 이면도로는 양면주차로 주차난이 심각하여 주차공간을 확보하는 것이 시급하다"고 말했다.

또 "산업단지의 접근성을 개선해야만 인력난과 교통난을 해결할 수 있다"며 산업단지로 연계되는 시내버스의 증차와 노선확충 및 장기적으로는 지하철의 연계가 시급하다"고 주장했다.

염 이사장은 "지금까지 광주시와 관계기관에서 환경과 접근성 개선을 위해 많은 지원을 했지만 아직도 미흡한 점이 많다"며 "산업단지내 주차난 해결이나 도로파손, 가로등 불량 등 환경을 개선하기 위해서는 중앙정부와 자치단체의 적극적인 지원이 요구된다"고 이에 대한 개선의 중요성을 역설했다. ⊙

제 4 장

지 역 금 융

김국현 (광주은행 금융경제연구실장)

1. 머리말
2. 광주 지역금융의 실상
3. 광주 지역금융의 태동과 발전
4. 지역 대표은행으로서 광주은행의 모습
5. 지역금융의 나아갈 방향

본 장에서는 광주지역 금융의 실상을 파악하기 위해 1991년부터 2011년까지 20여 년간의 통계자료를 분석하고, 지역금융의 발전 과정을 지역 대표은행인 광주은행을 중심으로 살펴본다. 이어서 광주은행이 지역발전을 위해 수행한 역할을 조명해 보고, 향후 바람직한 지역금융의 나아갈 방향을 제시한다.

제4장 지 역 금 융

1. 머리말

금융과 실물경제는 수레의 양 바퀴와 같아서 어느 한쪽이 기울면 수레가 정상적으로 굴러가기 어렵듯이 균형을 이루며 발전해 나갈 때 국가경제는 잘 굴러갈 수 있다. 지역금융은 지방자치제 실시에 따라 그 중요성이 더욱 강조되기 시작했는데, 낙후된 지방경제를 살리고 중앙과 지방간의 불균형발전을 해소하여 진정한 선진국경제로 진입하기 위해서는 지역산업의 육성과 더불어 지역금융의 활성화가 반드시 이루어져야 함은 주지의 사실이다.

금융발전과 실물경제발전간의 인과관계에 관하여는 금융이 실물경제의 발전에 부응하여 발전한다고 보는 수요추종적 견해와 금융이 먼저 발달하여 투자에 소요되는 자금이 효율적으로 동원되고 투자자들이 저렴한 비용으로 소요자금을 쉽게 조달할 수 있는 환경이 조성됨으로써 실물경제가 발전한다는 공급선도적 견해가 있는데, 두 견해를 종합하면 결국 금융발전과 실물경제발전은 상호보완적이라는 의미가 되며, 따라서 금융이 제대로 기능을 발휘하지 못하는 경우 실물경제의 발전을 제약하게 된다고 할 수 있다.

지역경제에서도 금융이 본래의 기능을 충분히 수행하여 자금의 순환이 수요와 공급에 따라 원활히 이루어질 때 지역산업의 생산기반이 확충되고 아울러 고용 및 소득증대가 이루어져 지역경제의 기반이 확립될 수 있는 것이다.

지역금융산업은 '지역주민, 기업 및 지방공공단체 등의 금융수요에 대하여 금융서비스를 제공하는 산업'으로 정의할 수 있는데, 지역에서 조성된 자금을 해당 지역내로 환류시키고 역외의 자금을 지역으로 유입해서 지역의 산업자금으로 유통시킨다는 보다 발전적인 개념을 포함하고 있다. 기능면에서 지역금융은 지역주민의 각종 금융수요에 대응하여 소매금융을 제공하고 지역개발 프로젝트에 능동적으로 참여함으로써 지역발전에 공헌하는 역할을 수행한다. 따라서 지역금융기관은 지역기업과 지속적으로 밀접한 관계를 형성함으로써 정보 비대칭 문제를 완화시켜 지역기업의 자금가용성을 제고하고 정보의 경제성을 높일 수 있으므로 지역금융기관의 건전한 육성은 중요한 과제라 할 수 있다.

한국의 금융기관 구조로 보면, 전국금융과 지역금융의 공존이 한국경제의 성장, 효율과 형평성에 더 유리하다고 판단되어 구축되어 있지만, 그것이 작동하는 현황을 보면 전국금융과 전국경제만 강조되고 지역금융과 지역경제는 간과되고 있다. 한국의 금융산업 분류에서 지역경제 활성화에 밀착적으로 기여할 수 있는 소위 지역금융기관 역할을 할 수 있는 곳은 지방은행, 상호저축은행, 신용협동기구에 한정된다.

본고에서는 지역금융의 문제를 포괄적인 개념으로 다루되, 주로는 광주 지역금융에서 중추적인 역할을 수행하고 있는 지방은행을 중심으로 논의를 전개하고자 한다.

이를 위해 1. 머리말에 이어 2.에서 광주 지역금융의 현황과 문제점을 파악하기 위하여 1990년 이후 2011년까지 각종 금융지표들의 변화와 전국 대비 비중의 변화추이 분석을 통해 실상을 규명해 본다. 3.에서는 광주지역 금융의 변천사를 요약하고, 특히 올해로 창립 44주년을 맞은 광주은행의 탄생배경과 성장과정을 살펴보고, 광주에 본점을 둔 여타 금융기관들의 변천과정도 간략히 요약한다. 4.에서는 광주지역 금융을 대표하고 있는 광주은행이 향토은행으로서 뿌리를 내리기 위하여 추진해온 지역밀착화 사업의 내용과 그 성과를 살펴본다. 마지막으로 5.에서는 지역의 지속적인 경제발전을 위한 지역금융의 나아갈 방향을 제시하고자 한다.

2. 광주 지역금융의 실상

가. 산업으로서 위치

2010년 기준 광주지역 금융산업의 지역내총생산(GRDP)은 1조 4,272억원으로 전체 지역내총생산(25조 1,401억원)의 5.7%를 차지하여 2005년보다는 위축되었으나 1991년(3.8%)에 비해서는 그 비중이 1.5배 커졌다. 2008년 글로벌 금융위기 이후 지역내 상호저축은행 등 비은행 금융기관의 구조조정, 지역경기 침체로 지역내 비중이 큰 건설업계의 구조조정 등 지역의 산업기반 열악으로 광주지역 금융산업이 전국 금융산업 내에서 차지하는 비중도 1995년(2.27%) 이후 하락하여 2010년에는 1.96%를 차지하고 있음을 알 수 있다.

1991년 이후 약 20년 동안 광주지역 업종별로는 제조업, 도소매업

〈표 4-1〉 광주지역 금융산업의 지역내총생산 비중

(단위 : 10억원, %)

구 분		1991년	1995년	2000년	2005년	2010년
전 국	전체산업	240,717	420,686	603,733	869,305	1,172,742
	금융산업 (비 중)	10,487 (4.36)	22,191 (5.27)	31,695 (5.25)	53,687 (6.18)	72,711 (6.20)
광 주	전체산업	5,309	9,619	13,134	18,896	25,140
	금융산업 (비 중)	201 (3.79)	505 (5.25)	690 (5.26)	1,138 (6.02)	1,427 (5.68)
	전국비중	1.92	2.27	2.18	2.12	1.96

자료 : 통계청 KOSIS

등에 이어 금융보험업은 2010년도 지역총생산에서 차지하는 비중이 5.68%로서 동기간 동안 1.89% 포인트 성장하여 지역총생산에의 기여

〈표 4-2〉 광주 지역내총생산 중 업종별 비중 변화

(단위 : %, %p)

업종별	1991년	2010년	증 감	업종별	1991년	2010년	증 감
제 조 업	19.92	26.48	6.56	사업서비스업	2.05	4.15	2.10
도매및소매업	12.46	10.31	−2.15	운 수 업	4.29	3.18	−1.11
교육서비스업	7.08	8.79	1.71	기타서비스업	2.79	2.83	0.04
부동산업및임대업	5.87	6.94	1.08	숙박및음식점업	3.04	2.06	−0.98
공공행정 등	5.79	5.93	0.14	정보및통신업	1.87	2.05	0.18
보건업및사회복지	1.88	5.91	4.03	전기,가스,수도사업	0.81	1.32	0.51
금융및보험업	3.79	5.68	1.89	예술,스포츠및여가	0.71	0.89	0.19
건 설 업	13.13	4.43	−8.69	농림어업광업	3.10	0.87	−2.23

자료 : 통계청 KOSIS

〈표 4-3〉 광주지역 금융산업의 사업체 및 종사자수 추이

(단위 : 백개, 천명, %)

구 분			1991년	1995년	2000년	2005년	2010년
전국	사업체수	전체산업	21,182	27,711	30,134	32,048	33,555
		금융산업	246	350	352	347	394
		(비 중)	(1.16)	(1.26)	(1.17)	(1.08)	(1.17)
	종사자수	전체산업	11,356	13,634	13,604	15,147	17,647
		금융산업	532	708	614	592	707
		(비 중)	(4.69)	(5.19)	(4.51)	(3.91)	(4.01)
광주	사업체수	전체산업	595	774	876	953	1,000
		금융산업	9	12	12	12	14
		(비 중)	(1.43)	(1.57)	(1.37)	(1.24)	(1.37)
		전국비중	3.47	3.46	3.40	3.40	3.49
	종사자수	전체산업	275	341	381	428	499
		금융산업	18	23	23	20	24
		(비 중)	(6.41)	(6.69)	(6.04)	(4.61)	(4.86)
		전국비중	3.31	3.22	3.75	3.34	3.43

자료 : 통계청 KOSIS

도가 높아졌다.

또한 〈표 4-3〉의 광주지역 금융산업의 사업체수 및 종사자수 추이를 보면, 2010년말 기준으로 1,373개 및 24,238명으로 지역 전산업에서 각각 1.37% 및 4.86%를 차지하여 금융산업의 지역내총생산 비중(5.68%)보다 크게 낮은 수준을 보이고 있다. IMF 외환위기 여파로 구조조정이 이어지면서 사업체수 및 종사자수는 감소추세를 보여왔으나, 2000년대 중반 이후 은행권을 중심으로 한 금융기관간 경쟁이 치열해

〈표 4-4〉 주요 도시 금융산업의 지역내총생산 · 업체수 · 종사자수 비중

구 분		사업체수 전국 비중(%)		지역내 금융산업 비중(%)		
		전체산업	금융산업	지역내총생산[1)]	업체수	종사자수
광 주	1990년	2.81	3.47	3.77	1.43	6.41
	2000년	2.91	3.40	5.80	1.37	6.04
	2010년	2.98	3.49	6.18	1.37	4.86
서 울	1990년	27.43	26.03	11.96	1.10	6.00
	2000년	23.88	24.56	12.12	1.20	5.58
	2010년	21.75	24.35	15.49	1.31	6.03
부 산	1990년	9.69	9.00	4.42	1.08	4.26
	2000년	8.68	8.26	6.17	1.11	4.43
	2010년	7.75	8.11	7.29	1.23	4.24
인 천	1990년	5.80	4.81	4.49	0.96	4.00
	2000년	5.80	4.87	5.94	0.98	4.03
	2010년	5.46	5.38	7.31	1.16	4.47
대 구	1990년	4.14	3.82	3.12	1.07	3.12
	2000년	4.73	3.82	4.06	0.95	3.47
	2010년	4.88	3.95	4.66	0.95	2.99
대 전	1990년	2.69	3.31	3.89	1.43	5.77
	2000년	2.88	2.96	6.30	1.20	4.54
	2010년	2.85	3.24	6.59	1.33	4.26
울 산	1990년	-	-	-	-	-
	2000년	1.93	1.76	2.21	1.07	2.87
	2010년	2.11	2.12	2.29	1.18	2.89

주1 : 지역내총생산은 총부가가치액 기준임

자료 : 통계청 KOSIS

〈표 4-5〉 광주지역 금융연관비율 추이

(단위 : 억원, %)

구 분		1990년	1995년	2000년	2005년	2010년
전국	GRDP	-	4,206,863	6,037,331	8,693,046	11,727,422
	금융자산	-	9,727,871	15,050,846	21,832,680	35,780,658
	(비율)	-	(2.31)	(2.49)	(2.51)	(3.05)
광주	GRDP	44,912	96,194	131,345	188,961	251,401
	금융자산	65,937	190,335	259,519	390,087	597,540
	(비율)	(1.47)	(1.98)	(1.98)	(2.06)	(2.38)

자료 : 통계청 KOSIS

지면서 점포 출점이 늘어 사업체수 및 종사자수도 소폭 증가하는 추세를 보이고 있다.

한편 2010년 사업체수 기준, 전국 금융산업에서 광주지역 금융산업이 차지하는 비중은 3.49%로 전국 7대도시중 서울, 부산, 인천, 대구 다음으로 5위이며, 해당 지역에서 금융산업이 차지하는 비중을 보면,지역내총생산은 6.18%로 7대도시중 5위, 사업체수에서는 1.37%로 1위, 종사자수는 4.86%를 보여 서울 다음으로 높은 비중을 보이고 있다.

따라서 광주지역의 금융산업이 지역경제에서 차지하는 비중이 타 지역에 비해 높아 부가가치 및 고용창출 등의 측면에서 지역경제에서 중요한 역할을 하고 있음을 알 수 있다.

지역경제 성장에 대한 금융의 기여도 및 지역 금융구조의 고도화 또는 금융축척 정도를 보여주는 금융연관비율을 보면 2010년말 기준 광주지역은 2.38%로 전국 평균 3.05%에 비해 낮은 수준으로 나타났다. 또한 2005년에는 전국평균과 0.45% 포인트 차이에서 2010년에는 0.67% 포인트 차이로 격차가 커졌는데, 이는 광주지역 금융의 자산축척 정도가 상대적으로 낮아졌음을 의미하며 금융부문이 지역경제 성장을 뒷받침하지 못하고 있음을 시사하고 있다.

나. 여 · 수신 규모

2011년말 기준 광주지역 전금융기관의 총예금 규모는 35조 2,309억원으로 전국의 1.86%를 차지하고 있으며, 이는 금융산업의 지역내총생산 전국비중 1.96%보다 0.1% 포인트 낮았다. 예금은행 총예금은 15조 7,754억원으로 광주지역 전체 예금의 44.78%를 차지하고 있으며, 비은행금융기관 총예금은 19조 4,555억원으로 전체 예금의 55.22%를 차지하여 2007년 이후 비중이 역전되었다. 이는 금융 구조조정으로 인한 상호저축은행의 합병 및 퇴출 등에도 불구하고 2007년부터 자산운용회사의 수신규모가 그동안에는 신탁형증권저축만 계상되었으나 2007년 11월부터 수익증권 판매분이 포함되어 계리되었기 때문에 비은행금융기

〈표 4-6〉 광주지역 금융기관의 총예금 규모

(단위 : 억원, %)

구 분	1990년	1995년	2000년	2005년	2010년	2011년
예금은행	17,285 (42.76)	34,245 (29.48)	93,437 (58.08)	110,596 (54.83)	138,586 (42.04)	157,754 (44.78)
비은행 금융기관	23,139 (57.24)	81,908 (70.52)	67,436 (41.92)	91,093 (45.17)	191,039 (57.96)	194,555 (55.22)
(상호저축은행)	3,807 (9.42)	11,598 (9.99)	5,053 (3.14)	9,810 (4.86)	13,563 (4.11)	9,822 (2.79)
(상호금융)	2,246 (5.56)	7,766 (6.69)	22,616 (14.06)	39,149 (19.41)	61,463 (18.65)	62,796 (17.82)
(신용협동조합)	1,419 (3.51)	6,335 (5.45)	11,295 (7.02)	11,496 (5.70)	25,738 (7.81)	28,663 (8.14)
(새마을금고)	1,401 (3.47)	3,726 (3.21)	7,305 (4.54)	12,296 (6.10)	21,743 (6.60)	23,597 (6.70)
합 계	40,424	116,153	160,873	201,689	329,625	352,309

주 : ( )은 구성비

자료 : 한국은행, 「광주전남지역 경제연보」, 각 년도

관의 점유비가 상승한 것으로 나타났다. 1990년대 이후 비은행금융기관 중에서는 농수축협 회원조합 등 상호금융과 신용협동조합의 성장세가 두드러졌다.

IMF 이후 예금자의 안전자산 선호 경향 등으로 광주지역 금융기관 총예금 중 예금은행이 차지하는 비중이 증가해오다 2007년 자산운용회사의 수익증권 판매분이 포함되어 계리되기 때문에 비은행금융기관의 총예금 점유비가 증가하는 것으로 나타나고 있으나, 이를 제외하면 실질적으로 예금은행의 증가세가 두드러진 것으로 나타난다. 이전에는 금리가 높은 비은행금융기관으로의 자금쏠림 현상이 두드러졌으나 계속된 상호저축은행의 구조조정 여파로 안전성 면에서 상대적인 강점을 보유한 은행으로의 자금이탈이 지속되어 온 결과로 보인다.

국내 금융기관 총예금에서 광주지역의 총예금이 차지하는 비중은 점진적으로 줄어들어 2011년말 기준으로 1.86%를 점하고 있는 것으로 나타나 지역의 총대출 전국 비중 2.04% 보다 낮았다〈표 4-9〉. 또한 2004

〈표 4-7〉 지역별 금융기관의 총예금 규모

(단위 : 10억원, %)

구 분	2004년		2006년		2008년		2011년	
	금액	비율	금액	비율	금액	비율	금액	비율
전 국	1,029,775	100.0	1,215,750	100.0	1,503,007	100.0	1,889,575	100.0
서 울	532,513	51.71	641,926	52.80	748,757	49.82	960,661	50.84
부 산	56,398	5.48	60,219	4.95	84,239	5.60	100,072	5.30
대 구	35,605	3.46	39,531	3.25	53,292	3.55	66,053	3.50
인 천	29,751	2.89	34,819	2.86	44,665	2.97	52,938	2.80
광 주	20,302	1.97	21,002	1.73	28,067	1.87	35,231	1.86
대 전	22,617	2.20	26,011	2.14	34,112	2.27	42,891	2.27
울 산	13,507	1.31	16,106	1.32	22,852	1.52	29,089	1.54

자료 : 한국은행, 「지역경제동향」, 각 월호

년~2011년 기간 동안 전국 총예금 연평균 증가율은 11.2%에 상당하나 광주지역은 10.4% 증가에 그쳐 전국 7대도시중 가장 낮은 수준의 증가율을 기록하였다. 광주지역의 지역금융 비중 축소 현상은 여타 지역과 마찬가지로 IMF 이후 금융의 수도권 집중화가 심화된 데 기인한 것으로 파악된다.

2011년말 현재 광주지역 전금융기관의 총대출 규모는 28조 7,624억원으로 전국의 2.04%를 차지하고 있으며, 2004년 대출점유비 2.39%를 시현한 이후 계속 그 비중이 줄어들고 있다. 예금금융기관 총대출은 19조 4,664억원으로 광주지역 전체 대출의 67.68%를 차지하고 있으며 2005년 이후 감소세로 전환되었으나, 비은행금융기관 총대출은 9조 2,960억원으로 전체 대출의 32.32%를 차지하여 2005년 이후 증가세를

〈표 4-8〉 광주지역 금융기관의 총대출 규모

(단위 : 억원, %)

구 분	1990년	1995년	2000년	2005년	2010년	2011년
예금은행	15,088 (59.14)	38,912 (52.45)	68,604 (69.55)	136,894 (72.66)	180,940 (67.54)	194,664 (67.68)
비은행 금융기관	10,425 (40.86)	35,270 (47.55)	30,042 (30.45)	51,504 (27.34)	86,975 (32.46)	92,960 (32.32)
(상호저축은행)	3,667 (14.37)	11,799 (15.91)	3,580 (3.63)	10,053 (5.34)	6,061 (2.26)	5,410 (1.88)
(상호금융)	1,943 (7.62)	6,043 (8.15)	13,024 (13.20)	27,614 (14.66)	48,859 (18.24)	48,836 (16.98)
(신용협동조합)	1,345 (5.27)	5,245 (7.07)	6,850 (6.94)	7,034 (3.73)	16,782 (6.26)	20,619 (7.17)
(새마을금고)	1,120 (4.39)	2,642 (3.56)	3,825 (3.88)	6,319 (3.35)	12,036 (4.49)	15,764 (5.48)
합 계	25,513	74,182	98,646	188,398	267,915	287,624

주 : ( )은 구성비

자료 : 한국은행, 「광주전남지역 경제연보」, 각 년도

시현해 오고 있다.

비은행금융기관중 상호저축은행은 그동안 지속되어온 금융구조조정 과정에서 대출감소세가 두드러진 반면, 상호금융을 비롯한 타 기관들은 양적 성장을 지속해 오고 있다.

또한 동기간 동안 총대출 증가를 전국 7대도시와 비교해 본 결과 전국 연평균 총대출증가율이 12.1%에 상당하나 광주지역은 9.0% 증가에 그쳐 가장 낮은 수준의 증가율을 기록하였다. 이는 금융의 수도권 집중

〈표 4-9〉 지역별 금융기관의 총대출 규모

(단위 : 10억원, %)

구 분	2004년		2006년		2008년		2011년	
	금 액	비율	금 액	비율	금 액	비율	금 액	비율
전 국	735,965	100.0	916,713	100.0	1,201,619	100.0	1,408,895	100.0
서 울	284,917	38.71	351,761	38.37	492,185	40.96	559,636	39.72
부 산	49,583	6.74	58,466	6.38	71,777	5.97	83,451	5.92
대 구	30,799	4.18	39,529	4.31	45,714	3.80	53,540	3.80
인 천	33,661	4.57	43,050	4.70	56,369	4.69	72,893	5.17
광 주	17,563	2.39	21,357	2.33	26,159	2.18	28,762	2.04
대 전	17,453	2.37	20,837	2.27	23,561	1.96	28,938	2.05
울 산	10,826	1.47	14,470	1.58	19,863	1.65	24,886	1.77

자료 : 한국은행, 「지역경제동향」, 각 월호

〈표 4-10〉 광주지역 예금은행 여·수신 구성비

(단위 : %, %p)

구 분	예 금					대 출				
	1997년	2000년	2005년	2011년	(97년 대비)	1997년	2000년	2005년	2011년	(97년 대비)
시중은행	52.3	44.9	39.1	39.9	(−12.4)	47.4	52.4	36.2	37.8	(−9.6)
지방은행	31.5	34.9	38.7	35.6	(4.1)	26.0	25.0	30.0	31.6	(5.6)
특수은행	16.2	20.2	22.2	24.5	(8.3)	26.7	23.6	33.8	30.6	(3.9)

자료 : 한국은행 경제통계시스템(ECOS)

현상이 심화되고, 타 지역에 비해 산업 기반이 상대적으로 취약한 데 기인한 것으로 풀이된다.

한편 예금은행을 시중은행, 지방은행, 특수은행으로 구분하여 여·수신 비중 변화를 살펴보면, 1997년 이후 광주지역 시중은행의 예금 및 대출 비중은 줄어들고 있으나 지방은행과 농협 및 기업은행 등 특수은행의 비중은 상대적으로 증가해 왔다.

2011년말 기준으로 1997년대비 예금부문에서는 농협 등을 비롯한 특수은행의 예금비중 증가율이 시중은행과 지방은행을 앞서고 있으나, 대출비중 증가율에서는 지방은행이 시중은행과 특수은행을 앞서고 있다〈표 4-10〉.

다. 주체별 대출금

1997년 외환위기 이후 금융기관들이 산업대출보다는 수익성과 건전성면에서 상대적으로 유리한 가계대출에 치중해 옴에 따라 광주지역도 예금은행의 산업대출 비중은 지속적으로 하락한 반면 가계대출 비중은 상승해 왔다. 광주지역 예금은행의 산업대출 비중은 1991년 87.7%에서 2011년말 62.3%로 25.4% 포인트 하락하였다.

〈표 4-11〉 광주지역 예금은행의 주체별 원화대출 추이

(단위 : 억원, %)

구 분	1991년	1995년	2000년	2005년	2011년
산업대출	16,544 (87.7)	27,811 (71.5)	44,416 (64.7)	84,362 (61.6)	112,763 (62.3)
가계대출	2,317 (12.3)	11,101 (28.5)	24,188 (35.3)	52,532 (38.4)	68,177 (37.7)
총 대 출	18,861 (100.0)	38,912 (100.0)	68,604 (100.0)	136,894 (100.0)	180,940 (100.0)

자료 : 한국은행, 「광주전남지역 경제연보」, 각 년도

1991년 이후 산업대출은 6.8배 성장한 반면, 가계대출은 29.4배 증가하였는데, 이는 금융기관들이 리스크가 큰 기업대출보다는 자산 건전성 제고를 위해 아파트 등 주택담보대출을 중심으로 한 대출행태를 지속한데 주로 기인하였다.

1) 산업별 대출

광주지역 예금은행의 산업대출금 잔액은 2011년말 기준으로 11조 2,763억원으로 1991년 대비 6.8배 증가하였다. 산업별로는 도소매업·음식숙박업·부동산임대업 등 서비스업에 대한 대출비중이 2011년말 현재 45.8%로 1995년 대비 23.8% 포인트 상승한 반면, 제조업은 2011년말 현재 31.3%로 1995년 대비 10.9% 포인트 하락하여 광주지역이 제조업보다는 서비스업 성장세가 두드러졌음을 알 수 있다.

〈표 4-12〉 광주지역의 산업별 대출금 비중 추이

(단위 : %)

구 분	1991년	1995년	2000년	2005년	2011년
농림어업광업	8.7	19.8	9.9	11.5	6.4
제 조 업	44.8	42.2	33.2	28.7	31.3
고무및플라스틱	-	4.0	3.9	2.9	3.1
1차금속	-	2.6	1.6	2.2	2.5
조립금속	-	3.6	2.9	2.8	4.3
기계장비	-	5.4	5.7	4.3	4.7
자동차 및 트레일러	4.1	4.0	2.3	2.4	3.7
전기가스수도업	0.5	0.6	0.4	0.6	2.2
건 설 업	5.2	15.3	15.9	15.4	14.3
서비스업	40.8	22.0	40.5	43.8	45.8
도소매업	6.3	10.4	16.2	13.4	15.7
음식숙박업	1.1	0.5	4.7	4.5	4.1
부동산임대업	-	0.6	3.2	9.7	10.5
합 계	100.0	100.0	100.0	100.0	100.0

자료 : 한국은행, 「광주전남지역 경제연보」, 각 년도

2) 중소기업대출

광주지역 예금은행의 중소기업대출금은 2011년말 기준 10조 8,068억원으로 총대출의 55.5%를 차지하고 있으나 1990년대 이후 꾸준히 그 비중이 감소해 왔다.

2011년말 기준 중소기업대출금중 일반은행의 비중은 2005년도

〈표 4-13〉 광주지역 예금은행의 중소기업대출 변화 추이

(단위 : 억원, %)

구 분		1993년	1995년	2000년	2005년	2011년
총대출금		26,749 〈100.0〉	38,912 〈100.0〉	68,604 〈100.0〉	136,894 〈100.0〉	194,664 〈100.0〉
중소기업대출금		19,323 〈72.2〉	26,674 〈68.5〉	40,306 〈58.8〉	78,695 〈57.5〉	108,068 〈55.5〉
	일반은행	10,495 (54.3)	18,366 (68.9)	29,326 (72.8)	48,503 (61.6)	71,348 (66.0)
	특수은행	8,828 (45.7)	8,308 (31.1)	10,980 (27.2)	30,192 (38.4)	36,719 (34.0)

주 : 1) 〈 〉안은 총대출금중 중소기업대출금이 차지하는 비중임.
2) 일반은행=시중은행+지방은행, 예금은행=일반은행+특수은행을 말함.

자료 : 한국은행, 「광주전남지역 경제연보」, 각 년도

〈표 4-14〉 지역별 예금은행의 중소기업대출 비중 추이

(단위 : %)

구 분	1993년	1995년	2000년	2005년	2011년
부 산	65.8	65.3	59.5	47.4	53.3
대 구	97.9	76.0	67.3	56.4	58.8
인 천	57.9	58.8	49.3	42.1	41.0
광 주	50.5	52.1	58.8	57.5	55.5
대 전	73.2	67.0	56.0	42.5	40.0
울 산	50.4	59.3	62.3	49.9	50.2

자료 : 한국은행, 「지역경제동향」, 각 월호

61.6%에서 66.0%로 증가했으나, 산업은행 · 기업은행 · 농협중앙회 · 수협중앙회 등 특수은행은 동 기간중 그 비중이 38.4%에서 34.0%로 감소하였다.

2011년말 기준으로 지역별 예금은행의 중소기업대출 비중을 살펴보면 광주는 55.5%로 대구 58.8%에 이어 2번째 수준이며, 광주지역 중소기업대출 비중은 1990년대에는 꾸준한 증가세를 유지하다가 2000년 58.8%를 기록한 이후 지속적으로 하락하고 있다. 이는 예금은행들이

〈표 4-15〉 광주지역 금융기관의 가계자금대출 변화 추이

(단위 : 10억원, %)

구 분		2007년	2008년	2009년	2010년	2011년	평균 증가율
전국	예금취급기관	474,094	515,264	549,760	593,540	639,606	7.78
	주택대출	292,814	311,158	338,475	362,816	392,006	7.57
	(점유비)	(61.8)	(60.4)	(61.6)	(61.1)	(61.3)	
	예금은행	363,681	388,573	409,504	431,457	455,857	5.81
	주택대출	245,764	254,736	273,687	289,623	308,877	5.89
	(점유비)	(67.6)	(65.6)	(66.8)	(67.1)	(67.8)	
	비은행금융기관	110,414	126,691	140,256	162,083	183,749	13.59
	주택대출	47,050	56,423	64,788	73,193	83,129	15.32
	(점유비)	(42.6)	(44.5)	(46.2)	(45.2)	(45.2)	
광주	예금취급기관	10,289	11,358	11,778	12,937	14,210	8.44
	(전국 점유비)	(2.2)	(2.2)	(2.1)	(2.2)	(2.2)	
	주택대출	5,381	6,227	6,850	7,858	8,964	13.63
	(점유비)	(52.3)	(54.8)	(58.2)	(60.7)	(63.1)	
	예금은행	6,517	6,936	6,695	6,818	7,473	3.60
	주택대출	3,693	3,998	3,846	3,987	4,657	6.23
	(점유비)	(56.7)	(57.6)	(57.5)	(58.5)	(62.3)	
	비은행금융기관	3,772	4,422	5,083	6,120	6,737	15.66
	주택대출	1,688	2,230	3,004	3,871	4,307	26.75
	(점유비)	(44.7)	(50.4)	(59.1)	(63.3)	(63.9)	

자료 : 한국은행, 「광주전남지역 경제연보」, 각 년도

리스크가 큰 기업대출보다는 주택담보대출 등 가계대출에 치중한 데 기인한 것으로 풀이된다.

3) 가계자금대출금

광주지역 금융기관의 가계자금대출은 2011년말 현재 약 14조 2,099억원 규모로 국내 금융기관 총가계대출의 2.2%를 점유하고 있다. 그동안 가계자금대출의 꾸준한 증가는 부동산경기 활성화에 따른 금융기관의 주택담보대출 확대에 주로 기인하였으며, 특히 외환위기 이후 은행들이 리스크관리 차원에서 기업대출보다는 안정성 및 수익성이 높은 가계대출 등을 중심으로 자산을 운용하여 왔음을 알 수 있다.

라. 예대율

광주지역 금융기관의 예대율은 2011년말 현재 81.6%로 2000년 이전 60% 수준에서 크게 상승하여 전국 평균보다 12.6% 포인트 높다. 그러나 100% 이하의 낮은 예대율은 금융기관을 통해 지역에 재투자되는 자금이 적음을 의미하므로 지역 금융산업 뿐만 아니라 지역경제의 성장에 부정적 영향을 미친다고 할 수 있다.

〈표 4-16〉 광주지역 금융기관 예대율

(단위 : %)

구 분		1990년	1995년	2000년	2005년	2011년
예금은행	전 국	-	98.9	76.8	109.2	112.2
	광 주	87.3	113.6	73.4	123.8	123.4
비은행 금융기관	전 국	-	66.1	45.7	36.1	36.7
	광 주	54.1	38.4	44.5	56.5	47.8
금융기관 전 체	전 국	-	75.2	59.9	67.2	69.0
	광 주	63.1	58.8	61.3	93.4	81.6

주 : 예금은행 예대율=총대출금/총예금, 비은행금융기관 예대율=여신액/수신액
자료 : 한국은행, 「광주전남지역 경제연보」, 각 년도

한편 2011년말 기준 예대율을 예금취급기관별로 살펴보면 광주지역 예금은행의 예대율은 123.4%로 100%를 상회하고 있으며 전국 평균(112.2%)보다 높은 수준이나. 비은행금융기관은 47.8%로 전국 평균 36.7%보다는 높으나 매우 낮은 수준을 보였다.

마. 자금의 역외유출

광주지역 금융기관을 통한 지역자금 역외유출비율은 2000년까지 37% 전후로 그 수준이 높았으나 2011년말 현재 18.4%로 낮아졌다.

예금은행을 통한 역외유출비율은 2011년말 현재 -23.4%로 예금은행을 통해서는 자금이 순유입되고 있으나, 반면 비은행금융기관의 역외유출 비율은 2011년말 현재 52.2%로 지역자금의 역외유출이 비은행금융기관에 의해 주도되고 있음을 알 수 있다.

이처럼 예금은행보다 비은행금융기관의 자금 역외유출이 많은 것은 고금리 상품 및 점포 신설 등으로 지역에서의 자금조달 기반은 확충되었으나 지역의 취약한 산업구조로 인해 지역에서 조달된 자금을 지역 내 여신으로 운용하는데 한계가 있었기 때문에 잉여자금을 연합회 등 본부로 이관하여 채권이나 주식 등의 유가증권 투자로 운영하기 때문인 것으로 풀이된다.

〈표 4-17〉 광주지역 자금 역외유출비율 추이

(단위 : %)

구 분	1990년	1995년	2000년	2005년	2011년
예금은행	12.7	−13.6	26.6	−23.8	−23.4
비은행금융기관	54.9	56.9	55.5	43.5	52.2
금융기관 전체	36.9	36.1	38.7	6.6	18.4

주 : 1) 예금은행 역외유출비율 = (총예금−총대출)/총예금*100
2) 비은행금융기관 역외유출비율 = (수신액−여신액)/수신액*100

자료 : 한국은행, 「광주전남지역 경제연보」, 각 년도

바. 금융기관 점포수

광주지역 금융기관의 2011년말 기준 점포수는 405개(생명보험 제외)로 외환위기 이후 금융 구조조정을 겪으면서 감소추세를 나타냈으나, 최근 지방은행을 중심으로 출점이 늘어 외환위기 이전 수준을 회복하였다.

예금은행은 외환위기를 겪으면서 구조조정 여파로 10여년 동안 점포수가 정체현상을 나타냈으나, 금융기관간 경쟁이 치열해지면서 2005년 이후 신규 출점 증가로 예금은행 점포수는 꾸준히 증가해 왔다. 비은행 금융기관의 경우 외환위기를 정점으로 금융 구조조정 과정에서 합병 및 퇴출 등을 통해 점포수가 감소해 오고 있다〈표 4-18〉.

〈표 4-18〉 광주지역 금융기관 점포수 현황

(단위 : 개)

구 분	1990년	1995년	2000년	2005년	2011년	평균증감률
예금은행	107	182	182	185	221	22.8
일반은행	72	132	145	142	171	27.9
(시중은행)	30	64	72	65	78	34.0
(지방은행)	42	68	73	77	93	23.9
특수은행	35	50	37	43	50	15.3
비은행금융기관	204	220	182	190	184	-2.0
(상호저축은행)	-	-	11	9	11	1.9
(상호금융)	-	-	18	18	18	0.0
(신용협동조합)	-	-	35	52	47	24.9
(새마을금고)	-	-	54	47	44	-14.8
(기타)	-	-	64	64	64	0.0
합 계	311	402	364	375	405	7.7

주 : 기타는 수출입은행, 산업은행, 우체국임

자료 : 한국은행, 「광주전남지역 경제연보」, 각 년도

3. 광주지역 금융의 태동과 발전

가. 지방은행의 설립 배경

1960년대 초기 한국의 금융구조를 보면 은행들이 본점과 대부분의 점포를 서울에 두고 있었기 때문에 경제발전에 필요한 자금을 전국 각처에서 동원하는 데에는 한계가 있었다. 따라서 정부는 경제개발계획을 보다 효율적으로 수행해 나가기 위해 1967년 이후 지방은행제도를 본격적으로 도입하게 되었다(1967년 '대통령연두교서'에서 "지역자본을 집대성하여 그 지역사회발전에 기여하고, 내자동원을 위해 지방은행의 설치 추진계획"을 발표함).

지방은행의 설립은 1967년 우리나라 제2차 경제개발 5개년 계획을 추진하는 과정에서 지역자본을 집대성하여 그 지역발전에 기여할 목적으로 다음과 같은 배경에서 비롯되었다.

첫째, 당시의 사정은 제2차 경제개발계획을 효율적으로 추진하기 위한 「내자동원의 극대화」가 최대의 과제였으며, 둘째, 제1차 경제개발 5개년 계획의 성공적인 수행으로 한국경제가 총량적인 면에서는 비약적인 성장을 하였으나 지역경제간에는 발전의 격차가 더욱 벌어져 이의 해소를 위한 「지역개발 금융체제의 확립」이 무엇보다도 절실하였다. 셋째, 우리나라 금융기관이 거의 중앙집권적으로 운영되어 순수한 민간 상업은행이 하나도 없었다는 점에서 지역단위이긴 하지만 「참다운 상업은행의 출현」이 시대적 요망이 되었다는 점 등을 들 수 있다. 즉 경제개발계획의 추진으로 낙후화 경향을 보이고 있던 지역경제를 개발하기 위하여 새로운 금융기관의 설립이 요청되었던 것이다.

이 같은 배경 하에서 정부의 방침으로 각 지방의 상공회의소를 중심으로 지방은행의 설립 추진이 활발히 전개되었다. 그 당시 지방은행은 첫째, 은행법에 의거한 상업은행, 둘째, 지방자본의 집대성을 목표로 영

〈표 4-19〉 설립당시 지방은행 현황

(단위 : 백만원)

은행명	설립일자	설 립 자본금	본 점 소재지	설립당시 영업구역
대구은행	1967.10.07	150	대구	대구 · 경북
부산은행	1967.10.25	300	부산	부산
충청은행	1968.04.22	150	대전	충청남도
광주은행	1968.11.20	150	광주	광주 · 전남
제주은행	1969.09.19	200	제주	제주도
경기은행	1969.12.08	150	인천	인천 · 경기
전북은행	1969.12.10	200	전주	전라북도
강원은행	1970.04.03	300	춘천	강원도
경남은행	1970.05.22	300	마산	경상남도
충북은행	1971.04.24	250	청주	충청북도

자료 : 광주은행 15년사

업활동을 지방에 국한하는 지방은행, 셋째, 주식을 일반에 공개하는 공개법인, 넷째, 정부출자가 없는 순수 민간은행이어야 한다는 4가지 설립원칙을 가지고 1967년 10월 대구은행과 부산은행이 가장 먼저 설립되었다. 1968년 4월에는 충청은행이 대전에서 설립되었으며, 같은 해 11월 20일에는 자본금 1억 5000만원으로 광주은행이 설립되면서 본격적인 지방은행 시대가 막을 열었다. 결국 1967년 이후 정부의 「1道 1行」 원칙에 따라 지방은행 설립작업이 계속되어 1971년까지 충북은행을 마지막으로 총 10개의 지방은행이 설립되었다.

1) 광주은행의 탄생

1967년 당시 광주 · 전남지역에는 한국은행 2개 지점, 특수은행 8개 지점, 일반은행 13개 지점, 농협 26개 점포가 있었지만 중앙집권적 금융체제로 인해 지방 상공인들은 사실상 공평한 금융혜택을 받지 못하고 있었으며 그로 인해 지방은행의 출현이 절실히 필요한 상황이었다.

그러한 시기에 정부의 지방은행 설립 방침이 구체적으로 확정되자 광주지역에서도 1967년 2월 7일 박인천 광주상공회의소 회장을 위원장으로 '광주 지방은행 설립준비위원회'가 구성됐으며, 같은 해 11월 26일에는 광주상공회의소에서 광주은행 설립 발기인 총회가 개최되어 발기취지문을 채택하고 수권자본금을 3억원, 설립시 납입자본금을 1억 5000만원으로 결정하는 등 구체적인 사항을 결의했다. 이어 12월 29일 금융통화운영위원회로부터 설립 내인가를 받고 도내 기업인 60여 명과 개별적으로 주식모금을 위한 접촉을 하는 한편, 신문 공고 등 본격적인 주식모금 활동을 전개했다. 그러나 당시 2년에 걸친 극심한 가뭄으로 인해 지역 경기가 극도로 침체된 상황이라 주식모금 실적은 좀처럼 답보상태를 탈피하지 못했다. 결국 1968년 6월 20일 설립 내인가를 한 차례 변경승인 받는 등 진통을 겪은 후 1968년 9월 16일 1억 5000만원의 주식납입금이 산업은행 광주지점과 5개 시중은행의 광주지점에 전액 입금되었다. 동년 9월 17일 광주 YWCA 회의실에서 광주은행 창립총회를 개최하고 은행장을 비롯 임원들을 선임하였고, 이어 9월 27일 이사회를 개최하여 영업소를 광주시 동구 충장로 5가 60-18번지에 정하고 드디어 1968년 11월 20일 개점식을 거행하고 업무를 개시하였다.

2) 지방은행의 성장과 변화

지방은행은 시중은행과는 달리 처음부터 순수 민간자본에 의해 설립 운영되어 왔고, 그간 영업구역상의 제한 및 규모의 영세성을 감안 금리규제하에서 시중은행보다 1~2% 정도 높은 여·수신금리를 적용받음으로써 건실하게 발전하였다. 설립 당시 지방은행은 본점을 지방에 두고 영업구역도 관할 행정구역과 서울지역으로 제한되었으나, 1990년 2월 영업구역을 광역화할 수 있도록 두 개의 지방은행이 서로 합의하는 경우 상호주의 원칙에 의해 인접 시·도에도 지점을 설치할 수 있게 되었다. 또한 서울과 지방간의 원활한 금융거래를 뒷받침하기 위하여 서울지역에 3개씩의 지점을 설치할 수 있도록 허용하였다. 이후 1992년 3월에 각 직할시에 1개씩 지점설치가 허용되었으며, 1994년 4월에는 지역경제권내 상호주의가 폐지되어 지역경제권내 지점설치가 자유화되었다. 이어 1996년 2월에 추가조치로 서울지역에 10개 지점, 각 광역시에 각각 2개 지점의 설치가 허용되었다.

우리나라 지방은행은 설립 초기에는 지역경제 발전을 위한 금융중개기능의 센터로서의 역할을 수행해 왔으며, 시중은행대비 우대금리의 적용, 여신규제의 제외, 통화안정증권 인수의무 면제 등의 우대조치에 힘입어 시중은행보다 높은 성장과 수익성으로 내실을 다져왔다. 그러나 1980년 이후 금융자율화가 진전되면서 기존의 지방은행 우대금리 폭의 축소와 비은행금융기관의 진출로 제도금융권의 자금이 대거 이탈하여 지방은행의 성장속도가 둔화되는 경향을 보였다.

1990년대 들어서면서 금융자율화와 개방화, 국제화 등 국내 금융환경의 급속한 변화 속에서 금융기관간 치열한 경쟁으로 규모의 열세에 있는 지방은행으로서는 경영이 어려움에 처하기도 하였다. 1997년 우리나라가 IMF 구제금융을 지원받으면서 은행경영이 급격히 악화되어 1997년말 기준으로 BIS자기자본비율이 기준에 미달한 경기, 충청은행이 1998년 6월에 퇴출되었고, 1999년중에 강원은행과 충북은행이 조흥은행에 합병되어 지방은행 10개중 4개사가 퇴출되었다.

2011년말 현재 지방은행은 부산·대구·경남·광주·전북·제주은행 등 6개 은행이 남아 있고, 이들 은행의 설립 당시 자본금합계 규모는 13억원이었으나 40여년이 지난 2011년말 기준으로는 2조 5,695억원으로 지역의 실물경제 규모가 성장함에 따라 자본금도 약 1,976배 성장하였다.

〈표 4-20〉 최근의 지방은행 현황(2011.12월말 기준)

(단위 : 억원, 명, 개)

구 분	납입자본금	총자산	직원수	점포수
대구은행	6,606	312,893	2,921	240
부산은행	9,334	379,909	3,062	253
광주은행	2,471	180,304	1,526	147
경남은행	2,902	253,534	2,211	156
전북은행	3,276	120,060	1,087	88
제주은행	1,106	31,682	424	38

자료 : 금융감독원 전자공시시스템

나. 광주 소재 다수 금융기관의 출현과 쇠퇴

경제개발 계획의 효과적인 추진을 뒷받침하기 위하여 1960년대 초부터 금융제도가 재편되면서 광주지역에도 금융기관의 진출이 크게 확대되었다. 1961년에 중소기업은행 광주지점, 농업협동조합 광주·동광주·송정지점이 설치되었고, 1963년에 국민은행이, 1966년에는 서울은행이 광주에 진출하였다. 1968년에는 한국주택은행이, 1969년에는 한국신탁은행과 수협중앙회 전남도지회가, 그리고 1974년에는 한국외환은행이 광주에 진출하게 되었다.

1970년대 들어서도 각 은행들은 이 지역에 많은 점포를 개설하였으며 1976년 광주의 금남로가 확장·개통됨에 따라 대부분의 금융기관들이 충장로에서 금남로로 이전하여 금융기관의 금남로 시대가 열렸다. 이후 1980년대 들어 은행이 신설되면서 광주지역에도 은행의 점포망이 크게 확충되었다. 1984년에 신한은행이, 1987년에는 한국장기신용은행과 한국수출입은행이, 그리고 1988년에는 한미은행과 축협 전남도지회가 광주에 개설되었다. 1990년대에 들어서도 시중은행과 지방은행의 진출이 계속되었는데 1990년에는 동화은행이, 1991년에는 전북은행이, 1992년에는 평화은행이, 1993년에는 하나은행이, 1994년 보람은행,

1995년 동남은행, 그리고 1996년에는 제주은행도 광주에 점포를 개설하였다. 이후 금융구조조정 과정에서 점포 철수, 행명 변경, 흡수 합병 등 많은 변화를 겪었다.

광주은행 본점
(광주광역시 동구 대인동 소재)

광주은행도 1968년 11월 20일 개업 이래 꾸준히 성장을 거듭하여 광주・전남 지역내에 본점 영업부를 포함하여 2012년 6월말 현재 146개(광주 95개, 전남 51개)의 점포를 가지고 있으며 역외점포로는 서울에 7개, 전북 전주에 1개의 점포를 가지고 있다〈표 4-23〉.

한편, 광주지역에는 비은행금융기관도 1970년대 이후 꾸준히 설립되어 많은 변화를 거듭하였다. 먼저 1974년도에 '단기금융업법'에 근거하여 광주투자금융이 개업하였다. 1994년 10월 1일 종합금융업을 취급하면서 상호를 광주종합금융회사로, 그리고 1995년 5월 26일에는 금호종합금융회사로 변경하였다.

1988년도에는 정부의 지방 생명보험회사 설립 계획에 따라 광주생명보험주식회사가 설립되어 동년 3월 28일 창립총회와 이사회를 개최하고 자본금 60억원으로 영업을 개시하였다. 1991년 4월 26일에는 광주광역시 서구 양동에 지상 30층 지하 6층의 본사 신축공사를 시작하였으며, 1993년 1월 1일에 상호를 아주생명으로 변경하여 지방성을 탈피하려는 노력을 하였다. 1996년 9월 1일 상호를 금호생명으로 다시 변경하였으며, 1997년 4월 1일 본사 사옥을 준공하였다. 이후 금호생명은 모그룹인 금호아시아나그룹이 유동성 위기에 직면하여 2010년 6월 10일 주주총회를 개최하여 산업은행 PEF에 매각되었으며 상호도 KDB생명으로 바뀌었다. 동사는 2012년 3월말 현재 자본금은 6,131억원, 점포(지점·영업소 포함) 176개, 대리점 244개의 영업망을 갖추고 있으며 보유계약은 누계로 2,207,649건에, 52조 9,901억원에 달하고 있다.

또한 한남투자신탁은 1989년 11월 1일 창립되어 1989년 11월 21일부터 증권투자신탁업무, 콜거래업무, 유가증권 인수 및 매매업무 등을 수행할 목적으로 광주에 본점을 두고 영업을 개시하였다. 그러나 1997년말 외환위기를 맞이하면서 유동성 확보에 어려움을 겪게 되었으며, 역외 파생상품에 거액을 투자했다가 태국의 바트화 하락으로 큰 손실을 입기도 하였다. 이러한 가운데 1998년 3월 4일 거평그룹이 성암그룹으로부터 한남투자증권(1997년 7월 회사명 변경)을 인수하였으나 모기업인 거평그룹이 1998년 5월 11일 부도를 낸 이후 고객들의 환매사태가 이어지면서 재차 유동성위기를 겪게 되었으며 결국 1998년 8월 14일 2개월간 영업이 정지됐고 동년 8월 25일 국민투자신탁증권이 신탁재산을 인수해 한남투자신탁은 역사속으로 사라졌다.

이밖에도 1990년에는 광은리스, 1991년에 광은창업투자, 1996년에 한국주택할부금융, 광주신용보증조합, 광은파이낸스가 차례로 설립되어 영업을 개시하였다.

한편 소규모 영세 금융기관인 상호신용금고는 IMF 외환위기 이후 영업여건이 악화되면서 어느 금융업종보다도 더 극심한 구조조정 과정을 겪었다. 또한 각종 금융사건에서 불법적으로 자금을 동원하는 창구역할을 하는 등 크고 작은 금융사고에 취약한 구조를 갖고 있어 사회적 관심이 되어 왔다. 경영자의 도덕적 해이, 금융당국의 허술한 감시감독, 무리한 PF대출 등 여러 가지 도산 위험요소가 복합적으로 작용하여 약 20여개의 저축은행이 영업정지 또는 도산하였다. 이러한 과정에서 광주지역에서는 1999년 7월 15일 광주·전남지역의 대표적인 신용금고인 일신상호신용금고(1972년 설립), 부민상호신용금고(1983년 설립),

호남상호신용금고(1982년 설립) 등 3곳에 대해 부채가 자산을 초과하는 등 회생가능성이 없어 파산선고가 내려졌다. 이들 금고는 대주주가 고객의 예금을 불법대출해 회사자금으로 유용하는 등 사금고화 함으로써 파산을 맞이하게 되었다. 이러한 부실 상호신용금고의 조기퇴출은 금융시장의 조기안정 및 재정부담 최소화를 위해 이루어진 것으로 보이지만 구조조정과정에서 주거래자인 중소기업 및 서민층의 피해는 불가피하였다. 저축은행은 지난 1972년 상호신용금고법에 따라 설립된 금융기관으로 지난 2001년 국회에서 법을 개정해 상호저축은행법을 제정함에 따라 2002년부터 상호신용금고를 상호저축은행으로 명칭을 바꾸게 되었다.

다. IMF 외환위기와 지역금융의 변화

우리나라 경제는 1990년대 이후 자본자유화가 급격하게 진행되면서 대기업을 중심으로 세계 금융시장과 연관성이 높아졌다. 이러한 과정에서 1997년말 IMF 외환위기는 우리 경제의 해외 금융자본에 대한 의존도가 높아진데 반해 기업의 효율성과 경쟁력은 상대적으로 취약해 외국의 금융자본이 이탈하면서 발생한 외환위기인 동시에 금융위기라고 할 수 있다. 그 결과 국제신인도가 하락하고 기업의 유동성은 더욱 경직되어 경쟁력이 낮은 많은 대기업들은 경영이 마비되고, 그 과정에서 대기업에 의존적인 수많은 중소기업들은 도산하고, 이로 인해 금융기관이 부실화되는 연쇄효과를 통해 국가 및 지역경제 전체가 혼란과 위기에 빠지게 되었다. 특히 몇몇 대기업들의 생산공장이 입지하여 그와 전후방 산업 연계로 이루어진 지방경제는 대기업이 쓰러지면 지역경제에 미치는 파급효과가 엄청나게 클 수밖에 없었다. 이처럼 IMF 외환위기는 전 산업부문에서 생산과 소비를 위축시키고, 높은 실업률을 야기하여 지역경제의 산업 및 기업구조 측면의 양적·질적 변화를 가져왔다.

광주지역에서는 1995년 2월 고려시멘트 부도, 1997년 2월 무등건설 부도, 동년 9월 화니백화점 부도, 1998년 3월 가든백화점 부도, 1999년 송원백화점의 현대백화점에 경영위임, 1999년 7월 15일 일신상호신용금고, 부민상호신용금고, 호남상호신용금고의 파산선고 등 IMF 외환위기 전후로 이러한 실물경제부문에서의 구조적 변화는 지역경제 뿐만 아니라 지역금융에도 큰 타격을 입히며 변화를 가져왔다.

1) IMF 외환위기와 광주은행의 시련

1997년도에 대기업들의 연쇄부도와 그로 인한 경기침체는 총체적인 국가경제의 위기로 까지 이어져 결국 11월 21일 정부는 IMF에 긴급구제금융 지원을 요청함에 따라 우리나라 경제는 엄청난 파장을 맞게 되었다. IMF는 1997년 12월 2일 부실이 심한 9개 종금사에 대해 영업정지 처분을 내린데 이어 동년 12월 23일 BIS자기자본비율 8% 기준을 은행 경영정상화 방안으로 제시함에 따라 정부는 금융부실을 제거하고 금융시장 불안을 해소하기 위해 금융권 구조조정을 단행하였다.

1997년 외환위기 이후 당면한 경제위기에 대응하여 자금경색을 완화하고 금융기능을 회복하기 위해 1998년 6월 제1단계 은행구조조정을 추진하여 5개 은행(대동, 동남, 동화, 충청, 경기은행)이 퇴출 및 흡수합병 명령에 의해 자산부채이전으로 퇴출되고 조흥, 상업, 한일, 외환, 평화, 충북, 강원 등 7개 은행에 대해서는 조건부승인이 내려졌다.

상대적으로 경제규모가 작고 기반이 취약한 광주·전남을 연고로 영업중인 광주은행은 이러한 국내 경기침체의 영향에 더욱 민감할 수 밖에 없었다. 덕산그룹 등 지역업체의 잇따른 부도로 1997년말 광주은행의 부실여신은 총여신의 4.6%로 급증했으며, 연체대출금도 총대출금의 9.5%로 전년대비 137.2% 증가하는 등 위기를 맞게 되었다. 이렇듯 경기침체로 인한 부실채권 규모가 급증하면서 광주은행은 은행 정상화 가이드라인인 BIS자기자본비율 8%를 유지하기 힘들게 되어 자칫 금융

빅뱅의 중심에 서게 될 상황이었다. 이에 광주은행은 경기침체와 주식시장 불황에도 불구하고 1,000억원의 유상증자를 실시하기로 하고 주식을 공모했다. 1998년 6월 19일 실시한 일반공모는 광주광역시장 및 전라남도지사를 비롯, 200여개의 기업체 및 단체, 2만여 명의 지역민이 동참했고, 임직원들이 남은 실권주를 전량 청약 완료함에 따라 성공리에 마무리되었다. 특히 광주은행 주식의 주가가 2,000원을 밑돌고 있는 상황에서 액면가 5,000원에 발행한 주식이 이처럼 성공리에 인수된 것은 IMF 관리체제 하에서 지역경제가 극심한 침체에 빠져 있는 가운데 이룬 값진 결실이었고, 전국의 은행 중에서도 최초의 사례였다.

그러나 IMF 관리체제가 본격화되면서 달러당 1,900원이 넘는 환율폭등과 주가급락, 높은 이자율 등으로 경제여건이 더욱 악화되어 자구계획 및 감량경영을 통한 경영개선 노력, 부실채권 축소 노력 등에도 불구하고 기업체의 도산과 지역경제의 악화로 인해 광주은행의 경영상황은 좀처럼 개선되지 못하고 있었다. 이에 광주은행은 1999년 6월 24일에 공신력 제고와 각종 재무지표 개선을 위해 BW(신주인수권부사채) 방식을 통한 1,500억원의 유상증자를 실시하여 자본금을 2,800억원에서 4,300억원으로 증자하였다.

2000년 들어 대외여건의 악화와 대우 구조조정 등으로 금융기관의 잠재부실에 대한 우려가 높아지고 금융시장의 불안정이 초래됨에 따라 정부는 잠재부실 정리를 통한 클린뱅크(Clean Bank)화와 국제경쟁력 강화에 중점을 둔 제2단계 금융구조조정을 2000년 9월 추진하였다. 광주은행은 2차 금융권 구조조정에 대비해 대대적인 조직 개편과 인력감축 등 강력한 구조조정을 추진하였으며, 이와 더불어 자산의 건전화와 부실채권 정리를 위해 다각적인 노력을 기울였다. 하지만 대우그룹의 워크아웃 및 기업 구조조정으로 인한 추가부실 증가, 현대그룹 유동성 위기까지 겹치면서 이와 같은 노력에도 불구하고 2000년 6월말 기준

BIS자기자본비율이 2.65%로 정부 기준인 8%에 미달하게 되어 부실금융기관으로 지정되고, 적기 시정조치와 경영개선을 요구받았다. 동년 12월 16일 우리금융지주로의 편입과 편입후 경영개선계획 재수립을 조건으로 경영개선계획을 승인받아 12월 29일 자본금 완전감자 및 12월 30일 공적자금 1,704억원을 투입받는 아픔을 겪게 되고 향후 금융지주회사 편입이라는 새로운 국면을 맞게 된다.

정부는 경영평가 결과 독자생존이 어려운 것으로 평가된 한빛, 평화, 광주, 제주은행과 경영실태평가 결과에 따라 경영개선요구를 받은 경남은행은 원칙적으로 정부 주도의 금융지주회사로 편입하기로 하고 2001년 1/4분기중 지주회사를 출범시키고 편입금융기관에 대해서는 기능재편 등 신속한 구조조정을 추진하여 경쟁력을 확보해 나가기로 하였다. 이에 정부는 2000년 12월말 기준 부실채권비율을 6% 수준으로 정리하고 BIS비율 10% 달성을 위한 수준까지 공적자금을 지원하기로 하여 2000년 12월 30일 출자금 명목으로 1,704억원을 지원하였다. 이후 2001년 9월 19일 2차로 2,714억원을 출연금 형식으로 지원하여 광주은행에는 총 4,418억원의 공적자금이 투입되었으며, 경남은행과 함께 2001년 3월 27일자로 우리금융지주(주)의 자회사로 편입되었다.

2) 광주은행 경영정상화 과정(2001~2004년)

2001년 2차 금융 구조조정 과정에서 우리금융지주에 편입된 광주은행은 새로운 비전수립과 고객의 신뢰회복을 위해 체제와 조직을 재정비하고 경영진을 교체하는 등 제2의 창업을 위한 새로운 출발을 하였다. 먼저 2001년 2월 고객서비스 정신과 고객중심 마케팅 마인드를 확립하기 위해 전직원이 참여하는 'CAN DO 2001' 전략연수를 실시, 공공기관 및 지역단체에 대한 영업강화를 통해 2월 전남도의 특별회계와 기금, 11월 남구청 구금고 업무계약, 목포시 시금고 공기업 특별회계업무를 담당하기로 하는 등 금고은행의 역할과 소명을 부여받았으며, 4월

리스크관리의 필요성 제기에 따라 신용리스크관리 시스템인 'CRMS' 구축, 5월 MVP통장을 비롯 외환위기 이후 지속적으로 감소한 수신기반 확충을 위해 특화상품 개발, 중소기업 MVP대출 등 다양한 고객 맞춤형 신상품을 선보여 지역은행으로서의 소명을 다했다. 이러한 노력의 결과 2001년도에 총수신은 전년대비 20%, 총대출은 13.5% 각각 증가하였으며, 663억원의 당기순이익을 시현하였다.

2002년 들어 광주은행은 선도 지방은행으로서 위상 강화를 위해 소매금융 역량 집중, 선진 인프라 구축, 전문인력 양성, 지역밀착경영을 중점추진전략으로 선정하고 새로운 각오로 위기관리 경영에 임하였다. 동년 7월에는 '지역민으로부터 사랑받는 광주은행'을 NEW VISION으로 선포하고 'NEW VISION 77운동'을 전개해 여신, 수신, 신용카드, 자동이체 등 여러 부문에서 괄목할 만한 성과를 거양해 총수신 및 총대출이 전년대비 각각 14.7%와 30.7% 증가하였고 당기순이익도 748억원을 기록하였다.

2003년 들어 급변하는 대외환경 하에서 광주은행은 '능동적 변화와 질적 성장'을 경영목표로 정하고 '조직역량 레벨업과 운영효율 개선', '지역 선도은행 위상 강화와 기업시민 역할 확대'를 경영지침으로 정하여 영업력 강화와 수익성 증대를 위한 노력을 이어갔다. 또한 지속적인 경영정상화를 위한 자구노력 등을 통해 경영실적이 호전되어 고객 신뢰 회복과 지역밀착 활동 및 특화상품 개발을 통한 틈새시장 공략, 소매금융 위주의 안정적 경영활동을 전개해 나갔다. 이러한 성과를 바탕으로 2003년 10월 세계 3대 신용평가기관의 하나인 Fitch Ratings사로부터 투자적격 신용등급 'BBB-등급'을 획득해 국내는 물론 해외투자가에게도 신뢰를 받게 되었다.

광주은행은 2004년 11월 창립 36주년을 맞아 'VISION 2015'를 선포하여 '최고의 종합금융서비스를 통해 고객과 사회를 보다 풍요롭게 한

〈표 4-21〉 광주은행 경영현황(2000~2004년)

(단위 : 억원, %, %p)

구 분	2000년	2001년	2002년	2003년	2004년	
						2000년대비 증감률
총 자 산	60,860	71,354	81,171	88,160	99,066	62.8
총 수 신	45,009	53,478	61,540	67,930	71,156	58.1
[지역점유비]	(27.9)	(28.5)	(29.3)	(32.3)	(31.1)	3.2%p ↑
총 대 출	32,444	36,826	48,154	51,553	55,797	72.0
[지역점유비]	(17.0)	(18.1)	(20.1)	(21.0)	(22.0)	5.0%p ↑
당기순이익	-1,405	663	748	571	723	-
종업원수(명)	1,212	1,187	1,113	1,042	1,007	-16.9
점 포 수(개)	119	119	112	115	116	-2.5
BIS자기자본비율	10.12	11.15	11.03	10.72	11.81	1.7%p ↑

주 : 1) 총자산=은행계정+신탁계정 2) 총수신=은행계정예금(요구불+저축성예금)
3) 총여신=은행계정대출금 잔액기준 4) 종업원수 및 점포수는 연말기준
5) 지역점유비는 광주·전남지역 전체 예금은행 총수신 및 총대출중 광주은행의 광주·전남지역 점유비임.

다'는 존재목적과 고객중심, 정직과 신뢰, 창의와 열정을 우선적 가치관으로 삼아 '최고의 안정성과 수익성을 갖춘 초우량 지역은행'이 되는 것을 비전으로 제시하였다. 이리하여 2004년말 광주은행은 총자산 9조 9,066억원, 총수신 7조 1,156억원, 총대출 5조 5,797억원, 당기순이익 723억원을 시현하는 성과를 거두었다.

3) 광주은행 수익모델 구축과정(2005~2011년)

2005년 들어 급변하는 금융환경 속에서 광주은행은 경쟁력을 강화하고 초우량 지역은행으로서의 비전을 실현하기 위해 수익성 중심의 효율경영체제를 구축하고 직원들의 동기부여 및 영업력 강화를 위해 전행적인 성과문화 확산을 적극 추진하였다. 동년 6월 'The Banker'誌에서 선정하는 1,000대 은행중 696위를 차지하는 등 다양한 경영활동이

성과를 거두면서 창사 이래 최대인 1,247억원의 당기순이익을 기록하였고 총자산도 동년 1월 10조를 돌파하였고 연말에는 11조 6,974억원으로 성장하였다. 2006년 9월에는 '작지만 강한 은행', 즉 강소은행 전략을 선포하여 최고의 안정성과 수익성을 겸비한 강소은행의 수익모델을 구축하였다. 2007년을 맞은 광주은행은 강소은행으로의 도약을 위한 기반구축을 목표로 성장기반 강화, 수익기반 강화, 자산관리 강화, 내부역량 강화를 적극 추진하였다.

2008년 6월에는 현 송기진 행장이 제10대 광주은행장으로 취임하여 '초우량 지역은행을 넘어 동북아 중심은행으로 도약'하겠다는 원대한 비전을 제시하고 이에 대한 초석을 다지기 위해 고객중심의 사업부제로 조직 개편, 지역 밀착경영과 수익성 위주의 내실경영 실천, FOCUS

〈표 4-22〉 광주은행 경영현황(2005~2011년)

(단위 : 억원, %, %p)

구 분	2005년	2006년	2007년	2008년	2009년	2010년	2011년	
								2005년대비 증감률
총 자 산	116,974	139,955	162,177	170,297	173,088	181,867	194,238	66.1
총 수 신	84,120	102,206	111,976	110,609	114,300	117,263	127,092	51.1
[지역점유비]	(31.2)	(31.6)	(31.1)	(29.2)	(29.3)	(30.3)	(29.6)	1.6%p ↓
총 대 출	67,825	82,882	94,251	108,503	105,017	107,135	118,515	74.7
[지역점유비]	(23.1)	(23.3)	(23.9)	(23.6)	(24.7)	(25.1)	(26.3)	3.2%p ↑
당기순이익	1,247	901	1,127	1,034	620	1,055	1,337	7.2
종업원수(명)	1,012	968	966	1,074	1,163	1,309	1,358	34.2
점 포 수(개)	119	124	129	132	136	140	147	23.5
BIS자기자본비율	11.60	11.44	10.91	12.12	13.82	13.22	13.80	2.2%p ↑

주 : 1) 총자산=은행계정+신탁계정　2) 총수신=은행계정예금(요구불+저축성예금)
3) 총여신=은행계정대출금 잔액기준　4) 종업원수 및 점포수는 연말기준
5) 지역점유비는 광주·전남지역 전체 예금은행 총수신 및 총대출중 광주은행의 광주·전남지역 점유비임.

경영을 통한 광주은행 신문화 확립, 세계 유수 은행과의 업무협약 및 외화차입 등을 추진했다. 송기진 행장은 부임 초부터 영업중시·현장중시를 강조해 왔고, 광주은행을 '2050년 글로벌 100대 은행'에 진입시키기 위한 초석을 다지는데 주력해 오고 있다. 2008년 9월에는 미국발 금융위기, 그리고 2011년에는 유럽발 재정위기 여파로 어려운 경제여건 하에서도 이를 슬기롭게 대처하고자 불철주야 발로 뛴 노력의 결과 광주은행은 2011년도에 1,337억원의 당기순이익을 시현하여 역대 최고의 성과를 거양하였다.

이밖에도 광주은행은 2011년 5월 해외 신용평가사인 무디스로부터 'A3등급'을 획득하여 기존보다 신용등급이 2단계나 상승하여 대외신인도를 제고시켰으며, '2012 여수세계박람회'와 '2013 순천만국제정원박람회'의 공식후원은행으로 선정되어 지역에서 개최되는 국제적인 행사를 적극 후원하여 광주은행의 브랜드 가치를 획기적으로 제고시켰다.

4. 지역 대표은행으로서 광주은행의 모습

가. 적극적인 지역밀착경영 실행

광주은행은 1,650여 임직원과 지역내 가장 많은 영업점 및 자동화코너를 보유하고 있고, 지속적인 점포망 확대(2012년 6월말 현재 광주·전남 지역내에 무인점포를 포함하여 총 495개의 채널 보유)를 통해 광주은행을 이용하는 고객의 만족도 향상과 지역민이 금융서비스를 이용하는데 불편함이 없도록 노력하고 있다.

또한 광주은행은 지방자치단체와 함께 중소기업을 적극적으로 지원하기 위하여 지역산업단지 활성화 지원협약을 체결하고 산업단지 입주중소기업을 원스톱 서비스로 원활하게 지원하기 위해 '하이클러스터론' 등 다양한 금융상품들을 출시·지원해 오고 있다.

〈표 4-23〉 광주은행 점포수 현황 (2012.6.30 현재)

(단위 : 개)

구 분	2011년				2012.6월			
	광주	전남	기타	합계	광주	전남	기타	합계
지 점	77	37	6	120	78	40	8	126
출장소	16	11	-	27	17	11	-	28
소 계	93	48	5	147	95	51	8	154
365열린코너	223	94	1	318	234	115	2	351
합 계	316	142	7	465	329	166	10	505

자료 : 광주은행

2008년 10월부터는 최상의 제품과 서비스 제공으로 평판과 브랜드 인지도가 뛰어난 업체 중 광주은행이 선정한 고객을 소호명가(所湖名家)라 칭하고, 우리지역 소재 및 지역출신의 명가(名家), 명장(明匠) 고객을 발굴·육성함으로써 지역밀착경영을 강화해 오고 있는데, 2012년 6월말 현재 300여 이상의 업체를 선정·지원하고 있으며, 지역중소기업 대표들을 중심으로 한 「광은리더스클럽」을 조직하여 지역발전을 위한 정보교류와 유대를 강화하고 있다.

나. 지역 공공금고 전담은행으로서 역할 충실

광주은행은 광주광역시·전라남도의 금고은행으로서 연간 1조원 이상의 공공자금 운영으로 유치된 자금이 지역주민과 지역경제에 재생산 자원으로 쓰이도록 함으로서 광주은행의 대외신인도 제고 및 지방은행으로서 본연의 역할을 충실히 하고 있다.

2011년말 현재 광주·전남지역의 일반회계 5개, 특별회계 12개 외에 45개의 기금 및 지자체 관련 예금을 예치받아 운용하고 있으며, 지자체와 각종 협력사업 등을 강화하여 지역의 금고 전담은행으로 확고히 자리매김하고 있다. 또한 광주·전남의 부가가치를 창출하고 미래 성장잠재력을 극대화할 수 있는 지역소재 중소기업에 유치자금의 100% 이상을 지원함으로써 지역경제 활성화에 부응하고 있다.

다. 이익의 지역 환원 극대화

광주은행은 지난 1981년 11월 지역인재 양성을 위해 '재단법인 광주은행 장학회'를 설립한 이후 2012년까지 32년 동안 총 3,439명의 지역인재에게 2,351백만원의 장학금을 지원하여 지역내 장학사업의 산실로 자리잡았다.

광주은행은 이러한 장학사업을 꾸준히 전개하는 동시에 지역인재 채용확대, 광은 인턴제도, 대학생 홍보대사 선발 등 여러 채널을 통해 청년 일자리 창출은 물론 다양한 사회공헌활동을 통한 기업의 사회적 책임경영에 앞장서고 있다.

또한 지역내 소외된 이웃과 함께 하기 위하여 광주은행 임직원은 2003년부터 급여에서 일정금액을 출연해 사회복지시설 후원, 독거노인 및 소년소녀가장을 돕고 있으며, 2009년 5월부터는 한국어린이재단과 함께 '1지점 1아동 결식아동 후원 캠페인'을 전개하고 있고, 2004년부터는 '결식아동돕기 사랑의 호프데이'를 매년 개최해 오고 있다.

이외에도 2009년 9월부터 사회복지시설에 대한 일회성 행사가 아닌 지속적인 기부활동과 장기적인 자원봉사활동을 전개해 나가기 위해 'KJB 사랑샘터'를 선정하고 후원에 나서고 있다. 'KJB 사랑샘터'는 지역의 소외된 계층에 대한 지원을 확대하고 지속적인 기부활동을 전개하면서 광주은행 전 임직원과 가족들이 '광주은행 자원봉사의 날'을 지정해 정기적으로 봉사활동을 실시하는 사회봉사 프로그램으로 2014년까지 150여개로 늘려 '1부점 1샘터' 후원을 실현할 계획이다.

라. 지역 개최 국제적 행사에서 중추적 역할 수행

광주은행은 1995년 제1회 광주비엔날레 행사부터 후원금 전달과 행사지원 등 공식후원으로 참여해 왔으며, 2007년 4월 '여수엑스포 유치통장'을 발매하여 판매금액의 0.05%를 여수엑스포 유치를 위한 후원금으로 출연하였다.

또한 동 행사 유치를 돕기 위해 광주은행 임직원 약 1500여 명이 여수세계박람회 특별법 제정 청원 서명운동에 앞장서 약 5만 3천여 명의 서명을 이끌어 냈다. 이어 동행은 여수시가 엑스포 개최도시로 확정된 후 공식후원은행으로 선정되어 마스코트를 형상화한 '여니수니적금'을 판매하여 이익금을 출연하였으며. 내 · 외국인 관광객을 위한 영업점 및 열린코너 개설, 입장권 티켓판매 활동을 전개하는 등 여수엑스포 공식후원은행으로서 역할을 성공적으로 수행하여 글로벌 은행으로 도약하는 전기를 마련한 것으로 평가된다.

한편 2011년 10월 17일에는 '2013 순천만국제정원박람회' 공식후원은행으로 선정되어 '꾸루꾸미적금'을 판매해 이익금을 출현하기로 하는 등 동 행사를 지원하기 위한 다양한 활동들을 전개하고 있다.

마. 지역인재의 발굴 및 육성

광주은행은 지역인재를 육성하고 지역과 함께 성장하는 나눔경영을 실천하기 위해 지속적인 장학사업의 추진, 대학생 학자금대출 및 해외연수 지원, 인턴 채용, 대학생 직장체험연수, 청소년 금융교육 등 다양한 활동을 전개해오고 있다. 특히 동행은 직원 채용시 90% 이상을 지역출신으로 충원하고 있어 인재 발굴과 고용창출에 기여하고 있다.

장학회 사업과는 별도로 지역인재 육성을 위해 여수·광양·백운·금화·전남장학회 등 지역내 장학재단 및 여수·목포·순천·광양·해남·장흥·강진·보성 등 각 지역에 인재육성 기금을 후원하고 있고, 지역대학에 발전기금을 출연하여 지역인재 양성에 앞장서 오고 있다.

바. 지역개발사업에의 적극 동참으로 지역경제발전 선도

광주은행은 지방자치단체 및 공공기관과의 긴밀한 협조관계를 유지하여 지역개발 프로젝트를 발굴하고 이를 금융수요로 연결시켜 새로운 금융상품과 서비스를 제공하는 일에 앞장서 오고 있다. 사회간접자본 시설 확충 등 지역개발 사업과 나주 혁신도시 개발사업, 서해안 풍력산업단지 개발, 진곡산단 등 산업단지 조성사업 및 입주기업 유치, 광주광산업 및 금형산업 등의 금융지원사업에 적극적으로 참여하고, 지방자치단체 및 공공기관과의 유기적인 협력과 정보교류로 지역경제 발전을 선도하는 등 지방은행으로서의 역할을 강화해 나가고 있다.

이러한 지역개발 사업에의 적극 참여를 통해 지방자치단체는 광주은행으로부터 안정적인 금융지원을 확보하게 되며, 광주은행은 안정적인 은행성장 기반 확보로 알차고 내실있는 수익성 창출과 지역은행으로서 그 역할과 소임을 다하는 것이다. 이같은 광주은행의 적극적인 지역개발사업 참여는 각 지방자치단체별로 활발하게 추진하고 있는 각종 투자사업과 맞물려 기업 유치 및 지역경제 발전에 크게 이바지하고 있다는 평가를 받고 있다.

5. 지역금융의 나아갈 방향

앞의 2장에서 살펴본 바와 같이 광주 지역금융은 1990년 이후 IMF 외환위기와 미국발 글로벌 금융위기를 겪으면서 제조업 등 실물부문에 비해 상대적으로 더 열악해졌음을 알 수 있었다. 즉 광주지역 금융의 자산축적 정도가 낮아짐에 따라 금융부문이 지역경제 성장을 충분히 뒷받침하지 못하고 있으며, 특히 광주지역 소재 비은행 금융기관을 통해 지역자금의 역외유출이 지속되고 있음을 알 수 있었다.

광주지역 대표은행인 광주은행은 1968년 지역 상공인들이 중심이 되어 순수한 지역 상공인 자본으로 설립된 향토은행으로 지역의 중소기업 육성, 지역민에 대한 금융편익 제공, 지역 고용 창출 및 인재 양성 등 지역경제 발전의 큰 견인차 역할을 담당해 왔다.

그러나 외환위기 시점인 1998년부터 광주은행 재정상태가 극도로 취약해지면서 지역 중추금융기관으로서 역할이 퇴색해지고 주가는 1,700~2,000원에 불과해 광주은행의 존립이 위태로울 때 향토은행을 지키겠다는 광주·전남 시도민들이 앞장서서 현재가가 아닌 액면가(5,000원)에 1,000억원을 증자하는 등 애착을 보였다. 그러나 결국 2000년 12월 주당 200원에 전액감자를 당하고 4,418억원의 공적자금이 투입돼 2001년 3월 우리금융지주의 자회사로 편입됨으로써 지역민에게는 경제적 손실과 함께 큰 상실감을 안겨주었다.

현재 광주은행은 우리금융지주에 편입된 2001년부터 고강도의 자구노력과 경영혁신을 통해 한 해도 거르지 않고 흑자기조를 유지해 왔고, 2011년에는 1,337억원이라는 사상 최대 당기순이익을 시현하였다. 이러한 영업실적은 지역민의 광주은행에 대한 아낌없는 성원과 광주은행의 지역밀착경영 등으로 이룩한 성과라고 볼 수 있다.

광주은행은 현재 우리금융지주(주)의 자회사로 편입되어 있지만 지역 향토은행으로서의 역할은 지속해 왔다. 앞으로 우리금융지주(주)는 민영화를 앞두고 있는데, 광주은행은 당초의 지방은행 설립 취지를 살려 지역의 중추적인 금융의 역할을 다함으로써 국가경제의 균형발전을 도모하고, 지역의 취약한 산업을 선도하여 지방경제 활성화에 기여할 수 있도록 하여야 할 것이다.

앞의 2장 광주지역 금융의 실상을 통해서 볼 때 광주지역의 금융산업이 지역경제에서 차지하는 비중은 타 지역에 비해 높아 부가가치 및 고용창출 등의 측면에서 중요한 역할을 하고 있음에도 불구하고 금융자산의 축적 정도는 상대적으로 낮아지고 있고, 주로 비은행금융기관에 의해 역외유출이 심화되는 등 지난 20여년 동안 지역금융 여건이 크게 개선되지 못하고 있음을 알 수 있었다. 이하에서 이러한 지역금융의 문제점을 개선해 나가고 지역금융이 지역발전을 선도할 수 있도록 나아갈 방향을 제시하면 다음과 같다.

첫째, 지방은행의 활성화가 지역경제 발전의 근간임을 명심해야겠다. 지방화시대에 있어서 지역경제 활성화를 통한 국가경제의 안정적 성장과 지방자치의 건전한 발전을 위해서는 지역특색에 맞는 전략산업과 지역산업 육성이 필요하다는 인식이 강조되고 있다. 일반적으로 지역전략산업 및 지역산업은 지역경제의 균형발전, 소득분배의 불균형 시정 및 지역의 고용기회 확보와 함께 지역에 적합한 기술과 지식의 축척을 통해 지역의 자립과 활성화를 추진해 나가는 지역경제 활동의 구심체로서 역할을 수행하게 된다. 따라서 지역주민과 지방정부의 유기적인 지원을 통해 자주적이고 주체적으로 지역 전략산업과 지역산업의 발전이 이루어질 수 있도록 역할을 수행할 수 있는 지역의 대표 금융기관은 반드시 필요한 것이다. 최근 울산이나 강원·충청권에서 지방은행 설립 필요성 주장이 다시 제기되고 있는데, 이는 지방은행이 거대 시중은행에 비해 지역에 더 밀착하여 기업 신용지표 뿐만 아니라 차입자의 경영

능력과 사업의 성장가능성까지 고려한 관계금융(Relationship Banking)이 가능하기 때문이다.

둘째, 지방은행의 지역중소기업 육성 기능과 지역경제의 버팀목 역할을 강화해야 한다. 외환위기 이후 지역금융이 크게 위축되었는데 이는 지역경제의 위축 뿐만이 아니라 금융 구조조정 과정에서 의도하지 않은 결과라고 할 수 있다. 더욱이 지역경제에서 중소기업의 비중이 절대적이라는 점을 감안한다면 중소기업 금융에서 중요한 역할을 수행하는 지역금융을 활성화하지 않고서는 지역의 자발적이고 자생적인 성장을 기대하기는 어려울 것이다. 특히 지방은행은 시중은행의 지원이 미치지 않는 지역기업들에 대한 밀착지원을 통해 지역의 중소·중견기업을 보호하고 육성하는 등 지역경제의 보루 역할을 해나가야 한다.

셋째, 지방은행은 지역민의 금융편의 증진을 위한 첨병 역할을 다해야 한다. 지역경제가 활성화되기 위해서는 금융이 원활하게 공급되어야 하는데, 특히 금융 제약에 직면하기 쉬운 지역의 중소기업, 가계, 영세자영업자에게 자금이 원활하게 공급될 수 있어야 한다. 광주·전남지역은 대부분 자금관리가 취약한 중소기업 및 개인사업자 위주의 경제구조로 이루어져 있어 이들의 금융경색은 지역경제 활성화를 제약하게 된다. 이러한 문제를 극복하기 위해서 지방은행은 지역에서 성장을 주도할 산업을 발굴하고 금융수요를 적극적으로 창출해 나가야 한다. 또한, 원칙적으로 성장성과 수익성을 도외시한 영업전략은 안되겠지만 지역민의 금융편의를 위해서 금융 소외지역을 적극 해소해 나가는 것도 지방은행이 해야 할 일이다.

넷째, 지역에서 조성된 자금의 역외유출을 방지하기 위해서는 지방은행이 지방공공금고를 관리하여야 한다. 앞으로 우리나라는 지방분권과 지역균형발전을 실현하지 않고서는 진정한 선진국으로의 도약을 담보할 수 없을 것이므로 지역의 경제적 기반을 탄탄히 다지기 위한 지역별 전략산업의 육성이 무엇보다 중요한 과제라 할 수 있다. 이러한 전략산업 육성의 구축에 있어 빼놓을 수 없는 핵심 인프라가 바로 지역금융이다. 유망기업과 성장 전략산업의 발굴·육성을 통해 지역 경제기반을 고도화하기 위해서는 지역금융의 활성화가 전제되어야 한다. 특히 지방에서 조성된 자금이 끊임없이 수도권으로 흘러가는 자금 흐름의 왜곡 현상을 시정하여 지역의 자금이 지역은행을 통해 지역개발과 지역 중소기업 지원에 재투자될 수 있도록 지역자금의 선순환 체제를 구축해야 한다. 이를 위해서는 지방자치단체와 교육청 등의 금고업무를 비롯해 지역 주민의 호주머니로부터 나온 법원공탁금과 보관금, 국민건강보험공단 보험료와 국민연금, 교통범칙금 등과 같은 각종 공공 자금을 지방은행에 예치토록 하여 이들 공공자금이 지역 기업과 산업에 효과적이고도 원활하게 지원되도록 해야 한다.

끝으로, 광주은행은 광주 지역금융의 메카로서 금융선진화를 앞당기고 초우량 지역은행으로 거듭나야 한다. 광주은행은 2008년도에 창립 40주년을 맞이하여 미래지향적이고 창조적인 경영활동과 열정적인 기업문화를 바탕으로 한계를 극복하고 새로운 변화를 모색하기 위해 '초우량 지역은행을 넘어 동북아 중심은행으로 성장하는 새로운 광주은행'이라는 비전을 선언하고 100년 은행을 향한 새로운 도전을 시도하고 있다. 창립 41주년을 맞이한 2009년도에는 '2050년 글로벌 100대 은행 진입'이라는 야심찬 목표를 대내외에 천명하고 장기 수익기반 확충, 철저하고 선제적인 리스크관리, 담대하고 다양한 사회공헌활동, 부단한 변화와 자기혁신 등을 지속 추진해 나가고 있다.

앞으로 광주은행이 지역의 대표은행으로서 전 임직원의 힘을 한데 모으고 지역주민과 고객의 성원을 바탕으로 믿음과 희망을 주는 초우량 지역은행으로 성장하고, 나아가 동북아 중심은행으로 우뚝 서는 날이 오기를 기대해 본다.

참 고 문 헌

1. 공적자금관리위원회, 「공적자금관리백서」, 각 년도.
2. 광주은행, 「광주은행 15년사」, 1983.
3. 광주은행, 「광주은행 30년사」, 1998.
4. 광주은행, 「광주은행 40년사」, 2008.
5. 권준학 · 이상규, '지역경제 활성화를 위한 지역금융 발전방안', 「한국지역경제연구」 제17집, 2010.
6. 김국현, '지역금융의 활성화 방안', 「광은금융연구」, 광주은행, 1991.
7. 대한 · 서울상공회의소, 「지역금융기관의 지역경제발전 기여도 연구」, 1990.
8. 동아일보, '충청권 지방은행' 숙원 이번에 이룰까, 2012.8.6.
9. 이은규 · 편도훈 · 신형욱, '지역산업 지원을 위한 울산지역 금융기능 강화방안', 「지역전문가와의 공동연구 논문집(Ⅲ)」, 한국은행, 2011.
10. 최종수 · 조성일, '지역금융과 지역경제발전: 인과관계의 검정', 「산업경제연구」 제17권 제1호, 2004.
11. 통계청 KOSIS.
12. 한국은행 경제통계시스템(ECOS).
13. 한국은행, 「광주전남지역 경제연보」, 각 년도.
14. 한국은행, 「지역경제동향」, 각 월호.
15. 한국은행, 「충북지역 금융산업의 현황과 과제」, 2005.
16. 홍순영 · 이종욱, 「지역금융의 현황과 활성화 방안」, 중소기업연구원, 2005.

저 자 소 개

김 국 현

전남대학교 경제학박사

광주은행 외환영업부장 역임

광주은행 금융경제연구실장

제 5 장

지역 유통산업

박준수 (광주매일신문 편집국장 · 경영학박사)

1. 서론
2. 광주지역 유통업태 현황 및 구조변화
3. 현대적 유통업태의 도입과 확산
4. 전통시장의 쇠퇴
5. 유통업 상생방안
6. 마무리 글

본 보고서는 90년 이후 지난 20년간 광주지역 유통산업의 변화과정을 살펴보고, 현재 경제민주화의 핵심쟁점으로 떠오른 유통업 상생방안에 대한 논의를 정리해서 지역 유통산업 발전은 물론 유통 관계자와 지역 소비자들의 합리적 선택에 유익한 시사점을 제공하고자 한다.

제5장 지역 유통산업

1. 서 론

유통은 생산과 소비를 연결하는 중추적 역할을 담당하고 있다. 한 나라의 경제가 올바르게 성장·발전하기 위해서는 유통부문, 생산부문, 소비부문의 균형발전이 중요하다. 90년 이후 지난 20년간 우리나라 유통시장은 어느 분야 못지않게 급격한 변화과정을 겪어왔다.

이는 국민소득 증가에 따른 라이프스타일의 변화와 아울러 WTO(세계무역기구)의 출범과 함께 개방화의 압력이 거세지면서 1990년대 매우 다양한 변화를 보였다. 1996년 수입시장 자유화, 병행수입제, 유통시장 개방 등 규제변화를 통해 글로벌 브랜드의 국내 진입 및 다국적 유통업체의 국내 진출이 활성화 되었다. 동시에 할인점, 아울렛, 카테고리 킬러, 복합쇼핑몰, TV홈쇼핑 채널, 인터넷 쇼핑몰 등 다양한 신업태가 이 시기에 출현하기 시작했다.

이러한 상황 속에서 광주지역 유통시장도 1990년 이후 급격한 변화를 맞이했다. 90년 이전까지 광주지역 유통산업은 전통시장이 지배적 위치를 차지한 가운데 충장로를 중심으로 하는 도심상권과 생활권별 중소 유통점이 골목상권을 형성하는 구조를 유지하고 있었다.

그러나 소득증가로 인한 소비고급화, 특히 아파트와 자가용으로 대표되는 서구형 생활패턴의 도입, 백화점과 할인점의 대기업 유통체인 진출, 도시팽창으로 인한 도심기능의 외곽분산이 맞물리면서 광주지역 유통시장은 엄청난 구조변화를 경험했다.

2000년대 들어서 광주 유통시장은 전국 타 지역과 마찬가지로 할인점과 SSM 등 대규모점포의 잇따른 출점이 진행돼왔다. 이로 인해 쇼핑 편리성, 소비자 구매선택권 향상 등과 같은 후생적인 측면은 긍정적으로 평가될 수 있는 반면에 교통체증, 지역고용의 양적 질적 문제, 지역 도매기능 약화, 지역 제조업체 수익성 감소, 자금 역외유출 등 많은 부작용을 초래했다.

본 보고서는 90년 이후 지난 20년간 광주지역 유통산업의 변화과정을 살펴보고, 현재 경제민주화의 핵심쟁점으로 떠오른 유통업 상생방안에 대한 논의를 정리해서 지역 유통산업 발전은 물론 유통 관계자와 지역 소비자들의 합리적 선택에 유익한 시사점을 제공하고자 한다.

2. 광주지역 유통업태 현황 및 구조변화

가. 광주지역 유통업태 현황

광주지역 유통산업(도·소매업, 종합소매업)의 전국 비중은 2008년 기준 3% 수준이다. 도소매업 유통 종사자는 경제활동인구 기준으로 10.5%, 취업자 기준으로 11.6%를 차지하고 있다. 업태별로 살펴보면 광주 도매업 사업체수는 6,708개이며, 종사자는 25,598명이다. 소매 사업체수는 19,131개이며 종사자수는 48,021명이다. 종합소매업 사업체수는 3,208개이며 종사자는 9,998명이다.

종합소매업은 크게 대형종합소매업(백화점), 음식료 위주 종합소매업(슈퍼마켓, 체인화편의점), 그 외기타 종합소매업(할인점, 대형마트)으로 구분된다. 슈퍼마켓은 매장규모가 다양하며, 최근에는 반경 1㎞를 상권으로 접근하는 SSM과 같은 중대규모의 점포가 확산되고 있으며, 기타 음식료 위주 종합소매업은 전통적인 동네점포 혹은 구멍가게가 해당된다.

광주의 종합소매업에서 동네점포의 수가 차지하는 비중은 76.0%(2,438개) 이고 종사자는 42.8%, 슈퍼마켓까지 포함하면 사업체는 82.9%, 그리고 종사자는 56.1%로 중소형 점포가 절반 이상을 차지한다.

광주의 재래시장은 2009년 기준 총 24개 시장이 있으며, 점포수는 3천686개이다. 총 24개 전통시장의 구별현황은 동구 2개, 서구 7개, 남구 1개, 북구 10개, 광산구 4개이고 이중 상설시장이 21개, 정기시장이 3개이다. 2011년 기준으로는 전통시장이 동구 2개, 서구 7개, 남구 2개, 북구 4개, 광산구 6개 등 모두 21개이고, 점포수는 3천533개, 종사자수는 7,545명으로 불과 2년 새 점포 153개가 줄었다.

나. 광주 도시 팽창과 상권이동

한 도시의 상권은 인구의 수와 분포 및 밀도, 소득수준, 소비자의 구매행태, 교통망, 상업시설들의 경쟁관계 등에 의해 결정된다. 광주시 상권의 공간적 확장은 1995년 이후 가시화된 패턴에 따라 이루어지고 있다. 그동안 충장로를 축으로 한 단핵 상권이 인구유입에 따른 외곽지역의 팽창으로 부도심을 거점으로 하는 다핵구조로 재편되면서 상권형성이 다변화되고 유통채널 또한 다양화되었다.

지구별 인구분포를 보면, 계획적인 택지개발이 이루어진 광산구(하남, 운남, 신가지구), 북구(운암, 두암, 문흥, 일곡, 첨단지구), 서구(화정, 염주, 봉선, 금호, 상무지구)는 인구가 증가한 반면, 예전의 광주 시역(市域)의 대부분을 포함하는 동구는 인구가 감소하여 왔다. 즉 광주광역시의 공간적 범위가 서남방향으로 급속하게 확장되었고, 인구의 주거 중심 또한 서남방면으로 이동한 것이다. 도시공간의 확장에 따라 광역형 핵심점포들이 충장로에서 1차 순환도로 상으로 이전하였고, 중심상업 지구 또한 서남방향으로 이동하고 있다. 여기에 자동차 보급의 일반화와 소비자들의 구매횟수 당 거래규모 증대가 추가되면서 점포의 대형화와 외곽지 입지가 촉진되었다. 교통망을 중심으로 살펴보면 광주와 전남의 동서남북 각 권역을 연결하는 도로와 1차, 2차 순환도로가 만나는 지점들이 광주 상권의 핵으로 성장하고 있다.

특히 광주는 인접한 전남 시 · 군으로 원거리 출퇴근하는 직장인들이 많아 출퇴근 시간을 단축할 수 있는 4대 관문지역에 집중적으로 거주하는 이들의 구매력을 바탕으로 상권이 형성되는 것도 하나의 특징이다.

광주권 유통시스템의 공간구조 변화를 주도해온 요인들은 앞으로도 지금까지와 동일한 방향으로 바뀌어 갈 전망이다. 광주의 주거지역은 2차 순환도로 주변으로 이동하고 계획화된 대형주거단지의 개발로 인구의 공간적 분포는 불균등해질 것이다. 인구밀도가 높아지고 있는 광주의 서-남-북면 상권의 수요는 증가하고, 동면 상권의 규모는 축소될 것이다. 이미 1차 순환도로 상의 대형점포 입지들은 선점된 상태여서 앞으로 활발하게 진출할 것으로 예상되는 대형점포들은 2차 순환도로 상의 주요 거점에 입지할 전망이다.

다. 충장로의 어제와 오늘

지난 20년간 광주상권의 변화상을 한눈에 볼 수 있는 곳이 충장로이다. 충장로는 광주상권 1번지로서 해방 이후부터 90년대 중반까지 광주 유통의 중심이자 소비활동의 주 무대였다. 특히 온종일 젊은이들이 몰려들어 낭만과 열정을 분출하던 청춘의 거리였다. 옛 광주우체국 4거리를 기점으로 충장로 3, 4가, 금남로와 황금동, 구 시청으로 뻗은 거리에 밀집한 상가들은 서울의 명동에 비유될 만큼 화려하고 번화한 핵심 상권이었다. 70년대 경제개발 과정에서 눈부신 발전을 했던 충장로는 나라서적, 부래옥, 복다방, 뽐뿌집 등 명소와 더불어 70 · 80년대 추억을 환기시키는 장소이다.

이처럼 90년대 중반까지만 해도 잘 나가던 충장로의 위상은 신세계

백화점이 광주에 진출한 지난 95년부터 삐끗하기 시작했다. 소비를 이끌던 20대 후반에서 30대들이 주말이면 이 백화점을 찾았으며 그에 따라 동구 유동인구가 서서히 줄어든 것이다. 그러나 워낙 견고한 상권이었기 때문에 큰 타격 없이 2년여를 보낸 충장로는 97년 말 불어 닥친 IMF 외환위기로 위기에 직면했다.

사람들을 끌어모았던 지역토착 백화점인 화니와 가든이 무너졌고 신세계에 이어 현대·롯데백화점의 잇따른 개점, 광주시의 택지지구개발에 따른 인구분산 등이 악재로 작용한 것이다. 이 같은 대세 속에서 충장로는 변화의 시기에 직면하게 된다. 주말뿐 아니라 평일에도 발 디딜 틈 없이 빽빽했던 거리는 주말에만 붐비게 됐고 20대 중반이상이 대부분이었던 유동인구는 10대 전 후반으로 바뀌었다. 메이커 의류나 액세서리점들의 자리는 어느덧 이동통신 대리점들이 점유했고 노점상들도 기하급수적으로 수를 불려갔다. 마진율이 높은 업종이 대부분이던 충장로에 박리다매(薄利多賣)를 목적으로 들어서는 업소들이 들어선 것도 이 시기다. 유동인구가 줄고 영업이익이 크게 떨어지면서 하늘 높은 줄 몰랐던 임대료도 변동의 기미를 보였다.

이런 상황 속에서 남도 행정의 치소이자 문화의 중심이었던 전남도청이 이전하게 되면서 도시의 심장을 버티게 해주었던 많은 에너지들마저 빠져나가고 말았다. 광주·전남지역의 대표적인 상권이었던 충장로·금남로 상권이 흔들리고 있다. 서해바다를 향한 발전의 축이 어느 사이 광주의 금남로와 충장로의 생동감 있는 리듬을 앗아간 것이다.(송경아, 2007)

라. 광주 유통업태 구조변화

지난 10년간 광주 유통업태의 구조변화를 살펴보면 도매업체는 소폭 증가한 반면 소매업과 종합소매업은 부분적으로 감소했다. 도매업 사업체수는 98년 4,084개에서 07년 6,647개로 늘었다. 소매업 사업체수는 98년 20,262개에서 07년 19,278개로 소폭 감소했으며, 종합소매업 사업체수는 98년 3,747개에서 07년 3,210개로 감소했다. 종합소매업 사업체수가 지난 10년간 500개 이상 감소한 이유는 동네가게와 슈퍼마켓과 같은 중소형 점포가 쇠퇴한 결과로 추정된다.

업태별 종사자수에서는 도·소매업은 증가했으나 종합 소매업은 일부 감소했다. 도매업 종사자수는 98년 18,398명에서 07년 26,371명으로 증가했으며, 소매업 종사자수 또한 98년 45,298명에서 07년 50,326명으로 증가했다. 반면 종합소매업은 98년 10,952명에서 07년 10,177명으로 소폭 감소했다.

반면 할인점의 증가로 인해 대형 종합소매업과 슈퍼마켓은 사업체수와 종사자 모두 증가했다. 대형 종합소매업체수는 98년 4개에서 07년 16개로 대폭 증가했으며, 슈퍼마켓은 157개에서 205개로 소폭 증가했다. 대형 종합소매업 종사자 수는 98년 719명에서 07년 1,978명으로 대폭 증가했으며, 슈퍼마켓은 911명에서 1,271명으로 증가했다. 반면에 백화점과 골목가게는 사업체수와 종사자수 모두 감소했다. 골목가게의 경우 98년 3,408개에서 07년 2,529개로 감소했으며, 종사자수는 98년 5,866명에서 07년 4,499명으로 감소했다.

전통시장의 경우 일평균 매출액 기준으로 점차 감소하다가 최근 보합상태를 유지하고 있다. 전통시장 일평균 매출액은 04년 4,566천원, 05년 3,739천원, 08년 3,784천원의 추이를 보였다. 이는 대형마트의 등장으로 위축되다가 최근 몇 년 동안 정부와 지자체의 지원으로 하락세가 둔화된 것으로 보인다.

마. 광주 유통업태 구조변화의 결과

광주 유통업은 전국 타 지역과 유사하게 지난 20년 동안 신업태를 중심으로 유통업태의 극심한 변화가 진행되어왔으며 쇼핑 편리성, 소비자 구매선택권 향상 등과 같은 후생적인 측면은 긍정적으로 평가될 수 있는 반면에 교통체증, 지역고용의 양적·질적 문제, 지역도매기능 약화, 지역 제조업체 수익성 감소, 자금 역외유출 등 많은 부정적인 결과를 초래했다. 통계청이 2006년 중소유통업체를 대상으로 실태조사를 한 결과, 대규모 점포로 인해서 중소 유통점포의 매출이 증가한 경우는 거의 없었으며, 대부분 감소했다고 응답했다. 대규모 점포로 인한 중소유통 점포의 매출액 감소 비율을 보면 광주의 경우 매출액이 51% 이상 감소했다고 응답한 업체의 비율이 50.9%로 절반 이상의 점포가 절반 이상의 매출액 감소를 경험했다.

중소유통 점포를 운영하는데 있어 겪는 애로사항은 경기불황, 대규모 점포의 출점, 자금부족, 구인난 및 임금상승, 시설노후, 각종규제, 제조업체의 불공정 행위 순으로 나타났다. 광주의 경우 78.9%가 경기불황이라 응답했으며, 대규모 점포의 출점이 36.5%로 그 다음으로 큰 운영 애로점을 차지했다.

한편, 한국유통물류진흥원의 조사연구(2005)에 의하면 지방도시의 경우 중심시가지를 침체시킨 요인은 대규모 유통점포에 의한 상권이동, 신시가지 건설에 의한 상권이동, 교통 혼잡과 진입불편 및 인구감소 등의 순으로 그 비중이 나타났다.

광주는 타 광역시에 비해 상대적으로 중소 유통점포가 도심 상업 지구에 위치하고 있는 비율이 높다. 도심의 상권이 위축된다는 의미는 곧 중소형 유통점포가 어려워지는 것과 같다고 할 수 있기 때문에 지역 내 상권들이 균형적으로 발전할 수 있도록 하는 정책이 요구된다.

3. 현대적 유통업태의 도입과 확산

우리나라가 유통근대화에 초석을 다진 것은 1980년대이다. 대량생산 체제 확립과 소비부문에서의 민간소비지출의 증대에 따라 두 부문의 연결기능을 담당해야 할 유통산업의 중요성이 증대되었기 때문이다.

1980년대 접어들어 유통산업 근대화촉진법(1980), 소비자보호법(1980), 독점규제 및 공정거래에 관한 법(1980), 유통근대화 기본계획 수립(1980), 도소매업진흥법(1986) 등이 제정되는 등 유통산업 발전을 위한 법적 제도적 기반이 확립되었고, 민간부문에서도 한국백화점협회와 한국 소매업협회를 설립하는 등 발전 체제를 갖추었다. 이와 함께 민간부문에서도 여러 가지 환경요인이 유통산업의 성장에 적합한 여건을 갖추었다고 판단하고 활발한 투자를 전개했다.

이에 따라 우리나라 유통산업은 90년대 들어 급속도로 발전하기 시작했고, 그 구체적인 내용은 쇼핑센터, 백화점, 대형점 등 대규모 소매점의 성장과 대중 종합점(GMS), 할인점, 편의점(CVS) 등 새로운 업태의 출현으로 나타났다.

가. 백화점

광주에 백화점 시대를 연 향토백화점은 70년대 후반 화니(6,816㎡)로서 충장로 상권 중심에 들어서 현대적인 쇼핑문화를 확산시켰다. 이어 80년대 가든백화점(8,430㎡)이 충장로 2가에 오픈해 고급소비문화를 선보였다. 90년대 초에는 건설업으로 부를 일군 송원그룹이 광주역 인근에 백화점(17,353㎡)을 개점해 잠시나마 향토백화점들이 전성기를 구가했다.

광주의 백화점은 90년대 초반까지 토착자본이 설립한 이른바 향토백화점이 주도했으나 90년대 중반 신세계, 롯데, 현대 등 대기업 계열 백화점이 진출하면서 판도가 크게 바뀌었다. 우리나라 유통산업이 90년대 들어 대기업 주도로 급속도로 팽창하면서 광주에도 대기업 계열의 새로운 업태가 진출하기 시작했기 때문이다.

95년 8월 광주신세계(20,709㎡)가 광천동 터미널부지에 금호산업의 건물을 임대해 터미널 유동인구와 중산층을 겨냥해 입주했다. 이 과정에서 건물 용도변경과 허가 문제로 지역사회와 마찰이 있었고 결국 신세계는 현지법인 형태로 개점하게 되었다. 3년 후 유통업계 강자인 롯데가 광주 동구 대인동 옛 시외버스터미널 자리에 백화점 건물을 신축해 입점했다. 광주신세계와 롯데의 개점으로 그동안 안정적인 성장을 누려온 향토백화점들은 매출이 크게 줄어들고 존립이 위협받게 되었다.

3배 이상의 매장면적과 막강한 자금력과 정보력, 구매력(buying power)을 바탕으로 유통 장악력을 갖춘 대기업의 공세 앞에 중소기업 수준의 향토백화점은 무기력하게 무너질 수밖에 없었다. 이에 따라 규모가 작은 화니백화점이 맨 먼저 법정관리를 신청했고 가든백화점도 계열사의 부도와 매출부진으로 법정관리를 신청했다. 또 송원백화점은 현대백화점과 관리계약을 체결하고 위탁 운영되면서 향토백화점은 역

〈표 5-1〉 광주 백화점 현황

상호명	소재지	규모				개설 연월일
		대지(㎡)	건물(㎡)	매장(㎡)	점포수(개)	
롯데백화점 광주점	동구 대인동	8,074	80,128	28,264	567	1998.9.18
(주)광주 신세계	서구 광천동	95,189	97,964	20,709	345	1995.8.25
현대백화점 광주점	북구 신안동	3,748	41,231	17,353	660	1995.3.10
계	3개	107,011	219,323	66,326	1,572	

자료=광주시(2012.7.1현재)

사 속으로 사라졌다.

반면, 소비자들은 향토백화점이 제공하지 못하는 고급쇼핑문화를 대기업 백화점을 통해 경험하는 장이 마련되었다. 최신 시설에 잘 훈련된 종업원, 유명 고급브랜드와 쾌적한 쇼핑공간은 쇼핑의 만족도를 높이는 요소가 된 것이다.

나. 광주 대형마트 현황

유통시장 개방 이후 슈퍼마켓 등 소규모 점포의 위상은 추락한 반면 대형할인점, 편의점, 무점포판매 등 신업태는 급성장해왔다. 거대업체간 통합, 기존 소매업체의 지리적 확장과 인터넷 쇼핑몰, SSM과 같은 신유통업태의 진입이 활발했다. 2004년 기준 96년 대비 대형할인점의 판매액은 779.6%, 편의점은 197.2% 늘어났으며 무점포판매업 역시 2000년 대비 70% 증가했다. 반면, 슈퍼마켓과 구멍가게 등이 주를 이루는 기타소매업은 각각 19.4%, 12.0% 감소했다.

대형마트에 대한 개념은 정부가 2006년 6월13일 유통산업 구조개선과 상생발전을 위한 제도적 기반확충을 위해 '유통산업발전법 시행령'을 개정하면서 할인점에서 대형마트로 변경되었다. 이 개정안에서 3,000㎡ 이상 대규모 점포는 '할인점'이 아닌 '대형마트'로 불리게 된다. 할인점, 하이퍼마켓, 슈퍼마켓 등 최근 유통부문의 다양한 업태들의 명칭을 대형마트로 통일시켰다. 백화점, 대형마트와 같은 대형점포는 도매기능을 직접 수행하기 때문에 지역의 도매기능의 약화와 지역 내 1차 및 2차 상품제공과 관련된 지역 업체들의 수익성에도 영향을 미친다.

대형마트 시장은 가격파괴를 내세우며 등장한 처음과 달리 최근에는 서비스의 경쟁이 더욱 가속화하고 있다. 이미 대용량 묶음판매 위주의 미국식 대형마트는 급격히 쇠퇴하고 있고 다양한 서비스와 넓고 쾌적한 환경을 갖춘 한국형 대형마트가 대세가 되었다. 대형마트 시장에 이러한 한국형 대형마트가 등장하게 된 배경에는 가격만큼이나 서비스와 환경에도 크게 신경 쓰는 우리나라 소비자들의 성향이 중요한 원인으로 작용하였다. 백화점식 쇼핑환경에 익숙한 우리나라 소비자들은 조금

〈표 5-1〉 광주 대형마트 현황

상호명	소재지	규모				개설연월일
		대지(㎡)	건물(㎡)	매장(㎡)	점포수(개)	
이마트 동광주점	동구 계림동	7,718	12,061	6,100	1	1998.06.20
홈플러스 계림점	동구 계림동	11,834	27,262	17,739	1	2007.12.06
롯데마트 상무점	서구 치평동	10,760	40,090	14,073	38	2000.09.06
롯데마트 월드컵점	서구 풍암동	57,594	22,075	13,031	33	2007.01.11
이마트 광주점	서구 화정동	16,554	32,197	18,105	1	2006.06.27
이마트 상무점	서구 치평동	6,812	40,316	9,933	1	2001.07.24
이마트 봉선점	남구 봉선동	9,214	37,701	10,855	60	2007.06.26
홈플러스 동광주점	북구 두암동	15,769	56,625	21,349	81	2002.10.24
빅마트 매곡점	북구 매곡동			3,702		1995.04.01
롯데마트 첨단점	광산구 쌍암동	26,903	18,467	8,467	9	2002.10.22
롯데마트 수완점	광산구 장덕동	33,536	55,074	13,666	76	2009.09.23
홈플러스 하남점	광산구 하남동	17,900	25,263	15,889	1	2007.11.14
이마트 광산점	광산구 우산동	9,097	40,521	9,342	10	2004.05.07
계	13개	223,673	407,652	162,251	312	

자료=광주시(2012.07.01현재)

비싸더라도 제대로 대접받으면서 쇼핑하려는 욕구가 강하기 때문이다. 여러 점포를 돌아다니며 일일이 가격을 비교해 가장 값싼 물건만을 사는 것은 물리적·시간적 비용이 너무 크기 때문에 서비스 좋고 친절한 점포를 단골로 정해 놓고 찾는 소비자가 증가하게 된 것이다.

대형마트는 점포수가 전국적으로 2001년 198개에서 2009년 400개에 근접해 포화상태에 달했으며, 부지확보 어려움, 소비부진, 업태 내 경쟁 격화로 신장세가 둔화될 것으로 예상된다. 대형마트의 성장과 변화는 대형마트를 이용하는 소비자가 매우 중요한 위치를 차지하고 있다. 이는 소비자가 점포 선택을 하는데 있어서 소비자의 점포선택 속성과 대형마트의 물리적 특성이 소비자의 쇼핑행동과 구매 욕구에 영향을 미치기 때문이다. 그리고 대형마트의 다양한 서비스는 소비자의 구매상황에서 점포에 대한 태도와 이미지 형성에 직·간접적으로 영향을 미쳐 상품결정, 구매결정 등에 영향을 미치게 된다. 소비자의 합리적인 구매패턴은 유통업체의 변화에 따라 변화하였고 이는 소매업태간 혹은 같은 업종간 경쟁으로 더욱 가시화되어 가고 있다. 소비자의 점포 선택 속성과 서비스의 물리적 특성은 소비자에게 서비스의 품질이나 상품의 구색에 대한 정보와 대형마트의 서비스 공간 내에서 서비스를 제공하기 때문에 매우 중요한 요인이 된다.(Bitner, 1992)

광주에서 할인점이 처음 선보인 것은 향토기업 빅마트가 1995년 진월동에 본점을 오픈한 것이 시초이다. 빅마트는 이어 1995년 4월 매곡점에 지점을 개설한 것을 시작으로 시내와 화순 등 광주 인근에 모두 10여개의 점포를 열어 할인점 시장을 주도했다. 대기업 계열 할인점으로는 해태마트와 거평마트가 각각 남구 진월동과 광산구 하남에 문을 열었고 나산클레프가 북구 임동에 개점했으나 모기업 부도 등으로 현재는 모두 문을 닫은 상태이다.

빅마트는 2005년 이후 롯데, 신세계, 홈플러스의 광주지역 출점에 대응하기 위해 지점 확장과 공격적 영업을 벌였다. 하지만 지역경제 침체와 대형 유통업체와의 경쟁심화로 매출과 영업이익이 급감해 재정이 악화됐으며, 지난해 광주지방법원으로부터 기업회생계획안 인가를 받았다. 2010년 롯데에 매곡점과 화순점을 제외하고 모두 매각돼 할인점 시장도 사실상 국내 유통 빅3 기업이 차지한 상황이다.

빅3 가운데 최초로 이마트 동광주점이 1998년 6월 계림동 금호아파트 단지 내 상가건물에 입점했다. 매장규모는 6,100㎡로 비교적 작은 편으로 중가형 생활용품을 상품구성으로 해서 아파트 단지 주변 상권을 겨냥하고 있다. 이후 2000년 롯데마트 상무점이 오픈한 것을 비롯하여 홈플러스 동광주점 등 대기업 계열 할인점이 잇따라 개설돼 현재는 이마트 5개, 홈플러스 3개, 롯데마트 4개, 빅마트 1개 등 모두 13개에 달한다. 특히 광주는 인접한 전남 시·군으로 원거리 출퇴근하는 직장인들이 많아 출퇴근 시간을 단축할 수 있는 4대 관문지역에 집중적으로 거주하는 이들의 구매력을 겨냥해 할인점이 입지하는 특징을 보이고 있다.

한편, 마트사업은 신규 입점 시 토지구입 및 건축공사, 주변 상인들과의 분쟁해결 등 상당한 시간과 비용이 드는 데다 정부의 진출규제로 인해 인수·합병(M&A)을 통한 확장이 유리한 방법으로 받아들여지고 있다.

다. SSM 등 기타 신업태

백화점과 할인점 이외 매장면적 3,000㎡ 미만 유통점포로서 SSM(super super market)이 최근 주택가를 중심으로 급속히 확산되고 있다. 또 매장면적 1,000㎡ 규모의 개인 운영마트가 틈새시장을 파고들고 있고, 이외 전문점, 쇼핑센터가 신업태로서 새롭게 부상하고 있다.

SSM은 규모의 경제를 통한 본격적인 매출, 이익 성장기 진입이 전망

〈표 5-2〉 SSM과 소규모마트

구 분		점포수	점포별 지점
SSM	롯데슈퍼	14	문흥, 양산, 두암, 일곡, 신가, 봉선, 풍암, 첨단, 연제, 매곡, 진월, 운암, 금호, 노대
	(주)이마트 에브리데이	3	금호, 동림, 일곡
	전문점	5	광주프리미엄 아울렛, 금호월드, 송원홈센터, 세정아울렛, 문구완구종합상가
	쇼핑센터	7	금남지하상가, 금호계림복합상가, 롯데수완점, 광주갤러리존, 광주밀리오레, 롯데월드컵점, 롯데진월점
개인운영 마트	영암마트	33	산수, 금호, 쌍촌, 화정, 월산 등
	텃밭마트	14	풍암, 마재, 동부, 상무, 버들, 삼성, 월산, 신창, 소촌, 매곡, 우산, 운암, 신가수완지구
	마트앤마트	4	봉선, 화정, 송정, 신가

되는 가운데 빅3(롯데슈퍼, HP Express, GS슈퍼) 모두 점포수가 100개를 넘어서면서 슈퍼마켓 업계 선두 등극을 위한 치열한 경쟁이 예상된다. 이는 자영업 슈퍼마켓 위주 시장에서 기업형 슈퍼마켓 시장으로 개편이 가속화될 가능성이 매우 높다.

그러나 SSM의 급격한 출점으로 중소상인들의 생업으로 영위되는 골목상권이 위협받는 상황에서 유통 분야의 대·중소기업 상생협력은 시급한 해결과제가 되고 있다.

광주에는 현재 매장면적 3,000㎡ 미만에서 1,000㎡ 규모 유통점 80개가 영업 중이다. SSM은 롯데슈퍼 14개, 이마트 에브리데이 3개 등 17개이며, 전문점 5개, 쇼핑센터 7개이다. 또 개인사업자가 운영하는 소규모 마트가 51개 있다. 이 가운데 영암마트와 텃밭마트가 최근 점포수를 늘리면서 틈새시장을 빠르게 파고들고 있다.

4. 전통시장의 쇠퇴

가. 전통시장의 오랜 역사

예로부터 간직해온 우리 겨레의 특유한 경제활동 중 하나가 장(場)이다. 장은 저자거리 또는 시장과 같은 말로서 본래는 넓은 터에 사람들이 모여 갖가지 물건을 팔고 사는 것을 일렀다. 장터는 물건을 팔고 사는 유통의 광장으로서 경제적 의미뿐만 아니라 서민들의 애환과 낭만이 서린 삶의 현장이기도 했다. 소박한 인심이 오가는 풍경이었고 대화의 광장이었으며 만남과 사교의 무대이기도 했다. 참깨 몇 되, 달걀 꾸러미, 곡식이나 채소자루를 들고 와서 생활필수품으로 바꿔가던 재래시장은 인파에 밀리면서 이곳저곳 기웃거리는 것만으로도 흥이 겨웠다. 신발가게, 옹기전, 포목전, 양품전, 잡화상, 피복가게, 건어물전, 생선가게, 곡물전 등을 한 바퀴 돌다보면 시장기가 들게 되고 그리하여 국수 한 그릇이나 막걸리 한 사발, 곰탕 한 그릇에 하루의 행복을 만끽할 수가 있었던 곳이다. 〈전원범 · 전 광주교대 교수〉

지역에서 재래시장이 갖는 위상이란 단순히 상거래가 이루어지는 유통기구로서 뿐만이 아니라 지역의 역사와 문화를 간직하고 지역민들의 정서가 살아 숨 쉬는 곳으로 상징적인 위치를 갖고 있다. 문헌상으로 살펴보면 신라 소지왕 때부터 이미 시장을 행정관리 대상으로 삼아왔던 기록이 있으며, 특히 농경사회의 잉여생산물을 매매하고 교환하였던 장소로 발전하여 왔다. 이러한 시장이 산업화와 도시화의 과정에서 상설적인 시장으로 자리 잡게 되었고, 70년대까지만 해도 우리나라 유통의 중추적 기능을 담당해왔다. 그러나 70년대 중반부터 슈퍼마켓, 백화점, 전문점이 대거 출현하였고 90년대에는 대형할인점이 개발됨으로써 전통시장은 쇠퇴의 길을 걷게 되었다.

나. 전통시장의 특징

전통시장은 1970년대까지만 해도 우리나라 유통의 중심적 기능을 담당해온 시장으로 다음과 같은 여러 가지 특성을 지니고 있다.

첫째, 전통시장의 입지적 유리성을 들 수 있다. 전통시장은 우리나라 산업화 과정을 거치면서 상설적으로 발달한 유통업태로서 도시의 형성과 발전에 영향을 받으며 성장하였다. 대도시에 위치한 시장은 도시중

〈표 5-3〉 전통시장의 변천과정

시기	특성	변화요인과 내용	전통시장의 변천과정
1960년대 이전	전통시장의 존속	· 상인의 상품가격, 방어적 마케팅, 문화적 전통 · 소자본 영업가능성, 소비자 구매관습, 지방자치단체 정책 · 지역사회통합의 기능, 도시영세민의 수요, 영세업자의 경제활동 행위	공간형 (정기시장)
1960-1970년대	전통시장의 증가	· 인구증가, 상품경제화 · 교통기관의 발달, 사회경제 근대화 · 소비자소득증대, 주민의 생활양상과 행동내용 및 범위확대	수요에 무계획적 대응
1980년대	전통시장의 쇠퇴	· 근대적 유통기관의 출현, 다양한 유통시설의 출현, 국민의 소득증대 따른 구매방식의 변화 · 인구의 도시화, 농수산물 출하체계 정비, 대중교통기관의 발달, 도시 기능 강화	노후화된 공간, 건물
1990년대 이후	전통시장의 부흥모색	· 새로운 산업환경에의 대응, 낙후된 환경개선 · 토지이용효율의 증대 · 전통시장의 사회·경제적 기능회복 · 전자상거래의 활성화	기존점포 재정비 및 재개발

자료=이민우(2005), '재래시장의 활성화 방안에 관한 연구', 산업경제연구, 제18권, 제2호, p.704.

심과 지구중심으로 발전할 경우도 있고, 주택가 생활권 중심에 발전한 경우도 있다.

둘째, 다양한 업종구성과 일괄구매의 기회를 제공한다. 전통시장은 단일점포로 구성되어 있는 것이 아니라 수많은 점포로 구성되어 있으며, 다양한 업종이 서로 보완적으로 상품을 구성하고 있다. 또한 전통시장에서는 일상생활용품의 일괄구매가 가능하다.

셋째, 가격이 비교적 저렴하고 지역경제와의 관련성이 깊다. 야채, 과일 등 농수산물은 대형 할인점에 비교해서도 신선도가 떨어지지 않으며, 가격 경쟁력도 떨어지지 않는다. 특히 중·저소득층에게는 전통시장이 필요한 유통업체이고, 전통시장 제품의 생산자는 주로 그 지역 중소기업이 대부분이므로 지역경제 활성화에 크게 이바지 할 수 있다.

넷째, 지역 풍물축제나 커뮤니티의 역할도 수행해왔다. 전통시장은 각 생활권별로 입지함으로써 지역 주민들 간의 만남과 교류의 장인 커뮤니티센터로서의 역할도 어느 정도 수행해 왔다. 즉 서구의 광장과 같은 역할을 수행함으로써 단순한 상품교환 장소 이상의 역할을 수행해 왔다. 그리고 지역 풍물과 축제의 중심무대가 되기도 했다.

다. 광주 전통시장의 부침

1980년대까지도 재래시장은 유통경제의 중추적인 역할을 했다. 당시 광주지역에서만 현존하는 22개 전통시장 가운데 68%에 해당하는 15개가 1973년과 1984년 사이에 개설 및 시장등록을 했다. 이미 폐쇄된 시장이나 말바우시장과 같이 규모 있는 간이시장을 포함할 경우 지난 1972년부터 1984년 사이에 시장개설이 집중적으로 이루어져 70%를 상회한 것으로 나타났다. 1996년까지 광주시내에는 양동·대인·서방 등 모두 22개 시장에 2천900여명의 상인이 입주해 전체 소비시장의 59.5%를 점유할 정도로 지역 상권을 주도해왔다.

그러나 대형 백화점과 할인점 등이 늘면서 6개 시장은 이미 시장기능이 상실돼 용도변경이 추진 중이고 4개 시장은 재건축을 준비하는 등 10개 시장이 폐쇄된 상태다. 또한, 12개 시장도 비어있는 점포가 전체의 30%에 이르는 등 시장의 명맥만을 잇고 있는 실정이다.

이처럼 새로운 유통업태의 출현으로 지금의 전통시장은 많은 어려움을 겪고 있으며, 경쟁력이 약한 전통시장은 소멸되어가고 있다. 전통시장은 예로부터 가격경쟁력이 있는 업태였으나 대형할인점이 들어서면서 가격경쟁력이 떨어지고 있다. 이는 재래시장이 다양한 상품을 구비하고 있지만 대형할인점도 1만-3만개 종류의 상품을 구비하고 있을 정도로 다양한 상품구색을 갖추고 있으며, 또한 대형할인점은 지역 내 최저가격보상제 실시로 가격 우위전략을 내세우고 있다.

결국 전통시장은 저가품의 많은 부분을 대형할인점에 넘겨주었고, 고급품은 전통시장에서 거의 없으며 대부분 백화점에서 판매되고 있다. 백화점은 다양한 상품, 고객편의시설의 완비, 전문적인 서비스 등으로 많은 고객을 유치하고 있으며, 다양한 판촉행사로 고객들의 주목을 끌고 있는 실정이다. 전문할인점 역시 판매되는 브랜드상품은 가격은 전통시장과 비슷하면서 품질과 브랜드 인지도에서 앞서기 때문에 전통시장에 큰 위협이 되고 있다.

전통시장의 침체상황은 최근 2년간 변동만으로도 뚜렷하게 확인되고 있다. 광주의 전통시장은 2009년 기준 총 24개 시장이 있으며, 점포수

〈표 5-4〉 광주 전통시장 및 상점가 현황

구 분	시장수	점포수	종사자수
전통시장	21(동구 2, 서구 7, 남구 2, 북구 4, 광산구 6)	3,533개	7,545명
상 점 가	9	2,633개	9,487명
계	30	6,166개	17,032명

자료=광주시 경제정책과(2012)

는 3천686개이다. 총 24개 전통시장의 구별현황은 동구 2개, 서구 7개, 남구 1개, 북구 10개, 광산구 4개이고 이중 상설시장이 21개, 정기시장이 3개이다. 2011년 기준으로는 전통시장이 동구 2개, 서구 7개, 남구 2개, 북구 4개, 광산구 6개 등 모두 21개이고, 점포수는 3천533개, 종사자수는 7,545명으로 불과 2년 새 점포 153개가 줄었다.

〈표 5-5〉 광주 전통시장 현황

시장명	등록여부	주소	점포수	종사자
대인	등록	동구 대인동	303	509
남광주	등록	동구 학동	333	509
양동	등록	서구 양동	341	1,148
복개상가	등록	서구 양동	360	900
닭전길	인정	서구 양동	147	650
양동수산	인정	서구 양동	70	120
건어물	인정	서구 양동	64	137
산업용품	인정	서구 양동	201	447
화정동 서부시장	인정	서구 화정동	78	67
무등	등록	남구 주월동	62	93
봉선	인정	남구 봉선동	63	118
두암	등록	북구 두암동	37	66
운암	등록	북구 운암동	46	46
말바우	인정	북구 우산동	511	1,642
동부	등록	북구 중흥동	30	47
송정매일	등록	광산구 송정동	240	320
송정5일	등록	광산구 송정동	219	328
비아5일	등록	광산구 비아동	132	113
송정역전	인정	광산구 송정동	61	78
우산월곡	인정	광산구 월곡동	67	85
우산매일	인정	광산구 우산동	51	122
계	21개		3,533	7,545

자료=광주시 경제정책과(2012)

일반적인 전통시장의 문제점 중 가장 심각한 형태중 하나가 시설노후화로 인한 소비자들의 불편이다. 지금의 소비자들은 상품구매활동을 단지 매매를 위한 단순한 수단으로만 인식하지 않고 여가와 삶의 휴식공간으로서 인식이 변해가고 있다. 현 시점에서 전통시장의 시설개선이 시급한 것이 사실이지만 이를 실행하기까지는 절차상 많은 문제점이 있다.

광주시는 침체일로에 있는 전통시장 활성화를 위해 지난 2002년부터 주차장 조성 등 기반시설 확충사업과 환경개선사업 및 홈페이지 · 온라인 쇼핑몰 구축, 상인대학 운영 등 경영현대화사업을 지속적으로 시행하고 있다.

라. 현존하는 가장 오래된 시장 비아장

광주에서 현존하는 가장 오래된 시장은 광산구 비아동 83-5번지에 소재한 비아장으로 알려졌다. 비아장의 존재를 확인할 수 있는 오래된 자료중 하나는 1872년에 작성된 '광주읍지도'이다. 이 지도에는 광주지역에 존재했던 다섯 개의 큰장, 작은장, 선암장, 용산장, 그리고 비아장(飛鴉市)이 눈에 띈다.

예전의 많은 장들에게서 볼 수 있듯이 비아장에도 여러 개의 별칭이 존재했다. 이를테면 비아장은 종종 아산장(鴉山市)으로 불렸다. 또 1909년 발간된 탁지부 사세국의 시장조사서에는 천곡시장(泉谷市場)으로 소개되고 있는데, 이것은 당시 비아장이 광주군 천곡면에 속해 있었기 때문이다.

비아에 장이 들어서게 된 데는 이곳이 교통의 요지인 까닭이다. 조선시대 서울에서 전라남도로 오는 길은 장성 갈재를 넘어 못재 → 진원면 영신역 → 신거무장터 → 선암역을 거치거나 아니면 장성 황룡장터에서 임곡과 본량을 거쳐 나주로 가는 길이 있었다. 그러나 광주방면으로 가려고 한다면 영신역에서 지금의 국도 1호선을 따라 걸어야 했는데 이 나들목에 바로 비아장이 위치해 있었다.

이처럼 교통의 요지라는 입지를 바탕으로 비아장은 이 일대 중심시장으로 성장했다. 1938년 상황을 전해주는 '조선의 시장'에는 비아장의 거래규모를 18만여 원으로 기록하고 있는데 이것은 인근의 다른 장들보다 월등한 액수이다.

또 비아장에 활기를 준 것으로는 우(牛)시장을 들 수 있다. 일제 강점기부터 광주·전남의 장들은 상당수가 우시장을 겸해 열렸는데 비아장도 그런 경우라 할 수 있다. 우시장 이외에도 비아장의 발전에 활력소 역할을 했던 것은 비아면 전체에 걸쳐 성행했던 무 재배였다. 즉, 가격 변동 폭이 크지 않은 쌀에 비해 무는 일시에 큰 수입을 가져다주었던 탓에 그만큼 농가의 구매력을 높이고 장의 매기를 높여주는 구실을 했던 것이다.

이 같은 무재배의 열풍은 비아장의 발전에도 영향을 미쳤다. 1970년대 중엽 비아장에서 고정적으로 장사를 하는 상인이 70명, 장꾼이 100여명, 그리고 이곳을 찾는 소비자들이 약 600여명에 이르렀다. 거래액만 봐도 하루 680만 원 선으로 송정장을 제외하고 다른 광산구내 오일장보다 월등히 앞서 있다. 그러나 1980년대부터 무의 과잉생산이 문제되었고 여기에 가격폭락이 겹치면서 재배 열기가 주춤해졌다. 그리고 90년대 초에 무 재배는 이미 사양 산업이 되면서 비아장도 침체국면에 접어들기 시작했다. 비아 장날은 1일과 6일이며 장터 주변에 형성된 상가들도 이 날짜에 맞춰 문을 여는 경우가 있다. 비아장은 광산구 송정리와 임곡, 장성 및 담양과 교차하는 지점에 있고, 주변이 완만한 평탄지로 이루어져 이용권역이 넓은 편이다. 비아장의 이용자는 지난 80년대에 하루 평균 700-800명에 이르렀다고 하나 지금은 예전만 못하다.

5. 유통업 상생

가. 쟁점의 배경

유통시장 개방이후 신업태의 도입이 확산되고 대규모점포들이 늘어나면서 대기업과 중소사업자간 마찰이 사회적 이슈로 대두되고 있다. 특히 SSM의 급격한 출점으로 중소상인들의 생업으로 영위되는 골목상권이 위협받는 상황에서 유통 분야의 대·중소기업 상생협력은 시급한 해결과제가 되고 있다. 이에 따라 정부는 국내 유통산업의 구조개선과 상생발전을 위한 제도적 기반을 확충하기 위해 '유통산업 발전법 시행령'을 개정해 2006년 6월24일부터 시행하고 있다.

또 현재 유통산업발전법과 관련된 법안 8개가 국회에 계류 중에 있다. 정부는 FTA, WTO 등과 관련하여 기본적으로 대형 및 기업형 점포에 관한 규제에 부정적인 입장을 가지고 있다. 그러나 이해가 상호 충돌하는 중소형 유통업자와 기업형 유통업자는 여전히 대립각을 세우고 있다.

〈표 5-6〉 SSM규제 논의 쟁점

구분	규제찬성(중소유통)	규제반대(대기업)
정책 비교	대형유통점 규제는 선진국에서도 하고 있으므로 WTO 위반은 문제가 되지않음	시장접근 제한적 조치를 금하는 WTO 서비스협정 위반
경제	SSM은 골목상권을 붕괴시킨 후 독점력을 행사하여 궁극적으로 유통발전 저해	유통업의 경쟁력을 약화시켜 국가경쟁력 하락
법리	국가의 경제규제와 조정(제119조 제2항), 중소기업보호(제123조)를 천명한 헌법에 근거해 합헌	자유시장 원칙(제119조 제1항), 직업선택의 자유(제15조), 소비자의 선택권(제10조)을 천명한 헌법에 위반

자료=유통업 상생방안 토론회, 대전시청(2010), 임형섭·최지호(2010) 재인용

먼저 중소형 유통 측에서는 사회 · 경제적 약자인 중소유통에 취약성을 인정하고 생산적 복지차원에서 조정정책을 시행하여 기업형 유통의 무분별한 출점을 규제하고 중소유통시스템의 면역력과 지속가능성 확보차원에서 진흥정책을 통하여 시장경제로의 체질을 전환하는 것이 위기극복의 핵심이며, 지역경제의 선순환시스템 구축을 지원하는 것이라고 주장한다.

반면, 기업형 유통 측에서는 경쟁과 소비자보호차원에서 역할을 해야지 같은 경쟁자를 보호하는 것은 기득권을 인정하는 것으로 경쟁을 통한 효율적인 자원배분과 복지증가라는 시장경제 취지에 역행하는 것이라고 반박한다. 또 모든 해결책을 기업형 유통점에서 찾으려는 접근법이 문제이며 중소유통의 침체원인은 소비자 기호변화에 대한 대응력 부족 등 복잡다양한데 규모만 가지고 논하는 것은 유통산업의 경쟁력 약화를 가져올 수 있다고 주장한다.

이에 정부나 지자체의 입장은 더불어 성장하는 따뜻한 시장경제 구현을 위해 계층 간 성장력 간극이 확대되고 있는 기업형과 중소형 유통업체간 상호의존성을 증진시켜 발전과 시혜가 아닌 견인과 추동으로 동반성장을 추구해야 한다고 주장한다.

나. 이해관계자별 상생협력 방안

1) 정부 및 지자체

유통시장이 개방된 지 10년이 지난 현 시점에서 대형유통업체가 지역사회에 미친 영향을 체계적으로 분석해 규제나 지원의 근거를 확보해야 한다. 특히 규제여부에 대한 판단을 위해서는 대형유통점이 지역사회에 미치는 영향을 지자체가 나서서 조사해야 하며 단기뿐만 아니라 장기효과에 대한 분석이 필요하다. 예를 들면 출점 전후 비교, 고용창출, 조세수입, 소비자후생, 여타 산업에 미치는 영향을 장기간에 걸쳐 분석해야 한다. 또한 사회정치적 관점에서 균형발전, 다양한 이해집단의 고려, 소비자가치의 증대 관점에서 상생협력 방안을 모색해야 한다.

2) 중소 유통업체

규제만을 통한 접근보다는 경쟁력 확보를 위한 혁신의지가 일차적으로 중요하다. 전통시장과 지역중소유통은 유통의 효시라는 자부심과 함께 과거-현재-미래가 연결되는 현실적인 경쟁력을 갖추도록 분발해야 하며, 소비자의 요구가 무엇인지도 파악하여 이에 맞는 자발적 대책수립도 마련해야 한다. 즉, 중소유통업체 침체의 원인을 단지 대형유통업체에서만 찾을 수는 없으며 보다 복합적인 요인을 고려함과 동시에 특히 중소유통업체 스스로 경쟁력이 부족한 부분에 대한 자구적인 보완노력이 동반되어야 한다.

3) 대형 유통업체

국내 시장에서의 갈등유발보다는 해외시장에서 새로운 대안모색 노력이 중요하다. 시장 외적 환경에서의 실패는 기업평판이나 이미지 훼손을 가져오고 장기적으로는 기업의 수익성을 약화시킬 수 있다. 따라서 국내 유통산업의 발전을 저해하는 소모전보다는 해외진출을 통한 한국형 소매업의 성공모델을 전개하는 노력이 필요하다.

6. 마무리 글

지난 20년간 광주지역 유통시장은 어느 분야 못지않게 급격한 변화과정을 겪어왔다. 이는 국민소득 증가에 따른 라이프스타일의 변화와 아울러 WTO(세계무역기구)의 출범과 함께 개방화의 압력이 거세지면서 1990년대 이후 다양한 변화를 보였다. 소득증가로 인한 소비고급화, 특히 아파트와 자가용으로 대표되는 서구형 생활패턴의 도입, 백화점과 할인점의 대기업 유통체인 진출, 도시팽창으로 인한 도심기능의 외곽분산이 맞물리면서 광주지역 유통시장은 엄청난 구조변화를 경험했다.

2000년대 들어서 광주 유통시장은 전국 타 지역과 마찬가지로 할인점과 SSM 등 대규모점포의 잇따른 출점이 진행돼왔다. 이로 인해 쇼핑 편리성, 소비자 구매선택권 향상 등과 같은 후생적인 측면은 긍정적으로 평가될 수 있는 반면에 교통체증, 지역고용의 양적 질적 문제, 지역 도매기능 약화, 지역 제조업체 수익성 감소, 자금 역외유출 등 많은 부작용을 초래했다.

대규모점포들이 늘어나면서 대기업과 중소사업자간 마찰이 사회적 이슈로 대두되고 있다. 특히 SSM의 급격한 출점으로 중소상인들의 생업으로 영위되는 골목상권이 위협받는 상황에서 유통 분야의 대·중소기업 상생협력은 시급한 해결과제가 되고 있다.

대형유통업체와 중소유통업체간 상생협력 방안은 양자가 갈등을 해소하는 것도 중요하지만 공급업체, 도매상, 소비자, 지역사회에 미치는 영향을 복합적으로 고려해 결정하는 것이 중요하다. 특정 이해관계자를 위한 정책은 다른 이해관계자뿐만 아니라 지역사회 전체에 바람직하지 않은 결과를 초래할 수 있기 때문이다.

참 고 문 헌

1. 임형섭 · 최지호(2010), 광주 대 · 중소 유통업의 상생협력에 관한 연구, 광주발전연구원 정책연구 2010-06
2. 김성우(2006), 재래시장 활성화방안에 관한 연구: 광주광역시를 중심으로, 광주대학교 산업대학원 석사학위논문
3. 송경아(2007), 도심축제 발전방안에 관한 연구: 충장로축제를 중심으로, 전남대 행정대학원 석사학위 논문
4. 광주민속박물관(2001), 광주의 재래시장, 광주민속박물관조사연구서 제10호
5. 정상국 · 신민식(2008), 지방자치단체의 시장개발정책에 대한 연구, 대한정치학회보 16-1호, pp.179-202
6. 광주시사
7. 광주시정통계 2012년 제26호

박 준 수 저 자 소 개

전남대 경제학과 졸업

전남대 대학원 졸업(경영학 박사)

1988년 무등일보 공채 1기 입사

광주매일신문 편집국장

향토기업 발전사

박영래 (서울경제신문 기자)
오성수 (광주매일신문 정치부장)

1. 금호아시아나그룹

2. 지역 건설업계 흥망

3. 주요제조업체

금호아시아나그룹으로 대표되는 광주지역 향토기업은 1997년 IMF외환위기와 2008년 리먼브라더스 파산에 이은 글로벌 금융위기로 고전을 면치 못하고 있다. 지역경제를 이끌었던 유력 건설업체들이 줄줄이 법정관리에 들어갔고 주요 제조업체들 역시 어려움이 계속되고 있다.

제6장 향토기업 발전사

1. 금호아시아나 그룹

광주와 전남을 대표하는 향토기업으로 꼽히는 금호아시아나그룹은 금호산업과 금호타이어, 아시아나항공을 주축으로 하고 있다. 대우건설과 대한통운을 잇달아 인수하면서 한 때 재계서열 톱10에 이름을 올리기도 했다.

금호고속은 국내 고속버스 시장점유율 1위를 달리고 있으며, 아시아나항공은 '올해의 항공사' 상을 연이어 수상하며 전 세계 항공 업계에서 인정을 받고 있다. 금호타이어는 중국 승용차용 타이어시장 점유율 1위 등의 실적을 기록 중이다. 하지만 2010년 1월 유동성 부족과 글로벌 금융위기, 주요 계열사들의 실적부진이 겹치면서 그룹의 모태인 금호산업과 금호타이어는 워크아웃(기업개선작업)에 들어갔다.

공정거래위원회 자료에 따르면 금호아시아나그룹은 2012년 4월 기준으로 재계서열 순위가 23위다.

가. 택시 2대로 출발

금호아시아나그룹의 모체는 1946년 전남 나주 출신의 고 박인천 창업회장이 46세의 늦은 나이에 택시 2대로 세운 광주택시다.

1945년 말 기준 광주의 인구는 8만 명을 넘었으나 전반적인 교통사정은 매우 열악했다. 특히 해방이후 정치사회적인 혼란 속에서 전라남도의 주요 철도인 호남선은 운휴가 다반사였다. 그나마 광주를 통과하지 않으면서 승객들은 광주에서 12㎞나 떨어진 송정리역으로 가서 열차를 이용해야 했다. 이러한 여건으로 광주시민들은 불가피하게 택시를 많이 이용해야 했고, 자연히 광주택시는 출발부터 호황을 누렸다. 차량 2대로는 늘어나는 수요를 감당하기 힘들었던 박인천 사장은 1946년 가을 7대의 택시를 증차했다. 창업 1년 만에 9대의 차량을 보유하게 됐다.

당시 대부분의 도로는 비포장 자갈길인데다 차량들 또한 노후한 중고품이라 운행 중 고장이 잦았다. 그런데 광주택시는 이런 상황에서도 철저한 정비점검으로 약속시간을 반드시 지키면서 확실한 택시라는 이미지를 시민들에게 심어줬다.

나. 금호고속 전신인 광주여객 설립

사업시작 2년여 만에 창업에 소요된 부채를 모두 상환한 박인천 사장은 여유자금을 확보해 버스운수업으로 확장한다. 지역주민들의 열망이 버스운수업의 밝은 전망으로 이어질 것으로 판단하고 버스사업 진출을 결심한 것이다.

1948년 일제 중고트럭 4대를 구입해 개조한 이른바 '호로형 버스'로 금호고속의 전신인 광주여객을 설립했다. 그해 11월 5일 광주~장성 노선에서 첫 운행이 이뤄졌다. 1949년 황금동에서 금남로5가로 영업장을 이전했고, 광주전역으로 통할 수 있는 사통팔달의 지리적인 위치 덕분에 각 노선마다 승객들이 초만원을 이뤘다.

광주여객은 성장을 계속해 꾸준히 증차와 노선확장을 이뤄나갔다. 1949년 5월 광주~장흥 노선 신설을 비롯해 순창, 동복, 영광 등지로 노선을 연장했다. 1950년 6월에는 곡성을 경유하는 광주~순천 노선이 새로 열리기도 했다.

운행버스도 영업개시 2년 만에 13대로 늘었다. 이런 가운데 영업장 주변의 가옥들을 차례로 사들여 영업장의 규모를 넓혀나갔다. 하지만

6 · 25전쟁 발발로 광주여객은 영업을 중단해야 했고, 보유한 차량들도 대부분 징발되거나 부서져버렸고 사업장은 폐허가 되다시피 했다. 피란 중인 직원들을 다시 규합하고 도내에 부서진 채 흩어져 있던 차체와 부품을 수거해 1950년 10월 말 목탄차 2대를 완성해 재기에 나섰다.

이를 기반으로 광주여객은 비교적 치안이 양호한 노선부터 운행을 재개했다. 임시수도 부산을 오가며 휘발유와 타이어, 부품들을 조달했고, 운행재개 6개월 만에 버스 6대를 확보하는 등 1952년 말에는 46대로 늘렸다. 운행노선 또한 전남 일원으로 확장하면서 성장기반을 확고히 다지게 됐다.

다. 전국으로 노선 확장

1953년 말 기준 58대의 버스를 보유하게 된 광주여객은 전국 제일의 운수업체로 도약하기 위해 전국으로 노선 확장에 나선다. 그 첫 대상은 대전이었다. 1952년 무렵 호남선 철도는 대전~목포 구간만 운행되고 있었고 그나마 전쟁 후 피해복구가 끝나지 않아 열차운행이 불규칙했고 객차도 절대 부족해 서울로 가려는 승객들의 불편은 말이 아니었다. 이런 상황에 착안해 광주~대전 직행노선을 어렵게 따냈으나 영업은 기대에 미치지 못했고, 결국 운행 7개월여 만에 영업을 포기했다.

충청권과 경상도 지역으로 활발하게 노선을 확장하는 광주여객은 서울입성에 나섰고, 1966년 서울~천안 노선을 먼저 개척했다. 드디어 1967년 광주~서울 연결노선이 개통하면서 광주지역 승객들은 중간에 버스를 갈아타지 않고도 버스를 이용해 직접 서울까지 여행할 수 있는 길이 열리게 됐다.

라. 타이어 사업 진출

박인천 사장은 광주여객의 타이어 구득난을 해결하기 위해 직접 사업에 진출하게 된다. 1960년 9월 금호타이어의 전신인 삼양타이어가 참여할 무렵 국내 타이어 생산업체는 한국, 흥아, 동신 등 5개사가 있었다. 국내 자동차 등록대수에 비해 과잉생산 되고 있었으나 어느 회사 하나 미군에서 매년 실시하는 군납 국제입찰을 통과하지 못할 정도로 조악한 수준이었다. 이에 운수업자들은 시중에 불법 유출되는 외국산 군용 타이어를 확보하기 위한 치열한 각축을 벌여야 했다. 국산 타이어의 품질을 신뢰할 수 없는 상황에서 광주여객 직원들은 직접 생산에 의견이 모아졌고 삼양타이어 설립에 이르게 됐다. 절박한 상황에서 내려진 이 결정은 결과적으로 오늘날 세계 10대 타이어 메이커로 성장한 금호타이어의 첫걸음이었다. 1960년 9월 회사 설립 등기를 마치고 같은 해 10월부터 하루 20본 정도의 타이어 생산에 들어갔다.

삼양타이어 매출증대의 중요한 계기가 됐던 것은 1965년 시작한 군납이었다. 이후 상당기간 군납은 총 매출의 20%를 차지하며 주요 판로가 됐다. 꾸준한 품질개선 노력을 통해 KS마크를 획득하고 군납 등으로 쌓은 대외 공신력에 힘입어 1968년 3월에는 신진자동차와 납품계약을 체결했으며, 이어 6월 기아산업, 1969년 1월 현대자동차와 차례로 납품계약을 체결했다. 1965년부터 해외시장 개척에도 적극 나서, 1965년 10월 태국을 시작으로 홍콩 쿠웨이트 레바논 요르단 등 동남아 및 중동지역으로 시장을 넓혀나가 1969년에는 4만 달러 상당의 수출실적을 기록했다.

마. 건설사업 진출

1970년대 초반 중동 건설 붐이 일면서 많은 국내 건설업체들이 오일달러를 벌어들이고 정부도 건설업체들의 해외지출을 적극 지원하고 있었다. 이에 따라 금호아시아나그룹도 건설업 진출을 결정하고 1978년 후발업체 중 하나로 중동시장에 뛰어들었다.

당시는 해외건설시장이 이전의 노동집약적인 형태를 벗어나 고급화, 대형화 하는 추세에 있었기 때문에 우리나라 건설수출도 산업설비를 수출하는 방향으로 바뀌고 있었다. 건설경험이 전혀 없던 금호아시아나 그룹은 이 같은 추세를 고려할 때 기존 건설 회사를 인수하는 것이 합리적이라고 판단, 1977년 8월 제일토건 주식 50%를 인수했다. 제일토건은 1967년 설립돼 국내 토목, 건축, 플랜트 건설공사에 주력해 왔으며, 1976년 매출액 31억 원, 국내 도급순위 62위의 건설 업체였다.

금호아시아나그룹은 인수 후에도 한동안 제일토건의 경영에 직접 참여하지는 않았다. 1978년 3월 상호를 금호건설주식회사로 바꾼 후에는 같은 해 6월 해외공사 확충을 위해 자본금을 20억 원으로 늘리는 등 그룹 계열사로서의 면모를 일신하고 대형 건설업체로 성장할 발판을 마련했다. 해외공사와 국내건설사업에서 활발하게 공사를 진행해 온 금호건설은 1979년 총매출 287억 원으로 2년 전에 비해 552%나 늘어나게 됐다.

그러나 1980년대 들어서면서 금호건설의 주력이었던 해외건설부문은 중동시장 경기퇴조로 고전을 면치 못했다. 결국 해외건설부문의 손실누적으로 재무구조가 악화된 금호건설은 1984년 광주고속에 합병됐다. 재무구조 개선을 위해 자금회전율이 양호한 광주고속에 합병한 것이다.

광주고속 건설 사업부로 재출발한 금호건설은 해외보다는 국내 건설부문에 주력했고, 1988년 아파트 붐을 타고 국내 주택업계 5위로 급부상했다. 이로 인해 1993년 광주고속의 상호를 금호건설로 변경하면서 다시 본래의 명칭으로 회복했다.

이는 건설부문이 1980년대 말부터 1990년대 초반까지 주택사업 성장과 수주사업 확대로 광주고속 총매출의 61.87%를 차지하게 됨에 따라 그룹의 주력부문으로 부상한 데 따른 것이기도 하지만 광주라는 고

유 명칭이 가지는 기업이미지의 한계성을 극복하기 위해 취해진 조치였다. 이후 그룹의 모태였던 광주고속이라는 상호는 금호아시아나그룹에서 사라지게 됐다.

바. 항공운송사업으로 비상

1980년 후반 국내 항공시장의 수요가 크게 늘고 선진국의 개방 압력이 거세지자 정부는 1항공사 체제에서 벗어나 복수항공체제 도입이 필요하다고 판단했다. 정부는 1987년부터 제반 검토작업을 거쳐 1988년 2월 금호그룹을 제2민항 설립업체로 공식 선정됐다. 곧바로 창립총회를 개최하고 주식회사 서울항공을 출범했다. 서울항공은 1988년 8월 아시아나항공으로 상호를 변경했다.

항공기 임대회사인 아일랜드의 GAP사가 제작사에 주문했던 출고직전의 B737-400 항공기 6대를 임대차계약하고 이 중 2대를 1988년 12월에 인수키로 했다. 새로 탄생할 항공회사의 이미지와 특성을 효과적으로 대변할 수 있는 CIP 작업도 서둘렀다. 미국의 랜더사에 의뢰해 거듭된 협의 끝에 회사명으로 아시아나항공을 확정하고 심벌마크는 색동저고리 여인상으로 결정했다.

마침내 아시아나항공은 1988년 12월 23일 1호기를 김포공항에서 이륙시킴으로써 국내 민항사에 새 이정표를 세웠다. 아시아나항공은 1990년 1월 서울~일본 동경 정기노선을 개설하면서 국제선에도 진출해 동북아는 물론 동남아, 미주, 유럽, 호주까지 노선을 개설, 1995년 말에는 세계 각국의 32개 주요 도시를 연결하는 37개 노선 망을 갖췄다.

사. 아시아나기 목포서 추락

아시아나항공은 1993년 7월 26일 B737-500 여객전용기가 전남 해

남군 화원면 운거산에 추락하는 첫 사고가 발생했다.

B737기는 이날 오후2시30분 승무원 6명과 승객 104명을 태우고 서울에서 출발해 오후 3시10분경 목적지인 목포공항에 착륙할 예정이었다. 그러나 이륙 후 강풍과 소나기 등 순간적인 기상악화로 정상착륙을 하지 못하고 두 차례의 복행 후 세 번째 착륙 시도 끝에 목포공항에서 서남쪽 8.1㎞ 떨어진 운거산에 추락했다. 이 사고로 기장과 부기장 등 2명의 승무원과 64명의 승객 등 모두 66명이 사망하고 44명이 중상을 입었고 사고기는 전소되는 피해가 발생했다. 다행히 추락하는 항공기의 기울기와 산의 경사가 비슷해 기체의 폭발을 모면하면서 44명이 목숨을 구할 수 있었다.

아시아나항공 사상 처음으로 발생한 이 대형 사고는 기상요인이 크게 작용했지만 비상 표준화 절차를 무시하고 기상악화상태에서 무리하게 착륙을 시도했던 조종사의 과실도 원인이었다. 또한 목포공항의 유도로가 짧고 시설이 현대화되어 있지 않아 악천후 때에는 안전착륙에 큰 지장을 줬던 것도 사고의 한 요인으로 지적됐다.

아. 광주은행 지분 참여

1967년 초 정부가 지역개발자금 조성을 위한 지방은행 육성책을 발표하면서 광주에서도 상공회의소가 주체가 되어 순수 민간자본이 참여하는 지방은행 설립이 추진됐다.

당시 광주와 전남에는 한국은행을 비롯한 중앙은행 지점들과 농협점포들이 있었지만 이들은 중앙 집중적인 금융체제였기 때문에 지역상공인들에게 원활한 금융혜택을 주는 데는 일정한 한계가 있었다.

1968년 9월 광주은행은 창립총회를 개최하고 지방은행으로서는 4번째로 출범했다. 매년 유상증자에 참여한 금호그룹은 1976년 광주은행 주식 17.3%를 보유하게 된다. 그러나 꾸준한 성장을 구가하던 광주은행은 1997년 들이닥친 외환위기로 심각한 위기국면에 빠져들게 된다. 결국 2000년 12월 광주은행은 정부로부터 부실금융기관으로 지정됐고, 정부의 금융 산업 구조개선 계획에 따라 금호그룹의 지분 17.3%를 포함한 자본금 전액을 무상소각하고 예금보험공사에 귀속됐다. 2001년 4월 예금보험공사가 보유하고 있던 광주은행 주식을 우리금융주식회사에 양도하면서 광주은행은 우리금융지주회사의 일원이 됐다.

자. 대우건설 · 대한통운 인수로 위기

금호그룹은 2003년에 IMF(국제통화기금) 외환위기 이후의 경영 합리화 목적으로 사업부 및 자산매각을 통해 영업력을 강화하고 차입구조를 개선해 부채비율을 낮추는 등 구조조정 작업을 마무리했다. 2004년에는 그룹의 명칭을 기존의 '금호'에서 '금호아시아나'로 바꾸고, 한국복합물류와 호남복합물류를 계열사로 편입해 물류사업에 진출했다. 2005년에는 금호타이어를 런던과 한국증권시장에 동시 상장했다. 2006년 대우건설, 2008년 대한통운을 인수했다.

그러나 대우건설과 대한통운의 잇단 인수로 인한 유동성 부족, 글로벌 금융위기, 주요 계열사들의 실적부진이 겹치면서 그룹의 모태인 금호산업과 금호타이어는 2010년 1월 워크아웃에 들어갔다. 이로 인해 2011년 4월 기준 금호아시아나그룹의 재계 순위(자산규모 기준, 공기업 포함)는 전년 12위에서 16위로 떨어졌고, 이어 2012년 4월 기준으로 23위로 내려앉았다.

2. 지역 건설업계 흥망

과거 제조업 기반이 취약했던 광주경제에서 상대적으로 건설업이 차지하는 비중은 절대적이었다. 하지만 90년대 말 외환위기와 2008년 불어 닥친 글로벌 금융위기 등으로 지역 건설업계 침체는 현재진행형으로 계속되고 있다.

지역을 대표했던 대형 건설사들이 잇따라 무너지면서 통계청이 발표한 2010년 기준 지역소득 자료에 따르면 광주지역경제에서 건설업이 차지하는 비중은 5%에 불과하다. 경제성장 둔화, 유동성 급락과 실업증대 등 경제위기로 인한 위험이 지속되는 상황이다. 특히 SOC 물량은 점차 감소하는 추세 속에서 지역 건설업계가 다시 활력을 되찾을 수 있는 방안 마련이 최대 과제로 꼽히고 있다.

가. 간판기업 줄줄이 쓰러져

지난 2010년 광주와 전남지역 건설업체는 최악의 한해를 보냈다. 이와 관련해 당시 상황을 보다 심층적으로 다룬 〈연합뉴스〉의 2010년 12월 19일 보도를 인용했다.

2010년 광주전남의 대표 건설업체들이 잇따라 부도를 내거나 워크아웃(기업 재무구조개선), 법정관리를 신청하는 등 큰 시련을 겪었다. 특히 지역 경제에서 가장 큰 비중을 차지하는 건설업계는 도급 순위 선두권에 있는 대형 업체들이 줄줄이 쓰러지면서 협력업체의 부도로 이어지는 등 최악의 한 해를 보냈다.

광주전남 지역에서 부도를 맞은 업체 수는 광주 70여개, 전남 30여개 등 모두 100여 곳에 달하고 있다. 또 2010년 들어 워크아웃을 진행 중이거나 법정관리를 신청한 주요 업체도 10여 곳을 넘어서고 있다. 2009년에는 1월 삼능건설을 필두로 건설업체 1,2차 구조조정 과정에서 송촌종합건설, 중도건설, 한국건설, 새한종합건설 등이 줄줄이 워크아웃에 들어갔고 올해 들어서도 지역 건설업계 법정관리 회오리는 계속 이어졌다. 광주전남 지역 도급순위 1위이자 전국 12위 업체인 금호산업이 워크아웃을 개시하더니 지역 건설업계 1~3위의 대표적 업체들이 자금난을 이기지 못하고 줄지어 쓰러졌다.

지난 4월 국내 도급순위 35위이자 광주전남 2위 업체인 남양건설이 유동성 위기를 견디지 못하고 끝내 법정관리(기업회생절차)를 신청했다. 지난해 시공능력평가액 9244억 원, 매출액 8463억 원을 기록한 남양건설은 충남 천안 두정동의 2000여 가구가 넘는 대규모 아파트 사업의 자금 확보에 어려움을 겪으면서 유동성 악화로 이어진 것으로 알려졌다. 같은 달에 연매출 2500억 원에 종업원 수 500여명으로 15년째 철강유통 부문 국내 1위인 새한철강이 자금난을 이기지 못하고 법정관리를 신청했다.

새한철강은 관계사인 새한종합건설이 지난해 3월 2차 건설업체 구조조정 과정에서 워크아웃에 들어가면서 신용등급이 하락한데다 남양건설 등 주거래 기업들의 유동성 위기로 수백억 원대에 이르는 매출채권 회수가 늦어지면서 자금난이 가중된 것으로 알려졌다. 또 국내 도급 순위 46위이자 광주전남 건설업계 3위 업체인 금광기업도 같은 달에 법정관리를 신청하는 악순환이 계속됐다.

건설업계 광주전남 1위 업체인 금호산업이 워크아웃에 들어간 지 4개월도 지나지 않았고 2위 업체 남양건설이 법정관리를 신청한 지 한 달도 채 지나지 않아 벌어진 일로 지역 경제계에 큰 충격파를 던졌다. 금광기업은 건설 학원 유통 물류 부동산 부문 등 10여개 계열사를 거느려 광주전남의 알짜 기업으로 손꼽혔으나 영광에 본사를 둔 자회사인 'TKS조선'이 자금난을 겪으면서 유동성 위기에 처한 것으로 전해졌다.

불과 1년 사이에 광주전남 지역 경제의 주축인 건설업계 1~3위 업체가 줄줄이 벼랑 끝에 내몰리면서 중소업체나 협력업체들의 연쇄 위기로 이어지고 있다. 이로써 지난해 광주지역 1위인 삼능건설이 워크아웃에 들어간 것을 포함하면 광주전남의 대표 건설사는 대부분 몰락했다고 해도 과언이 아닌 셈이다. 이어 한동안 잠잠하던 광주전남 기업체의 우울한 소식은 지난 10월 대주건설의 최종 부도 소식으로 또 한 번 이어졌다. 대주건설은 지난해 1차 건설업체 구조조정 과정에서 D등급으로 퇴출 결정을 받고서 그동안 회생을 꾀했지만 금융권 대출이 묶이고 주요 사업이 중단되면서 결국 위기를 넘어서지 못했다. 대주건설은 광주전남에 본사를 둔 건설업체 가운데 도급순위 6위 업체였다.

이 밖에도 올 들어 광주전남 지역에서는 거송종합건설, 송산건설, 세련건설 등 건설사들이 잇따라 부도를 냈으며 대형 업체의 법정관리 회오리에 밀린 중소 규모의 건설업체들의 잇따른 부도로 지역 경제계는 큰 시련을 겪었다. 이런 가운데 광주전남 지역의 주요 건설업체 가운데 일부가 수주 물량 급감 등에 따른 자금 경색으로 어려움을 겪는 것으로 알려져 내년에도 건설업계의 어려움을 쉽사리 끝나지 않을 전망이다.

나. 남양건설

1958년 설립된 남양건설은 오랜 건설경험과 안정된 영업기반을 바탕으로 성장해 왔다. 광주시와 전라남도, 대한주택공사, 한국농촌공사, 한국토지공사, 익산지방국토관리청 등으로부터 수차례 우수시공업체로 선정됐다. 양호한 업계인지도와 더불어 영업지역의 전국적으로 확대해 왔으며, 이 결과 공사현장이 전국적으로 분포돼 지역 업체의 한계를 극복하기도 했다. 2009년 시공능력공시액 순위에서는 35위, 광주전남 기업 가운데 2위 업체로 탄탄한 중견건설업체의 입지를 굳혀 왔다.

하지만 남양건설은 2010년 4월 유동성 위기를 견디지 못하고 끝내 법정관리를 신청했다. 2009년 시공능력평가액 9244억 원, 매출액 8463억 원을 기록한 남양건설은 충남 천안 두정동의 2000여 가구가 넘는 대규모 아파트 사업의 자금 확보에 어려움을 겪으면서 유동성 악화로 이어진 것으로 알려졌다. 2010년 4월 2일 광주지방법원에 회생절차개시를 신청해 30일 회생절차개시결정을 받았다. 같은 해 12월 24일 최종 제출한 회생계획안은 27일 인가결정을 받았다.

회생에 박차를 가하고 있는 남양건설은 대형공사를 잇따라 수주하며 워크아웃 졸업에 한걸음 더 바짝 다가서고 있다. 이와 관련해서는 〈광주매일신문〉 2012년 4월 6일자 '남양건설, 건설물량 빈곤 속 두각' 보도를 인용했다.

관급공사 발주물량의 감소로 건설업계의 공공공사 수주규모가 크게 줄어든 가운데 지역 대표건설사인 남양건설㈜의 수주실적이 두각을 나타내고 있다. 4일 대한건설협회에 따르면 지난 1분기 국내 건설업계는 전반적인 입찰 물량 난으로 2천억 원대를 수주한 건설사가 현대건설과 대우건설 2곳에 불과 하는 등 일감기근에 시달리고 있다. 대림산업 및 SK건설, 삼성물산, 포스코건설, GS건설 등도 1천억 원대에 그친 가운데 기업회생절차를 밟고 있는 남양건설은 여섯 번째로 수주실적이 높았다.

상위 10위권 회사의 실적을 보면 현대건설과 대우건설이 2천억 원 초반 대를 수주했으며, 대림산업과 SK건설은 1천500억 원 가량을 수주한 것으로 알려졌다. 이어 삼성물산(1천359억 원), 남양건설(1천300억 원), 태영건설(1천267억 원), 울트라건설(1천244억 원), 한진중공업(1천228억 원), 포스코건설(1천191억 원) 등이 10위권에 랭크됐다. GS건설을 포함하면 1천억 원대 건설사는 총 11개사에 그쳤다. 한화건설(842억 원), 신동아건설(840억 원), 쌍용건설(636억 원), 두산건설(630억 원), 진흥기업(509억 원) 등은 부진을 면치 못한 것으로 드러났다.

특히 중견그룹의 남양건설, 태영건설, 울트라건설, 한진중공업 등이 상위 10걸에 속하며 올 1분기 두드러진 성과를 올렸다. 남양건설과의 컨소시엄으로 올 초 인천 구월보금자리주택 건설공사 3공구 시공사로 선정된 시공능력평가액 77위인 일성건설은 상위 15위를 기록해 눈길을

끌었다. 이들을 제외한 중견 40여 개 사는 올 1분기 공공공사 수주고가 500억 원을 밑돌았다.

건설사들이 실제 현장에서 느끼는 수주체감 경기는 이보다 훨씬 좋지 않다. A건설사 관계자는 "올해 발주물량 자체가 감소한데다, 공공공사 발주 빈곤으로 대형 건설사들이 수주경쟁을 벌이면서 건설업계 전반이 더욱 힘들어졌다"고 말했다. 건설협회 관계자는 "갈수록 공공공사 발주가 더욱 감소되는 상황에서 그나마 대형업체들은 해외건설과 주택시공 등으로 유지해 나가겠지만 중견업체들의 어려움은 지속될 것이다"고 내다봤다. 남양건설㈜ 관계자는 "기업회생절차와 건설경기 부진 속에도 1분기 수주 전에서 약진한 것은 위기에 강한 조직문화와 치밀한 경영관리가 뒷받침된 결과로 생각하며, 최근 계열사인 남진건설의 최단기간 회생절차 조기종결을 계기로 제2의 도약을 위해 현재 신규인력을 채용중이다"고 말했다.

다. 금광기업

금광기업은 1957년 토목 · 건축 도급업을 주요 목적으로 설립됐다. 1968년 건설업 면허, 1985년 전기공사업 면허, 1991년 주택건설업 면허, 1997년 산업설비 면허를 각각 취득해 현재는 주로 토목 · 건축공사 도급업, 전기공사업, 주택건설 및 분양공급업 등을 수행하고 있다. 2009년 기준 국내 시공능력평가액 6994억 원, 건설매출 4985억 원으로 전국 46위, 광주 · 전남 3위 규모의 건설사였다. 대아건설, 금광주택, 광주관광개발(광주CC), 남지리산관광개발, 학교법인 송원학원, 현대백화점 광주점(옛 송원백화점) 등 건설, 레저, 교육, 유통 등의 분야에서 10여개 계열사를 거느리고 있지만 조선업 진출 등으로 자금난을 겪어 2010년 4월 말 법정관리를 신청했고 법원은 5월 29일 기업회생절차 개시 결정을 내렸다. 2010년 12월 15일 회사가 최종 제출한 회생계획이

인가결정을 받았으며, 2012년 2월 광주지방법원으로부터 회생절차종결 결정을 받았다.

금광기업은 세운건설 컨소시엄이 구주주 소유주식과 출자전환주주의 주식을 인수하고 금융기관 및 상거래채권, 조세채권 등을 상환함에 따라 법원이 회생절차종결 결정을 내렸다. 전남 화순에 본사를 둔 세운건설은 1995년 토목 건축업에 진출한 회사로 2011년 시공능력평가액(378억) 기준으로 전국 440위, 전남지역 900여 업체 중 39위의 업체다. 세운건설 컨소시엄에 인수되면서 금광기업은 당초 2020년까지 채권 상환을 통해 회생절차를 이행하기로 했으나, 회생절차를 조기에 종료해 법원의 관리에서 벗어나면서 정상적인 경영활동을 진행하고 있다.

라. 삼능건설

삼능건설은 1959년 설립된 향토기업이다. 주택건설 및 분양·임대업, 토목·건축공사업, 전기공사업, 조경공사업, 산업설비공사업, 분뇨처리시설등의 설계·시공업과 폐기물처리업 등을 주요 사업으로 하는 종합건설업체다. 삼능건설 역시 채무자회생 및 파산에 관한 법률에 따라 광주지방법원에 2009년 3월 31일에 채무자회생절차 개시신청을 해 5월 6일자로 회생절차 개시결정을 받았으며, 12월 2일자로 회생계획 인가결정을 받았다.

2008년 시공능력평가 80위인 삼능건설은 토목, 건축, 전기 등 다양한 공종사업을 펼쳐왔으며, 1995년 이후 해외사업에 눈을 돌려 괌, 중국 청도, 인도네시아 등지에 현지법인 및 지사를 설치했다. 2004년 이후 2008년 상반기까지 연평균 매출액 증가율이 16.5%에 달할 정도로 사업이 활발했지만 2008년 경기도 부천 중동 '위브더스테이트', 용인 동백 '골드프라자' 등의 상가분양이 지연되며, 미분양 증가 등으로 재무안정성, 유동성 및 사업안정성 재무적 부담이 가중됐다.

1) 삼능·송촌 연쇄부도 파장

삼능건설과 계열사인 송촌건설 부도에서 촉발된 지역 건설업계 위기는 2009년 당시 급속도로 확산됐다. 당시 상황을 보도한 〈광남일보〉 2009년 4월 6일자 '광주전남 건설업계 잔인한 4월 예고' 기사를 인용했다.

광주 · 전남지역 건설업체들이 '잔인한 4월'을 맞고 있다. 1~2차 구조조정때 워크아웃 대상으로 포함됐던 삼능건설과 송촌종합건설 부도에 중도건설도 계열사 부도로 우려했던 연쇄부도사태가 현실화되고 있기 때문이다. 특히 자금사정이 어려운 하도급업체 수백여 곳들은 "다음 차례가 될 수 있다"는 공포가 급속도로 확산되고 있다.

5일 금융권과 지역경제계에 따르면 1, 2차 신용위험 평가에서 워크아웃 대상(C등급)으로 선정된 5개 지역건설사 가운데 3곳이 부도를 내거나 기업회생절차를 신청했다. 지난 1월말 워크아웃 대상에 포함된 삼능건설이 2차 평가에서 워크아웃 결정을 받은 계열사 송촌종합건설과 함께 지난달 31일 기업회생절차 개시(옛 법정관리)를 신청한 이틀 뒤 부도를 맞았다. 또 2차 평가에서 C등급을 받은 중도건설은 이달 초 어음 결제를 하지 못해 계열사가 최종 부도 처리됐다. 채권은행들은 시공능력 258위인 중도건설에 대해 평가 당시 워크아웃을 통한 회생 가능성을 기대했으나 지금은 사주와 연락이 끊긴 것으로 알려졌다. 이들 업체들은 최종 부도처리로 자금원이 끊기면서 정상적인 기업 경영이 불가능해진다. 법정관리 등을 통해 회생하지 못하는 한 파산으로 치달을 수밖에 없다.

지역 중견건설업체의 잇따른 부도는 당장 협력업체의 하도급 대금과 자재납품업체의 대금 체납, 건설근로자의 임금체불 등 지역경제에 심각한 부담으로 작용될 전망이다. 특히 이들 부도업체가 최악의 경우 파산에 이르게 되면 우선순위에 밀리는 협력업체들은 채권 회수가 불투명

해져 결국 연쇄도산이 이어질 우려가 크기 때문이다.

지역건설업계의 한 관계자는 "원도급업체들의 유동성 부족으로 하도급업체들은 어음이라도 받아야겠다며 움직이고 있지만 이마저도 여의치 않는 실정이다"면서 "이 때문에 중소업체들이 겪는 고통은 클 수밖에 없다"고 지적했다. 여기에 1, 2차 구조조정에서 워크아웃 대상 판정을 받은 나머지 업체들에게도 후폭풍이 미치는 것 아니냐는 우려도 나오고 있다. 또 다른 워크아웃 대상 업체의 한 협력업체 관계자는 "삼능과 중도건설의 잇따른 부도로 지역 협력업체들 사이에서 부도 공포는 극에 달했다"면서 "지난해 10월 이후 공사대금 지급이 계속 미뤄지는 등 자금줄이 막혀 있어 얼마나 더 버텨낼 수 있을지 의문이다"고 하소연했다. 이와 함께 광주·전남지역 종합건설업체와 전문건설업체 742곳이 자본금 미달이나 기술능력 미달 등 부적격 업체 혐의를 받고 있는 등 상당수 업체의 퇴출이 예고되고 있다.

마. 중흥건설 · 호반건설 성장

대형 건설사들이 줄줄이 무너지면서 상대적으로 견실한 운영을 해온 향토 건설사들은 급속 성장을 해오고 있다. 이를 대표하는 업체가 바로 중흥건설과 호반건설이다.

중흥건설은 1989년 3월 9일 금남주택건설로 설립돼 1989년 6월 14일 현재의 상호로 변경했다. 토목건축공사업, 전기공사업, 산업설비공사업, 조경공사업 등을 영위하고 있다. 광주전남에 기반을 둔 건설사들이 무너지는 가운데 중흥건설이 성장할 수 있었던 배경에는 미래를 예측하면서 현재를 준비하는 CEO의 '돌다리도 두드려보는' 경영철학이 작용했다. 4~5년을 내다보고, 내실을 경영모토로 삼아 될 만한 사업만을 해오면서 다른 업체들에 비해 상대적으로 어려움을 덜 겪었고, 어려운 경영여건에도 중흥건설이 성장해 나가는 방향타가 됐다. 이를 통해

2011년 기준 매출 2100억 원, 영업이익 231억 원의 호실적을 기록했다.

1989년 창립한 호반건설 역시 눈에 띄는 성장을 거듭하고 있다. 대한건설협회가 발표한 '2012년도 시공능력평가 결과'에 따르면 호반건설은 지난해 49위에서 32위로 상승했다. 호반주택, 호반베르디움, 호반토건 등 10개 계열사의 2010년 경영실적을 집계한 결과 매출 1조6469억 원, 영업이익 1971억 원을 기록하기도 했다. 이는 전년보다 매출액 110.8%, 영업이익 180.7% 증가한 것이다.

상당수 중견건설사가 주택경기 부진을 이기지 못하고 쓰러지는 가운데 호반건설이 최대 실적을 올린 것은 리스크 관리가 철저했기 때문이란 분석이다. 호반건설은 누적분양률이 90%를 넘어야 신규분양을 추진하는 '분양률 90% 룰'을 고수하고 있다. 매출규모가 비슷한 다른 회사에 비해 조직 규모가 3분의 1 정도로 슬림해 의사결정이 빠른 점 등도 호반건설이 승승장구하는 요인으로 꼽힌다. 호반건설은 2011년 광주 · 전남지역 민영방송인 광주방송(KBC)의 경영권을 인수했다.

3. 주요 제조업체

가. 화천기공

흔히 공작기계를 일컬어 '기계를 만드는 기계'라고 말한다. 그만큼 기계공업의 기초가 되는 중요한 기계가 공작기계다. 광주 하남산단에 자리한 화천기공㈜은 이 공작기계 제조 전문기업이다. 주요 사업은 CNC 선반 및 머시닝센터 등 금속공작기계 제조와 주물 제작이다. 일반적으로 소비재 제품이 아닌 산업의 기초가 되는 생산재를 생산하는 자본재 산업이다 보니 주요 수요층은 제조업체로 한정되어 있다. 즉 기업의 설비 투자가 주 수요원이다.

2012년 창사 60주년을 맞이한 화천기공은 6월 기준 전체 직원 수는 320명이다. 하남산단에 본사를 비롯한 제2공장, 평동공장 등 3곳의 국내사업장 및 북미, 구주, 싱가포르, 인도 등 해외 4개 지역총괄에서 주요 제품에 대한 제조, 개발, 마케팅, 영업 등의 사업 활동을 수행하고 있다. 화천기공은 화천기계㈜와 서암기계공업㈜ 등 총 11개 회사로 화천그룹을 형성하고 있다.

공작기계 산업은 산업 및 수요의 특성상 공작기계를 생산하는 업체는 다품종 소량생산체제를 유지하기 때문에 일반 제조업체에 비해 규모가 작고 다수 업체가 난립한 형태를 보이고 있지만, 생산액 규모에서는 대기업군인 3대 제조회사(화천, 위아, 두산인프라코어) 중심의 과점체제를 형성하고 있다.

화천기공이 1959년 제조한 대한민국 최초의 수동식 선반은 전후 폐허가 된 국내 산업기계에 일대 전환기를 마련했던 공작기계로 평가받고 있다. '한국 최초 수동식 선반 설계 및 제조 기술'은 국내 최고 권위의 공학기술단체인 한국공학한림원의 '대한민국 100대 기술과 주역'에 선정되기도 했다.

나. 오비맥주 광주공장

1987년 가동을 시작한 오비맥주 광주공장은 현재 국내 맥주 수출의 60% 이상을 책임지며 수출 전진기지 역할을 맡고 있다. 180여명이 근무하는 광주공장은 카스와 OB블루를 제외하고는 대부분 수출용 맥주를 생산 중이다. 직접 수출과 OEM(주문자상표 부착) 방식을 통해 홍콩, 일본, 미국, 몽골 등 전 세계 35개국에 34개 브랜드의 맥주를 수출하고 있다. 맥주의 본고장인 독일까지도 광주공장에서 생산된 맥주가 진출해 있을 정도다. 여기에는 가동을 시작한 이래 20여년 넘게 쌓아온 오비맥주 광주공장의 고유한 맥주 양조 기술력과 노하우가 큰 역할을 했다.

통상 맥주 생산 공장은 5종 안팎의 제품을 생산하는데 비해 광주공장은 OB블루와 카스, 카프리 등 자체 브랜드 이외에도 OEM 방식으로 블루걸(Blue Girl), 데스터(Dester) 및 제3맥주인 베르겐브로이, 노이벨트 등 20여 종류의 제품을 생산하고 있다. 2009년 일본에만 380만 상자를 수출, 230만 상자를 기록한 전년에 비해 무려 65% 증가하는 성과를 거두며 오비맥주의 수출 상승세를 견인했다.

특히 일본에 수출되는 제3맥주 등은 매년 40% 이상의 높은 성장을 보이고 있으며, 이밖에 해외 소비자들의 입맛을 매료시키며 국내 맥주의 한류열풍을 선도하고 있는 대표적인 수출 맥주로는 몽골 지역으로 수출되는 '카스', 홍콩으로 수출되는 OEM맥주 'Blue Girl' 등이 있다.

다. 대우일렉트로닉스

광주 하남산단에 광주공장을 가동 중인 대우일렉트로닉스는 영국과 멕시코를 비롯해 전 세계 각국에 18개의 주요 생산 및 판매 현지법인을 두고 있다. 냉장고, 세탁기, 주방기기 사업부문으로 구성돼 있으며, 냉장고, 세탁기, 전자레인지, 각종 가전제품과 산업용 전자제품을 제조, 판매하고 있다. 2004년 가전분야 통합 브랜드 '클라쎄'를 선보였고 2007년 이 브랜드를 중남미 시장에 내놓았다.

대우일렉트로닉스의 뿌리는 대우전자와 대우모터공업 두 회사다. 대우일렉트로닉스의 실질적인 전신은 대우전자지만 형식적인 전신은 대우모터공업으로 기록돼 있다. 대우모터공업은 1987년 세워진 대우전자의 100% 자회사였다. 외환위기 이후 대우그룹이 해체되면서 대우전자가 경영난에 빠지자 2002년 10월 채권단은 대우전자의 가전사업 부문을 떼어내 대우모터공업에 넘기고 이름을 지금의 ㈜대우일렉트로닉스로 바꿨다.

대우전자는 '탱크주의'로 한 때 전 세계 가전시장을 호령했다. 하지만 대우 부도사태로 대우일렉은 1999년 8월 워크아웃에 들어갔으며 이후 시련의 연속이었다. 워크아웃에 들어간 대우일렉은 새로운 주인 찾기에 나섰으나 번번이 무산됐다.

2006년 인도의 가전업체인 비디오콘을 시작으로 매각작업을 벌였지만 채권단 내 이해관계나 노조의 반대, 인수자 측의 자금모집 난항 등에 발목이 잡혔다. 연이은 매각 실패로 브랜드 이미지는 추락했고 워크아웃이 길어지면서 경쟁상대인 삼성전자나 LG전자에는 두세 걸음 뒤쳐질 수밖에 없었다. 10년 넘게 회사 정상화가 지지부진 하면서 도약을 위한 대규모 사업투자도 이어지지 못했다.

대우일렉은 급기야 대수술에 들어갔다. 적자사업이자 한계분야로 꼽히는 TV영상사업부를 과감히 정리하고 시장성을 갖춘 가전산업 중심으로 몸무게를 가볍게 만들었다. 구미공장과 인천공장을 폐쇄하고 광주공장 중심으로 재편하면서 1000여명의 직원들은 희생을 감수해야 했다. 매각 시도 여섯 번째 만에 2012년 동부그룹이 우선협상자로 선정된 막바지 인수협상을 진행 중에 있다. IMF 외환위기 직격탄을 맞고 워크아웃을 신청한지 13년 만에 새로운 출발을 준비하고 있다.

동부그룹의 인수 의지가 워낙 강한 만큼 큰 이변이 없는 한 성공적인 인수를 기대하는 분위기다. 특히 대우일렉을 종합전자업체로 키울 것이라는 김준기 동부그룹 회장의 발언에 주목하며 새 주인 맞을 준비에 한껏 고무돼 있다. 대우일렉은 2011년 매출 1조3300억, 영업이익 76억원을 기록했다. 광주공장에는 970여명이 근무하고 있다.

라. 앰코테크놀로지 코리아

앰코테크놀로지코리아는 앰코테크놀로지의 한국내 현지법인으로, 40여년의 긴 역사를 지닌 반도체 패키징 및 테스트 전문기업이다. 전신은 1968년에 설립된 반도체 전문 기업 아남산업으로 국내 최초로 반도체 사업을 시작한 업체였다. 1988년 인천시 계양구에 부평공장을 설립했으며, 1997년 광주시 북구 대촌동, 지금의 첨단산단에 광주공장을 세웠다. 이듬해 광주공장에 앰코테크놀로지 코리아를 설립했다.

앰코테크놀로지는 김향수 명예회장의 장남인 김주진 회장이 아버지의 반도체 사업을 돕기 위해 1970년 미국 펜실베이니아에 설립한 회사다. 당시 아남은 제조부문을 담당하고 앰코는 영업 및 마케팅을 담당하며 사업의 동반자적 관계를 유지해 왔다.

1998년 5월 나스닥에 상장한 앰코는 현재 한국, 필리핀, 일본, 대만, 중국, 싱가포르, 미국에 총 16개의 반도체 공장을 보유하고 있다. 1999년 2월 미국의 앰코테크놀로지사가 아남반도체의 4개 반도체 패키징 공장 중, 광주(K4) 공장을 인수하면서부터 새로운 회사로 탄생한 앰코코리아는 2000년 5월, 아남반도체의 나머지 반도체 패키징 3개 공장(서울, 부천, 부평 소재)을 모두 인수함으로써 세계 최대의 반도체 패키징 및 테스트 전문 회사로 거듭나게 되었다.

2003년 6월 30일부로 경기도 부천 소재 K2 공장을 광주(K4) 공장으로 이전해 3개 공장 체제로 재편한 앰코코리아는 서울(K1)을 비롯한 인천(K3), 광주(K4) 일대의 3개 공장에서 연간 18억 개의 반도체를 생산해 연간 40억 달러에 이르는 대규모 수출실적을 달성, 국내 산업발전에 기여하고 있다. 삼성, 소니, 인텔, LSI 로직, 모토로라, 도시바, ST, 인피니온 등과 같은 세계의 유수한 180여 반도체 및 정보통신, 전자 회사를 고객으로 두고 있다. 앰코테크놀로지코리아의 2011년 실적은 매출 1조5027억, 영업이익 587억 원이다. 앰코 광주공장의 근무인력은 약 3000여명이다.

마. 세방전지 광주공장

로케트 배터리로 유명한 세방전지의 전신은 1952년 9월 세워진 재단법인 해군기술연구소를 모태로 하고 있다. 1959년 재단법인 대양기술연구소로 상호를 바꾼 뒤 1978년 9월 지금의 상호인 세방전지로 변경했다. 1987년 11월에는 유가증권시장에 주식을 상장했다.

광주공장은 1989년 11월부터 가동을 시작했다. 2003년 12월 광주공장은 FAQ로부터 ISO/TS 16949 인증을 받았다. 2006년 3월 니켈수소(Ni-MH) 전지 생산을 위해 광주공장을 준공했다. 2009년 12월 광주공장은 연간 누적생산량 1100만대를 돌파했으며, 2010년 11월 4억 달러 수출탑 수상에 이어 2011년에는 5억 달러 수출탑을 수상했다. 2011년 광주생산본부 제3공장을 증설해 가동에 들어갔으며, 2011년 9월에는 광양물류창고를 준공했다. 광주공장에는 310명이 근무하고 있다.

사. 일신방직

광주시 북구 임동에 광주1공장과 광산구 옥동에 광주2공장을 가동 중인 일신방직의 전신은 1951년 세워진 전남방직이다. 1공장에는 470명, 2공장에는 220명이 근무하고 있다. 2010년 기준 일신방직의 매출비중 중 수출은 75%, 나머지 25%는 국내 수요다.

주요 매출 부문은 원사 부문이 43%, 가공사가 20.8%, 사류가 28.6%, 원단이 5.4%를 차지하고 있다. 광주1공장과 광주2공장의 방적사 생산 공정은 계획생산 체제이며, 반월공장의 가공사 및 가공 직물 생산 공정은 주문생산 체제이다. 주요 취급품목은 코마사, 멜란지사, 코어스펀사, 혼방사, OE사, 사염, 모염, 면직물, 폴리노직물, 편직물, 모달사, MVS사이다.

아. 한국알프스

광주 하남산단에 자리한 한국알프스는 1987년 금성알프스와 일본알프스가 합작투자로 설립됐다. 설립 당시 컴퓨터 주변기기, VTR 및 CDP

관련 핵심부품을 전문 생산할 한국알프스는 설립당시 자본금 400억 원, 종업원 2000명으로 출발하는데, 수출목표는 2000만 달러였다.

한국알프스는 전통적인 노동집약형 경공업 지역인 광주전남이 국내 굴지의 전자메이커들이 입주와 더불어 첨단산업 기지로 전환하는 계기가 됐다. 현재 한국알프스는 소니, 혼다, 닛산, 스즈키, 볼보, 폭스바겐, 오펠, 스카니아, 피아트, 도요타, 마츠시타 등 해외 글로벌 기업들과의 파트너십을 통한 활발한 기업 활동으로 세계서 인정받고 있다.

주요 사업영역은 차재전장품(Automotive Electronics), 고주파·통신관련품, 컴퓨터 주변기기품, 콤포넌트 등 전자분야를 주력사업으로 우리 생활과 밀접한 생활 기기들의 핵심부품을 생산하고 있다. 국내지역을 생산거점으로 한 지역발전과 해외 수출을 통한 성장으로 자국토착형 다국적기업으로 자리매김하고 있다. 2011년 기준 매출은 3351억 원, 영업이익은 43억 원이다. 전체 종업원 수는 700명이다.

참 고 문 헌

1. 위증(2009) 지역경제운동사(연재물)
2. 금호아시아나 60년사(2006)
3. 금융감독원 전자공시시스템(DART) 자료
4. 광주지역의 주요 산업(1998) 전남대 기업경영연구소
5. 광주상공회의소(2012) 광주상공명감

참고사이트
1. 건설협회 광주시회
2. 광주시 홈페이지

저 자 소 개

박 영 래

광주매일, 남도일보, 광남일보 기자 역임
서울경제신문 기자

오 성 수

전남대학교 지역개발학과 박사과정 졸업예정(2013. 2. 도시·지역개발학 박사)
광주매일신문 정치부장
전남발전연구원 전문가 풀(Pool) 위원

대 기 업

박영래 (서울경제신문 기자)

1. 기아자동차 광주공장

2. 삼성전자 광주사업장

산업기반이 취약한 광주지역의 경우 2~3개 대기업이 차지하는 비중이 절대적이다. 기아자동차 광주공장은 지역총생산의 30%에 육박할 정도다. 뒤를 이어 삼성전자 광주사업장이 지역 핵심산업의 또 다른 한축인 생활가전산업을 이끌고 있다. 이들 두 기업의 성장사와 향후 비전 등을 정리했다.

제7장 대 기 업

1. 기아자동차 광주공장

기아차 광주공장은 1965년 당시 산업의 불모지나 다름없던 광주에 아시아자동차로 문을 연 뒤 40여 년 동안 지역의 경제, 산업발전을 선도한 향토기업이다. 1970년 최초로 출시한 피아트124는 이탈리아의 피아트와 합작으로 내놓으며 신진자동차의 코로나, 현대자동차의 코티나와 승용차시장에서 경쟁했다. 1990년 군용차량을 민수용으로 개조해 출시한 록스타는 소형 SUV시장에서 저렴한 가격으로 사랑받았으며, 1998년 레토나로 이름을 바꿔 출시되기도 했다. 1997년 7월 부도유예협약 대상 업체로 선정돼 1998년 4월부터 법정관리를 받았으며, 1998년 10월 기아차와 아시아자동차 국제입찰에서 현대자동차에 낙찰됐다. 이듬해 기아자동차에 흡수 합병됐고 현재는 기아자동차 광주공장으로 불린다.

부도위기를 겪으며 연산 6만대에 불과했던 어려운 시절도 있었지만 라인 합리화 사업을 성공적으로 이뤄내며 기아차 광주공장은 현재 쏘울, 스포티지R, 뉴 카렌스, 봉고트럭 등 경쟁력 있는 차종을 생산하는 수출 전진기지로 자리매김했다. 광주광역시 서구 내방동 일대에 자리한 기아차 광주공장의 면적은 약 36만평이다. 고용인원은 7000여명이며, 광주지역 산업생산의 약 26%, 지역 전체 수출의 30%를 차지하고 있다. 공장 문을 연 지 50년을 목전에 두고 있는 기아차 광주공장은 2012년 현재 연산 62만대 증산 프로젝트를 진행하고 있으며, 21세기 초일류 공장을 꿈꾸고 있다. 북미와 유럽을 비롯한 전 세계에 자동차를 수출하는 등 품질과 경쟁력을 인정받고 있다.

가. 아시아자동차 출범

아시아자동차의 역사는 언론인 출신인 위증 씨가 2009년부터 연재한 '지역경제운동사'를 인용했다.

아시아자동차의 출범은 해방 후 나주호남비료를 건설한 당사자였던 이문환씨에 의해 시작됐다. 1961년 8월 이문환씨는 자동차 국산화 제작계획을 입안해 가칭 아시아자동차회사 공장 건설을 위한 기초조사에 착수했다. 이문환씨가 자동차 국산화 계획에 착수한 것은 호남비료가 정부로 귀속된 지 두 달 남짓 뒤의 일이다. 호남비료 건설과정에서 그가 보인 탁월한 추진력과 국제 감각은 아시아자동차 건설에도 유감없이 발휘됐다. 1961년 8월 이문환씨는 자동차 국산화 계획에 착수한 지 두 달도 못 돼 광주시는 북광주와 서광주지역을 공단적지로 선정했다.

뒤이어 11월 들어서부터는 이문환씨가 유럽과 미국을 방문해 외자 및 기술도입과 공장건설을 위한 교섭에 나섰다. 교섭은 순조롭게 진전돼 이듬해인 1962년 1월에는 미국의 군납차량회사인 윌리스 사와 특허권 및 한국군에 지원되는 미국의 군사원조차량 군납에 관한 협정을 체결하는 성과를 거뒀다. 뿐만 아니라 독일의 뉴욕주재 아이젠버그사와 재차조립 공장건설비 300만 달러의 투자에 합의했다. 이러한 가시적인 성과에 고무된 이문환씨는 바로 다음날인 1962년 2월 가칭 아시아자동차공업사를 창립한다.

나. 기아산업에 인수

출범 초기 아시아자동차는 차츰 경영상의 문제점을 노출하기 시작했다. 자본금 8억1100만원의 프랑스 차관으로 설립된 회사는 기본채무

말고도 매년 10억 원씩 부채가 누증되었고, 이러한 경영상의 부실은 곧바로 노사분쟁으로 이어졌다. 하루가 멀다고 극렬한 임금투쟁과 총파업

〈표 7-14〉 기아차 광주공장 연혁

날 짜	내 용	날 짜	내 용
1965. 7. 2.	회사 설립 [사명 아시아자동차공업㈜]	2001.	흑자전환 원년 실현 KIA타이거즈 야구단 출범
1966.12.16.	광주공장 기공식	2002.10.	35만대 공장 재편 기공식
1968.12.	광주공장 준공식	2003.11.	봉고트럭 신 공장 완공
1970. 1.	승용차생산개시(피아트124)	2004. 1.	봉고Ⅲ 트럭 출시
1971. 3.	고속버스 생산 개시	2004. 7.	스포티지 출시
1973. 4.	일반트럭(8톤) 생산 개시	2004.12.	스포티지 미국 수출(광주공장 최초 북미시장 진출) / 환경경영대상 대통령상 수상
1975. 8.	방위산업체 지정	2006. 4.	뉴카렌스 출시 /광주공장 42만대 양산체제 확립
1976. 8.	기아산업이 인수	2007.12	뉴 그랜버드 출시
1977.10.	트럭공장 준공 5톤트럭 생산 개시	2008. 9.	신개념 CUV 쏘울 출시
1986. 4.	기술연구소 준공	2010. 3	신차 스포티지R 출시
1991.12.	엔진공장 구동공장 하남주조공장 준공	2010. 6.	2공장 스포티지R 쏘울 혼류생산 시작 /증산체제 완료
1992.	하남특장공장 준공, 소형차공장 준공, 타우너 생산개시	2010. 9.	1공장 증산체제 완료 /광주공장 50만대증산체제 본격가동
1992.	수출 1억불탑 수상	2010.12.	광주공장 최초 연간 생산량 40만대 돌파
1993.11	프라이드 베타 이관 생산	2011. 9.	기아스포츠문화센터 개관
1995.11.	그랜버드 버스, 그랜토 트럭 개발	2011.11.	2년 연속 생산신기록 달성
1998.12	현대자동차가 인수	2011.12	스포티지 누적생산 100만대 돌파
1996. 6.	기아자동차에 통합, 기아자동차 광주공장으로 출범	2012.	광주공장 62만대 증산프로젝트 진행 중

이 끊이질 않았다. 결국 아시아자동차는 1976년 9월 100억 원의 부채를 떠안은 채 삼천리자전거의 모기업인 기아산업으로 넘어갔다. 지역산업화의 대의명분과 자녀취업이라는 회사 측 약속만 믿고 땅을 헐값으로 내놓은 지주들이나 아시아자동차 유치운동을 적극적으로 펼쳐왔던 지역 상공인과 지역민들은 호남비료에 이어 또다시 좌절감을 감출 수 없었다.

아시아자동차는 그러나 기아산업에 인수된 뒤 서서히 경영정상화를 이뤄나갔다. 또한 회사 내 자재부나 기술부 등 주요부서가 광주로 이전했고, 판매외형을 해마다 늘려갔다. 그러던 아시아자동차가 1990년대 들어 시련의 먹구름에 휩싸이게 됐다. 1992년 6월 국내 상용차의 공급과잉으로 날로 재고가 쌓이게 되자 아시아자동차는 대형 상용차 생산을 부득이 중단할 수밖에 없는 상황에 직면하게 된다. 1991년 5월 이후 월 800대이던 대형 상용차 생산량을 500대, 300대로 감산했으며, 1년 뒤인 1992년 5월에는 100대로 줄였고, 급기야 6월 들어서는 조업을 중단하기에 이르렀다. 이로 인해 100여개 협력업체들은 재고누적과 조업단축으로 어려움에 처하게 됐고, 연간 9000억 원의 매출로 지역경제에 직접적인 영향을 미쳤던 아시아자동차에 짙은 불황의 그늘이 드리우기 시작했다.

다. 삼성의 상용차 신규 참여

이러한 판국에 국내 자동차업계에는 해괴한 사태가 벌어지고 있었다. 정부가 삼성그룹에 대해 대형 상용차 신규 생산업체 지정계획을 발표한 것이다. 그렇지 않아도 과잉공급으로 재고가 누적되고 있는 판에 신규 생산업체를 허용한다는 것은 경제논리로도 납득할 수 없는 노릇이었다. 당시 광주상공회의소는 이 사태를 광주권 경제의 비상사태로 규정하고 광주시의회와 공동으로 건의단을 구성해 청와대와 경제기획원,

상공부, 여당을 상대로 대대적인 신규지정 철회를 호소했다. 지역의 언론매체들도 일제히 일어나 범시민적인 여론화에 앞장섰지만 결국 김영삼 정부는 삼성그룹의 손을 들어주고 말았다. 이로 인해 1990년대 중반에는 대형 상용차의 공급과잉으로 전국 평균 60%의 가동률조차 힘겨웠으며, 그 피해가 가장 심한 아시아자동차는 가동률 50% 선에서 허덕이다가 결국 1997년 여름 IMF의 먹구름을 맞게 됐다.

라. 부도사태 직면

한보, 대우 등과 더불어 기아자동차도 자금사정이 극도로 악화돼 부도사태에 직면하게 된다. 당시 항간에는 삼성그룹이 기아차 인수를 추진하고 있다는 소문이 공공연하게 나돌고 있었다. 결국 김영삼 정부는 정치논리로 부실을 키웠던 한보나 대우 등과는 달리 유독 기아에만 시장경제원리를 적용해 부도처리나 다름없는 법정관리업체로 결론을 내렸다.

이에 따라 1998년 10월 19일 실시된 국제입찰에서 현대자동차가 기아를 인수하게 된다. 이 과정에서 1996년 자동차산업에 진출한 삼성은 1998년 3월부터 중형승용차 SM5를 생산했다. 그러나 무리한 투자로 경영위기에 처하자 기아차 인수로 국면돌파를 시도했지만 결국 이마저 포기하고 말았다.

마. 현대차에 인수

1965년 아시아자동차로 문을 연 뒤 40여 년 동안 지역경제 발전에 앞장서 온 기아자동차 광주공장. 연매출 7조원 돌파를 눈앞에 두고 있지만 10여년 전만해도 이곳은 연간 생산량이 10만대를 넘나드는 수준의 중소형 조립공장에 불과했다. 지역의 중추기업으로 자리매김하기까지 기아차 광주공장은 어떤 변화를 겪어 왔을까. 기아차 노조가 광주공장의 역사적인 50만대 생산체제로 재편을 맞아 내놓은 공장의 변천사에는 이 같은 '역정'이 잘 나타나 있다.

이에 따르면 1997년 7월 당시 아시아자동차는 외환위기로 부도유예협약 대상 업체로 선정돼 1998년 4월부터 법정관리를 받았다. 1998년 10월 기아차와 함께 국제입찰에서 현대자동차에 낙찰됐고, 이듬해 기아차에 흡수 합병돼 기아차 광주공장으로 새롭게 출발했다.

현대자동차에 인수된 이후 광주공장은 가파른 성장세를 보이기 시작한다. 가장 힘든 시기였던 1998년 5만9000대를 생산한 광주공장의 매출액은 6200억 원에 그쳤다. 이후 승합차인 프레지오와 프런티어 트럭을 이관해 생산하면서 2000년 들어 16만1000대를 생산해 1조7000억의 매출을 올렸다.

상용차 위주의 당시 생산차종은 프레지오와 프런티어를 비롯해 소형승용차 프라이드, 군수용을 개조한 지프차 레토나, 중형버스 콤비와 코스모스, 특장차 등 다품종 소량생산 체제였다. 그러나 다품종 소량생산 체제는 한계에 봉착했고 2001년 19만4000대가지 올랐던 생산대수는 2년 연속 하향곡선을 그었다. 2003년에는 연간 생산량이 14만4000대까지 추락했다. 수익성 극대화를 위해 회사는 체질개선에 나서 소품종 대량생산체제로 전환했고 광주공장은 2004년 봉고트럭 양산을, 그 해 7월에는 스포티지를 출시하면서 35만대 생산체제로 혁명적인 변화를 가져오게 된다. 2006년에는 카렌스 생산과 함께 42만대 체제로 확대됐고, 2008년 9월 쏘울을 론칭하며 제3의 전성기를 이끌고 있다.

광주공장은 ▲1998년 10만대 ▲2000년 20만대 ▲2004년 35만대 ▲2006년 42만대 ▲2010년 50만대 양산체제로 비약적인 발전을 거듭하고 있다. 광주공장은 현재 1공장에서는 쏘울과 카렌스를, 2공장에서는 스포티지R과 쏘울을 병행생산하고, 3공장에서는 봉고트럭, 이밖에 하남공장에서 대형버스 그랜버드를 생산하고 있다. 생산이 늘어난 만큼

10년 전 3900명이던 생산인원 역시 5900명으로 늘었다. 지원부서 인력까지 포함하면 광주공장 근무인원은 7000명에 이른다.

2010년 광주공장은 설립 이래 처음으로 생산대수가 40만대를 넘어서며 7조 원대 매출을 올렸다. 특히 광주공장은 1,2공장 혼류생산체제를 통해 어떠한 차종이 투입돼도 생산이 가능한 라인을 구축함으로써 앞으로 친환경차종 투입을 위한 발판을 마련했다.

바. 광주공장의 대표 차종들

1) 스포티지 신화를 쓰다

미국 고속도로안전보험협회(IIHS)가 실시하는 자동차 충돌테스트는 결과의 정확성 측면에서 전 세계의 신뢰와 권위를 인정받는다. 이는 실제 필드에서 충돌사례를 분석하고 30년 이상 축적된 방대한 자료를 바탕으로 평가하기 때문이다.

기아차 광주공장에서 생산 중인 '스포티지R'(현지에선 2011년형 스포티지)이 IIHS로부터 '최고 안전한 차량'에 선정되는 영예를 안았다. 스포티지R은 특히 정면, 측면, 후방, 지붕 안전도 등 모든 테스트에서 최고점인 최우수 등급을 받았다. IIHS의 최고 안전한 차량에 선정되면서 스포티지R은 까다로운 미국 소비자들의 시선을 보다 확실하게 붙잡을 수 있게 됐다.

2010년 3월 출시된 스포티지R은 2004년 8월 기아차 광주공장의 제2의 전성기를 이끌었던 뉴스포티지의 후속모델이다. 6년 동안 광주공장에서 74만대가 생산된 뉴 스포티지는 기아차의 우수성을 전 세계에 알렸을 뿐만 아니라 지역경제에 든든한 효자역할을 했다.

스포티지의 이름을 이어가는 한편 고성능 R엔진을 장착하고 새로운 혁신(Revolution)을 이어간다는 의미에서 서브네임 R을 붙인 스포티지R 역시 기아차 광주공장의 '베스트셀러 카'로 자리매김했다.

내수에서는 소형 SUV 차급에서 경쟁차종들을 누르고 줄곧 1위를 달리고 있다. 도시형 CUV(Crossover Utility Vehicle)를 추구하며 세련된 디자인과 디자인, 신기술, 안전성, 성능 등 모든 부문에서 국내외 경쟁차종들을 뛰어넘은 것이 스포티지R의 경쟁력 배경이다. 특히 차체자세제어장치, 전복감지 사이드&커튼 에어백, 급제동경보장치, 72%에 이르는 차체 고장력강판 적용 등 최첨단 안전시스템은 스포티지R의 최대 장점으로 꼽힌다.

스포티지R을 생산하는 광주2공장이 미국 최대 시장 조사업체인 JD 파워의 공장별 품질평가에서 한국 최초로 '품질우수 공장상 동상'을 수상한 것 또한 스포티지R의 우수성을 전 세계 소비자들에게 확신시켜주는 좋은 계기가 됐다. 스포티지R은 미국 최대 중고차 잔존가치 평가기관인 ALG의 3년 후 잔존가치 평가에서 66%라는 평가를 받으며 미국 시장에서 판매되는 전 차종 중 1위를 달성했다. 잔존가치란 신차를 일정 기간 사용 후 예상되는 차량의 가치를 산정한 것으로, 잔존가치가 높을수록 중고차 가격 역시 상승하며 이는 신차 수요로 연결되는 등 브랜드 가치를 높이는 데 중요역할을 한다.

2) 쏘울, 전 세계를 누비다

기아차 광주공장의 전신인 아시아자동차가 1999년 부도유예협약 대상 업체로 선정돼 현대자동차로 매각될 당시 연간 생산능력은 10만대

정도였다. 군용차량을 민수용으로 개조한 레토나(전신은 록스타)와 경상용차 타우너를 포함해 실제 생산량은 6만대를 넘지 못했다.

중소 사업장에 머물렀던 광주공장이 지금 같은 중추 제조업체로 도약할 수 있었던 결정적인 계기는 2004년 8월 소형SUV 스포티지를 양산하면서부터다. 컨베이어벨트 시스템이 도입되면서 연간생산능력은 35만대 규모로 탈바꿈했고 스포티지는 미국시장에서 폭발적인 인기를 모으며 '신화'를 써내려가기 시작했다.

미국 현지의 소비자단체나 언론에서 꾸준한 찬사를 받으며 스포티지는 매월 1만대씩 수출됐고, 내수 또한 성장세를 이어가며 광주의 대표상품으로 자리매김했다. 열악한 지역경제를 튼실하게 만드는 효자상품이었다.

이런 가운데 2009년 북미수출을 시작한 쏘울이 '제2의 스포티지 신화'를 이어가고 있다. 2008년 9월부터 광주1공장에서 양산중인 쏘울은 젊은 감각의 독특한 디자인과 서구인들의 취향에 맞춘 외형으로 미국 현지에서 세계적인 브랜드의 경쟁차들을 제치고 4개월 연속 박스카 시장 1위를 고수중이다. 쏘울은 세계3대 디자인 가운데 하나인 레드닷 디자인상 수상을 비롯해 켈리블루북, 자동차 전문지 파퓰러 메카닉스 테스트, 자동차기자협회 최고가치상 등 각종 평가에서 호평과 기대를 한몸에 받고 있다. 월 9000여대를 유지했던 쏘울 수출주문량은 이 같은 호평 속에 급기야 출시 1년 만에 2만대를 넘어서는 기염을 토했다. 당시 생산 총력에 나선 광주공장 노사는 매주 토요일 주야 8차례의 특근에도 계획물량을 채울 수 없자 전례에 없던 월 두 차례의 일요일 특근

〈표 7-15〉 기아차 광주공장 연도별 생산량

연도	생산량
1998	59,864
2000	161,002
2001	194,413
2002	190,003
2003	144,028
2004	184,567
2005	276,740
2006	312,622
2007	345,689
2008	312,644
2009	323,066
2010	411,196
2011	488,154
2012	467,000(생산계획)

을 실시하기도 했다. 광주공장이 현 양산체제를 갖춘 이후 일요일 특근은 처음이었다.

사. 수출전략기지로 우뚝

기아차 광주공장은 그동안 자동차 생산이라는 외길을 걸어왔다, 과거 트럭, 버스, 군용차 등 상용차와 특수차 전문 공장이었던 기아차 광주공장은 다품종 소량생산체제에서 소품종 대량생산 체제로 생산라인 재편을 통해 수출 전략차종 중심의 선진공장으로 거듭났다.

기아차 광주공장은 지속적인 투자와 고수익 차종 생산을 통해 2003년 14만대, 2005년 28만대, 2007년 34만대, 2008년에는 32만대를 생산했다. 또한 2002년 10월 시작된 공장합리화 사업을 통해 2004년 35만대, 2006년 42만대 양산체제를 구축했으며, 2007년 12월 '뉴 그랜버드'

출시와 함께 하남공장 합리와 작업에 착수했다. 이를 통해 2008년 초 하남공장을 버스 및 군수차량 전문공장으로 탈바꿈시켰다. 2008년 9월에는 신개념 CUV인 쏘울을 출시했다.

2010년 3월에는 최신 인기모델인 스포티지R을 양산했고, 9월에는 50만대 증산체제를 완료했다.

이로써 1998년 연간 5만9000여대 생산을 비롯해 연간 20만대도 채 생산하기 힘든 공장이던 기아차 광주공장은 스포티지R, 카렌스, 쏘울 등 고수익 전략차종과 봉고트럭, 버스 및 특수차량을 생산하는 50만대 대량생산체제의 공장으로 성장했다. 기아차 광주1공장은 미국 박스카 시장을 3년 연속 석권하고 있는 수출 전략차종인 쏘울과 카렌스를 혼류 생산하고 있는 연간 20만대 생산가능한 공장이다. 광주2공장은 누적생산 100만대를 돌파한 베스트셀러카 스포티지R과 쏘울을 생산하는 등 20만대 생산규모를 갖추고 있다. 3공장은 10만대 생산규모를 갖추고 봉고트럭을 생산하고 있다. 이와 함께 3공장 소속인 하남공장에서는 대형버스 그랜버드와 군수차량을 생산하고 있으며 대한민국 국군의 군수차량은 모두 이곳에서 생산된다.

아. 62만대 증산 프로젝트 순조

2012년 기아차 광주공장은 연산 62만대 증산 프로젝트를 진행하고 있다. 2011년 발표된 기아차 광주공장의 62만대 증산계획은 현재 50만대 생산규모의 광주공장을 시간당 생산대수(UPH) 조정 및 신차 양산 등을 통해 62만대 생산규모를 갖춘 공장으로 성장시킨다는 대형프로젝트다. 광주1공장의 카렌스 후속모델(프로젝트명 RP)을 2012년 말 투입하고, 2공장 생산을 현행 42UPH에서 66UPH로 증산하게 된다. 또한 3공장은 현행 21UPH에서 23UPH로 증산하게 된다.

기아차 광주공장의 증산계획이 순조롭게 진행되면 매출증대가 기대되는 협력업체를 포함해 광주와 전남지역의 청년실업 해소 등 고용창출에 대한 기대 또한 높아지고 있다. 회사의 계획대로라면 2012년 12월까지 2공장 증산 일정이 모두 마무리될 예정이다. 오는 2013년 1월 중에는 66UPH로 양산이 진행될 것으로 보인다. 이렇게 되면 기아차 광주공장은 2공장의 대폭적인 생산량 증가에 힘입어 연산 50만대 생산 공장에서 62만대 생산 공장으로 대폭 업그레이드된다. 이를 통해 연간 매출액도 10조원을 돌파할 것으로 예산된다.

연산 62만대 생산규모는 기아차의 최대공장인 화성공장의 연간 생산규모와 맞먹는 것으로 사실상 광주공장이 화성공장과 더불어 기아차를 대표하는 공장으로 성장하는 것으로 평가받고 있다. 따라서 광주공장이 기아차 내에서 차지하는 비중과 위상이 더욱 커질 전망이다. 이로써 광주공장은 1998년 연 6만대에 불과하던 공장이 15년만인 2013년 연산 62만대 공장으로 성장하는 진기록을 세우게 된다. 이는 국내 완성차 공장 중 전례가 없는 성장으로 기아차 광주공장의 저력을 믿는 본사의 전폭적인 투자가 밑바탕이 됐다.

2. 삼성전자 광주사업장

삼성전자 광주사업장은 광주지역 전략산업의 한축인 백색가전산업을 이끌어가고 있다. 하남산단과 첨단산단에 1,2,3공장을 가동하고 있다. 1989년 12월 광주전자라는 법인으로 출범한 뒤 1999년 1월 삼성전자에서 냉장고 사업 등이 이관돼 삼성광주전자라는 법인명으로 변경됐다. 당시 삼성광주전자는 냉장고와 세탁기, 에어컨, 김치냉장고, 청소기 등 삼성전자의 생활가전 생산을 전담해 왔다. 제조는 삼성광주전자가, 판매는 삼성전자가 담당하는 구조였다. 그러나 20여 년간 광주지역법인으로 운영돼 왔던 삼성광주전자는 2011년부터 모기업인 삼성전자에 흡수 합병됐다. 합병의 배경에는 생활가전 사업의 효율성을 증대시키고 약화된 삼성광주전자의 제조 경쟁력을 강화시키겠다는 게 크게 작용했다. 2012년 현재 주요 사업은 가정용 전기기기 제조업으로 냉장고 청소기 김치냉장고 에어컨 등 백색가전제품과 컴프레서 자동판매기 PCB(인쇄회로기판) 등을 제조해 중국 미국 중동 등지에 수출하고 있다. 삼성전자 광주사업장은 연매출 5조 원대를 유지하며 지역의 중추사업장의 기능을 수행하고 있다.

가. 삼성광주전자 출범

삼성광주전자의 전신은 1989년 경기 하남공업단지에 세워진 광주전자다. 1995년 냉장고 공장을 시작으로 백색가전 생산 분야를 광주광역시로 옮겨왔다. 광주전자는 1999년 삼성전자로부터 가정용 냉장고, 컴프레서, 모터 등의 사업을 넘겨받으면서 회사 이름을 삼성광주전자㈜로 바꿨다. 당시 삼성전자는 호남지역 경제 활성화 등을 위해 백색가전사업을 삼성광주전자로 대거 위탁했다.

2004년 삼성전자 수원공장의 에어컨과 세탁기 생산라인까지 삼성광주전자로 이전하면서 삼성의 백색가전 생산 축을 수원에서 광주로 옮겨왔다. 세탁기와 냉장고 등 삼성전자로부터 넘겨받은 사업을 바탕으로 2009년 삼성광주전자는 처음으로 매출 3조원을 넘어섰다.

나. 삼성 가전산업의 지속적 성장

삼성전자의 전통적인 사업 분야인 가전 사업은 국내시장의 유통개방과 가격파괴, 소비자 욕구의 다양화, WTO체제 출범 등 어려운 여건에도 불구하고 국내 시장점유율 1위를 굳건히 지키며, 지속적인 성장을 이뤄왔다. 1986년 4957억 원 매출에서 1996년에는 2조3726억 원 매출로 10년 동안 4.8배의 성장을 이룩했다.

삼성전자는 시장점유율 1위를 확고히 하기 위해 철저한 소비자 욕구 파악과 월드베스트 정신이 담겨 있는 제품을 속속 내놓았다. 냉장고 사업은 1995년 1월 세계에서 최초로 유전자 이론과 회전냉각방식을 적용해 신선도를 크게 개선한 문단속 냉장고를 내놓았다. 국내 냉장고 기술을 세계최고 수준으로 끌어올린 것으로 평가받은 문단속 냉장고에 이어 1996년 1월에는 기능이 한층 보강된 후속모델 '독립만세'를 출시해 국내 시장점유율 1위를 확고히 했다. 1997년 5월부터 세계 최정상을 의미하는 지펠(Zipel)을 브랜드로 한 초대형 670리터급 고급형 월드베스트 냉장고를 생산하기 시작했다.

특히 생산기지 재편을 본격화함으로써 1995년 6월 광주에 냉장고 신공장을 준공했다. 이 공장은 다품종 소량생산체제에 대응한 최첨단 자동화 공장으로 신제조공법에 의한 고품질 생산 및 물류합리화와 오존층 파괴물질을 완전 배제한 세계수준의 환경친화형 비프레온가스 시스템의 적용, 대기오염과 수질오염 방지를 위한 피에팅 공정을 생략한 최신의 PCM 공법 등을 갖춘 무공해 공장 체제를 갖춤으로써 21세기형 공장으로 태어났다.

세탁기 부문은 1987년 히트세탁기가 시장을 선점한 이후 공기방울 세탁기 등을 내세운 후발경쟁업체의 거센 공세와 후속제품 개발이 늦어지면서 시장잠식으로 위기를 맞았다. 이를 만회하기 위해 1995년 7월 새로운 애지펄 방식을 채택한 손빨래세탁기를 탄생시켜 경쟁사를 누르고 다시 1위로 올라섰다. 1997년에는 국내 드럼세탁기 시장의 95%를 차지하는 수입제품과 본격 경쟁하기 위해 최고급 브랜드인 지펠을 내놓았다. 드럼세탁기는 외제가 낫다는 기존 관념을 깨뜨린 지펠은 독일 DOMO쇼에서 호평을 받아 하반기부터 수출이 본격화됐다.

전자레인지는 1995년 돌구이 전자레인지, 1996년 2월 후속모델인 골고루 전자레인지를 출시해 선풍적인 인기를 모았다. 전자레인지는

1996년 북미시장에서 84만대를 판매해 일본의 샤프에 이어 2위 업체로 자리 잡았으며, 프랑스시장에서는 1997년부터 정상을 지키고 있다. 이러한 북미와 유럽시장의 호조에 힘입어 삼성전자는 1996년 전 세계에 450만대를 판매해 일본 샤프에 이어 2위를 기록했다.

다. 삼성광주전자의 위기

꾸준한 성장을 이어오던 삼성의 백색가전산업은 글로벌 금융위기로 어려움에 직면한다. 치열한 내수경쟁과 환율급락, 원자재가 상승의 3중고가 겹치면서 2010년 3분기까지 263억 원의 적자를 내는 등 수익성이 좋지 않았다. 당시 광주지역 경제계는 삼성광주전자가 창사 이래 첫 적자를 기록하는 것 아니냐는 우려가 폭넓게 확산되고 있었다. 이와 관련해서는 지역일간신문 〈광남일보〉의 2010년 11월 19일자 '삼성광주전자 창사 이래 첫 적자' 보도를 인용한다.

삼성광주전자가 창사 이래 처음으로 적자를 기록할 것으로 보여 지역경제계가 충격에 빠졌다. 비록 매출액은 역대 최대 실적을 올릴 것으로 예상되나 국내 가전시장의 치열한 경쟁과 더불어 원자재가 상승, 환율급락으로 적자폭이 확대된 것으로 풀이된다. 18일 금융감독원에 공시된 분기보고서에 따르면 삼성광주전자는 올 3분기까지 3조469억의 매출을 올렸다. 그러나 3분기까지 전년도 총 매출에 버금가는 실적을 올렸으나 오히려 영업이익은 295억 원의 적자를 기록했고 당기순이익도 263억 원의 손실을 기록 중이다.

삼성광주전자가 영업 손실을 기록하기는 1999년 삼성전자에서 분사된 이후 11년 만에 처음이다. 2005년 매출 2조 원대에 처음으로 진입했던 삼성광주전자는 2006년 2조335억으로 잠시 주춤했으나 2007년 2조4049억, 2008년 2조5912억, 2009년 3조2046억 원으로 꾸준한 상승곡선을 그리고 있다. 이에 따른 영업이익도 2005년 690억, 2006년 468억,

2007년 1474억, 2008년 98억, 2009년 364억 원을 기록하는 등 흑자를 유지해오고 있다. 매출 상승 요인은 수분케어 독립냉각 기술과 국내 최저 소비전력을 구현한 냉장고가 내수 1위를 확고히 유지하고 있고 헹굼 능력을 강화하고 옷감을 부드럽게 하는 버블세탁기 같은 차별화 제품을 지속적으로 출시한 것이 크게 작용했다.

해외시장에서도 프리미엄 제품을 지속적으로 출시해 판매 경쟁력 강화로 시장 지배력을 확대한 것이 매출상승을 견인했다. 그러나 올 상반기 24억 원의 영업적자로 전환한 데 이어 3분기 들어 적자가 더욱 누적되면서 누적손실이 295억 원에 이르고 있다. 최대 매출에도 불구하고 영업적자폭이 갈수록 확대된 데는 국내 가전시장의 치열한 경쟁이 크게 작용한 것으로 업계는 보고 있다. 올 여름 냉방기 시장만 보더라도 수요는 크게 늘었으나 업체 간 경쟁이 치열해지면서 출혈경쟁이 불가피했다는 게 업계의 설명이다. 전체 생산량의 50%를 해외로 수출하는 상황에서 환율급락에 따른 손실은 불가피했고 원자재가 상승도 상당한 영향을 미쳤다고 회사 측은 설명했다.

다. 삼성전자–삼성광주전자 합병

결국 2010년 9월 삼성전자는 삼성광주전자를 흡수 합병키로 결정한다. 합병 결정 당시 삼성전자는 삼성광주전자 지분 95%를 보유하고 있었으며, 2011년 1월 삼성광주전자가 삼성전자에 공식 합병되면서 법인이 사라지고 정식명칭은 삼성전자 광주사업장으로 바뀌었다.

20여 년간 광주지역법인으로 운영돼 왔던 삼성광주전자가 모기업인 삼성전자에 흡수 합병된 배경에는 생활가전 사업의 효율성을 증대시키고 약화된 삼성광주전자의 제조 경쟁력을 강화시키겠다는 게 크게 작용했다. 자회사로 두는 것보다 완전한 합병을 통해 기술개발 노하우를 원활히 전수하고 경영합리화를 이루는 것이 바람직하다는 판단에서다.

합병을 통해 삼성광주전자의 생활가전 제품 제조역량과 삼성전자의 기존 글로벌 영업망을 유기적으로 통합할 수 있고, 삼성전자의 앞선 마케팅 노하우를 생활가전 마케팅에 적용해 글로벌 시장에서 생활가전 점유율을 높일 수 있다는 것이다. 이는 합병 발표 전날 선언한 삼성전자의 생활가전 글로벌 1위 목표 수립과 밀접한 관련이 있다.

최지성 삼성전자 대표이사 사장은 생활가전에서도 1위를 해야 한다는 포부를 밝혔고 폴란드 아미카 공장을 7600만 달러에 인수하기도 했다. 특히 홍창완 삼성전자 부사장(당시 삼성광주전자 대표이사)은 냉장고 신제품을 발표하면서 글로벌 1위 달성시기를 2013년으로 설정했다. 홍 부사장은 "글로벌 생활가전 시장에서 원자재 가격 상승 및 경기 불안이 지속돼 업체 간 경쟁이 심화됐지만 삼성전자는 재작년, 작년에 이어 올해 상반기 업계 최고의 30% 이상 매출 성장을 기록했다"며 "2013년 생활가전 부문 글로벌 1위를 이루겠다"고 말했다.

그러나 가전부분 제조를 전담하고 있는 삼성광주전자는 2009년에 333억 원 가량의 흑자를 기록했지만 2010년 상반기에는 11억3100만원의 적자로 전환하면서 삼성전자가 돌파구로 합병을 선택한 것으로 풀이된다. 법인 이원화에 따른 중복투자나 우수인력 유치의 어려움도 작용했다. 삼성광주전자는 모양새는 삼성전자의 한 사업부 형태지만 엄연한 독립법인으로 여러 어려움이 있었다. 바로 삼성전자 생활가전사업과의 중복부분이나 우수인력 유치 등에서 어려움이 있었다는 게 사실이다. 취업생 입장에서 삼성전자의 광주사업장에 취직한다는 것과 지방에 본사를 둔 삼성광주전자에 입사한다는 데 차이를 둬 그동안 신입사원 채용에서 삼성광주전자는 상당한 어려움을 겪었던 것으로 알려졌다. 이 같은 상황에서 삼성광주전자를 '글로벌 기업' 삼성의 '품'으로 끌어들여 기업의 경쟁력을 높이고 우수인재 유치에도 더욱 탄력을 받을 수 있다는 기대감이 합병의 배경으로 보인다. 삼성전자와의 합병에 대해 광주지역 협력업체를 중심으로 지역 경제계는 기대감을 높였다. 특히 삼성전자 이사회는 삼성광주전자 전 임직원의 고용을 승계하겠다고 밝혔고 법인만 통합될 뿐 공장이나 인력운용 등에서는 별다른 변화가 없을 것으로 전망돼 긍정적인 전망이 우세하다.

광주 하남산단의 한 협력업체 대표는 "국내 최대기업인 삼성전자와 직접거래를 통해 지역 협력업체들의 상황도 앞으로 더욱 나아질 것으로 기대한다"고 말했다. 하지만 지역사회 일각에서는 우려의 목소리도 일고 있다. 지역균형발전 차원에서 진행된 지역법인화 의미가 시들해지면서 활발하게 진행돼 온 지역사회 공헌활동 등이 본사 차원으로 흡수되면서 위축될 가능성이 높다는 지적이다. 지역 현지법인으로 출범한 다른 유사 기업들에 미칠 파장을 예의주시하는 분위기다.

다. 주요 생산제품들

1) 청소로봇 스마트탱고

삼성전자의 청소로봇 스마트 탱고는 2개의 CPU를 장착해 인공지능 로봇의 스마트함을 갖췄다. 단순 청소만 하는 기존 로봇청소기와는 차별화 된 '청소 로봇'의 패러다임을 시장에 제시하며 국내 청소기 시장을 공략하고 있다.

탱고는 움직임 센서를 개선해 기존 직각형 대비 방향전환이 용이한 유선형으로 움직임을 구현, 청소시간이 20% 빨라져 국내 제품 중 최단시간인 11분 만에 청소를 마친다(5m×5m, KS기준). 특히 청소를 위한 스마트센서 기술을 대폭 강화해 청소 범위면적과 성능을 높이고, 배터리 사용을 최적화 했다.

듀얼 CPU를 장착한 스마트탱고는 바닥에 있는 먼지의 양을 측정한 후 먼지가 많은 부분에 한해 터보 모드로 스스로 전환해 강하게 한 번

청소해주고, 다시 일반 모드로 전환하는 스마트 터보기능을 채용해 더욱 깔끔한 바닥 청소를 지원한다.

스마트 탱고는 12개의 고성능 장애물 센서를 통해 얇고 가는 장애물은 더욱 잘 감지해 피해가는 한편, 벽면에 더 가깝게 다가가 구석까지 꼼꼼하게 청소할 수 있게 해 스마트 맵핑, 스마트 터보 기능과 함께 정밀한 센서 기술이 집결된 '청소로봇'의 면모를 유감없이 발휘한다. 특히 이 제품은 2개의 CPU와 다양한 최첨단 센서를 채용했음에도 불구하고 몸체의 두께가 세계 최저 수준(79㎜)인 초슬림 디자인을 구현해 손이 잘 닿지 않는 소파나 침대 밑 구석까지 접근이 가능해 숨겨진 먼지까지도 청소해 낼 수 있다. 204㎜ 길이의 와이드브러시로 한 번에 넓게 청소하면서 탈부착 가능한 초극세사 걸레로 먼지 흡입 후 바로 바닥에 남아있는 미세 먼지까지 닦아 내 실내 공기를 깨끗하게 유지하는데 도움을 준다. 청소로봇을 1시간 40분까지 움직이게 해주는 대용량 리튬-이온 배터리는 정밀한 충전과 방전 장치 적용으로 청소 중 배터리 방전으로 인한 청소시간 지연을 방지한다.

삼성전자는 홈 모니터링을 할 수 있고, PC와 스마트폰에 연결해 음성통화가 가능한 '스마트 탱고뷰'도 함께 출시했다. 영상촬영에 사용되는 카메라는 기존에 출시된 영상청소로봇 '탱고뷰'에 비해 더욱 선명하고 부드러운 화질을 제공한다. '스마트 탱고뷰'는 국내에 있는 3개의 통신사의 망을 모두 이용해 사용할 수 있어 홈 모니터링을 위해 통신사에 신규 가입하거나 바꿀 필요가 없이 탱고뷰 어플리케이션을 다운받는 것으로 간편하게 사용 가능하다.

2) 냉장고 지펠T9000

삼성전자가 내놓은 '삼성 지펠 T9000'은 기존의 양문형 냉장고와 차별화된 새로운 종(種)으로 사용성을 극대화시킨 혁신적 구조의 냉장고다. 삼성전자는 제품의 공식명칭을 신개념의 혁신적 구조(T-Type), 최고급 프리미엄 제품(Top), 시간이 지나도 변하지 않는 가치(Timeless)를 뜻하는 'T'와, 기존 양문형 냉장고를 뛰어넘는 새로운 종의 프리미엄 제품이라는 의미로 시리즈 넘버 '9000'을 붙여 '지펠 T9000'으로 정했다.

일반형 냉장고만 존재하던 1997년 당시, 국내 최초 양문형 냉장고 출시로 프리미엄 가전 시장을 선도해 온 삼성전자가 6년 연속 양문형 냉장고 세계 1위의 기술력을 바탕으로 다시 한 번 냉장고 시장의 패러다임 전환에 나선 것이다.

지펠 T9000은 소비자들이 냉장실과 냉동실을 사용할 때 8:2의 비율로 냉장실을 자주 쓴다는 점을 감안해 냉장실은 손이 닿기 쉬운 위쪽에, 무거운 음식이 많은 냉동실은 아래쪽에 위치시킨 '와이드 상(上)냉장, 서랍식 하(下)냉동'시스템으로 냉장고 문을 열었을 때 T-type의 내부 구조를 지녔다. 지펠 T9000 와이드 상냉장의 가로 폭은 기존 양문형 가로 폭(46㎝)의 약 2배인 83㎝로 대형 피자 등 부피가 큰 제품도 한 번에 넣을 수 있다. 접이식 선반을 채용해 내부 선반을 접으면 높이가 큰 냄비나 식재료도 쉽게 수납할 수 있으며, 슬라이딩 방식 선반이 있어 냉장고 안쪽에 있는 음식도 쉽게 넣었다 뺄 수 있다. 기존 냉동실은 식재료와 음식을 한 번에 찾기 어려울 정도로 무질서하게 쌓아두는 형태였을 뿐 아니라 딱딱하게 얼은 냉동식품을 꺼내다 떨어뜨리는 등의 불편함이 있었다. 지펠 T9000의 서랍식 하냉동은 냉동실에 격벽을 두고 수납 구조를 선반형과 서랍형으로 만들어 오래 보관할 식품은 서랍에 차곡차곡 정리하고, 자주 꺼내먹는 냉동식품은 선반에 두도록 해 무거운 냉동식품들을 보다 쉽고 안전하게 보관할 수 있도록 했다.

3) 김치냉장고 '지펠아삭 M9000'

'지펠 아삭 M9000'은 대용량의 김치냉장고를 위한 신개념 냉각 방식 '3중 메탈 냉각'을 채용한 2013년형 김치냉장고다. 3중 메탈냉각과 타임리스(Timeless) 디자인 구현을 위해 메탈 소재 적용을 의미하는 'M'에 프리미엄제품 시리즈넘버인 9000을 붙여 제품 명칭을 '지펠 아삭 M9000'으로 정했다.

지펠 아삭 M9000은 국내 최대용량인 567리터의 김치냉장고로, 대용량 김치냉장고에 최적화된 3중 메탈냉각을 구현해 김치냉장고 내부는 물론 김치통까지 샐 틈 없이 감싸 줘 정온의 냉방 능력이 극대화 돼 김치가 오랫동안 아삭하게 보관된다. 3중 메탈냉각은 ▲상칸 위에서 신속하게 냉기를 공급해 주는 메탈쿨링 샤워 ▲상칸 뒷면 전체를 감싸 차가운 냉기를 전하는 메탈쿨링 커버 ▲냉기를 머금은 메탈이 9개의 김치통의 바닥을 차갑게 지켜 주는 메탈쿨링 캡슐로 3중의 차가운 냉기가 내부를 꽉 채울 수 있도록 구현했다.

이와 함께 중간과 하칸에는 냉기를 김치통 사이사이로 골고루 보내줄 수 있도록 냉기의 흐름을 제어하는 시스템 냉각기술을 채용해 아삭한 김치 맛을 오랫동안 유지시킬 수 있도록 꼼꼼히 관리해준다.

김치 보관에 중요한 정온유지를 위해 채용된 총 11개의 스마트에코 센서는 도어를 자주 열고 닫아도 냉장고 안의 온도를 빨리 회복시켜주고, 미세한 온도/습도의 변화를 감지해 김치를 최상의 상태로 유지시킨다.

특히, 지펠 아삭 M9000은 김치 종류별로 다양하게 숙성과 저장에 특화된 기능인 '아삭맛 케어'로 김치를 맛있게 익혀 주고 보관해 준다.

4) 프리미엄 진공청소기 L9000

최첨단 멀티챔버시스템을 적용해 최고 청소효율을 달성하고, 오래 사용해도 강력한 흡입력이 유지되는 '프리미엄 청소기 L9000'. 제품명 'L9000'은 오래 가는 흡입력의 'Long Lasting'과 최고급의 'Luxury'의 'L'과 삼성전자의 프리미엄 제품 시리즈 넘버인 '9000'을 의미한다.

'L9000'은 멀티 사이클론 먼지 통을 채용해 흡입된 먼지와 공기를 '큰 먼지방'과 '6개 미세 먼지방'에서 두 번 걸러 내 미세먼지를 99.7%까지 잡아내는 혁신제품이다. 또 원터치로 마룻바닥용, 카펫용 브러시로 손쉽게 전환하는 '투스텝 브러시'를 적용해 상황에 맞는 편리한 사용이 가능하다. 'L9000'은 공기 흐름이 최적화 되도록 새롭게 설계 돼 오래 사용해도 높은 흡입력을 제공하며 메탈 소재에 컬러를 입힌 독창적인 디자인까지 구현해 프리미엄 청소기의 가치를 더욱 높였다.

특히 먼지를 걸러내는 헤파필터와 제균 기능의 은나노, 냄새를 제거하는 활성탄, 항균 기능의 제올라이트 등 4중 필터를 채용해 먼지는 물론 냄새, 진드기, 곰팡이, 꽃가루까지 걸러 내 실내를 더욱 쾌적하게 만들어 준다. 또한 가정에서 키우는 동물의 털을 효과적으로 제거하는 '파워 펫브러시', 가구 사이나 벽 모서리에 쌓인 먼지를 손쉽게 청소할 수 있는 틈새 브러시 등 다양한 브러시를 제공해 사용성을 극대화했다.

라. 삼성전자 정밀금형개발센터 가동

2010년 10월 11일 광주광역시 첨단산업단지에 '삼성전자 정밀금형개발센터'가 문을 열었다. 삼성전자는 급변하는 글로벌 시장에서 제품 경쟁력을 갖추기 위해서는 디자인 리더십, 원가경쟁력 등이 매우 중요해지고 있으며, 이를 위해서는 세계 최고 수준의 금형기술이 뒷받침되어야 한다는 인식을 갖고 생활가전생산거점인 광주에 약 1400억 원을 투자해 연면적 1만9590㎡(5929평), 지상 2층 규모의 '정밀금형개발센터'를 건립했다. 센터는 세계 최고 수준의 첨단설비를 갖추고 설계 · 제작 · 시험 · 사출 등 금형 관련 전 과정의 솔루션을 담당해 TV · 냉장고 · 프린터 · LCD 등 중대형 제품에 적용될 금형 신기술 개발의 메카로 자리매김할 예정이다.

또한, 삼성전자는 '정밀금형개발센터'를 통해 지역 소재 협력사, 주요 대학 및 연구소와의 파트너십을 구축하고 금형전문 인재 육성, 원천기술 개발, 핵심기술 공유 등 다양한 협력모델을 운영함으로써 광주를 중심으로 추진 중인 '금형 클러스터' 활성화에도 큰 기여를 할 것으로 기대하고 있다.

'삼성전자 정밀금형개발센터'는 ▲금형제작 전(全) 공정 자동화를 통한 금형제작 리드타임 단축 ▲신공법 · 신기술개발로 생산성 향상 ▲고(高)정밀 금형개발을 통한 제품품질 혁신 ▲금형 관련 원천 기술 확보를 중심으로 운영되며, 이를 통해 확보된 기술과 노하우를 협력사에 공유해 세계 최고 수준의 금형업체가 많이 배출될 수 있도록 지원할 계획이다.

협력사의 금형 관련 주요 인력을 위탁교육하고 필요시 기술고문을 파견해 공정개선을 지원하는 등 협력사금형 인력 육성을 위한 다양한 프로그램을 운영할 예정이며, 금형가공장비 운영기술, 금형설계 자동화·금형생산정보관리 시스템 등 생산성 혁신기술 등을 협력사에 전수할 것이다.

학교 연계 활동으로는 전남대학교, 한국폴리텍대학교 등과 금형 관련 맞춤형 교과과정을 운영하고 채용으로 연결시킴으로써 지역 소재 대학생의 취업기회 확대와 우수 금형 인력 육성에 기여할 예정이다. 지역 주요 대학 및 연구소들과 함께 원천기술 확보를 위한 산학과제 추진도 병행할 예정이다.

마. 삼성전자 광주사업장의 미래

1) 프리미엄 생활가전 메카로

삼성이 20년 넘게 독립법인으로 유지해오던 삼성광주전자를 모기업에 흡수 통합한 것은 2013년 생활가전 시장에서 '글로벌 1위'를 달성하겠는 전략적인 밑그림을 그린 것으로 풀이된다. 광주사업장의 위상을 과거 단순한 제조영역에 머물게 하지 않고 프리미엄 생활가전의 '메카'로 만들겠다는 구상이다. 더불어 광주사업장은 멕시코와 폴란드, 베트남 등 해외공장의 제품생산을 지원하는 '마더(mother) 사업장'의 중추 역할도 맡을 전망이다. 이 경우 광주사업장은 프리미엄 생활가전 생산뿐만 아니라 수출 전진기지의 위상도 확고히 굳힐 것으로 보인다.

삼성 관계자는 "지금까지는 단순히 제조영역에 머물렀다면 앞으로 광주사업장은 냉장고나 에어컨 등 프리미엄 가전모델을 가장 먼저 선보이는 글로벌 가전시장의 메카가 될 것"이라고 말했다. 이를 위해 삼성은 조직개편을 통해 삼성광주전자를 DAS(디지털 에어 솔루션)사업팀과 함께 생활가전사업부로 통합했다. 생활가전사업부에서 분리했던 에어컨 사업부문도 다시 복귀시켰다. 생활가전사업(냉장고 · 세탁기 · 청소기 등)과 에어컨사업(에어컨 · 공기청정기 등)을 통합한 조직개편으로 효율성을 높인 것이다. 이를 통해 원자재 구매와 핵심부품인 모터, 콤프레셔 개발, 해외 거점 통합 등 시너지 효과가 기대된다.

2) 매출 5조원 유지

삼성전자 광주사업장은 5조 원대 매출을 꾸준히 유지해 나갈 전망이다. 이와 관련해서는 〈광남일보〉 2010년 12월 23일자 보도를 인용했다.

삼성광주전자는 2010년 4조407억 원의 매출을 올렸다. 전년 매출 3조2046억 원과 비교하면 26%가량 늘어난 수치다. 이미 3분기까지 지난해 총매출에 버금가는 3조469억을 올릴 정도로 삼성광주전자는 올해 최대 호황을 누리고 있다. 생산물량은 제품별로 상이하지만 전체적으로 25~35% 수준에서 증가한 것으로 집계됐다. 이 가운데 세탁기 물량은 지난해 대비 35% 늘었고, 청소기도 25% 증가했다. 여기에는 비록 세탁기와 청소기 물량 급증에 대응해 해외 생산법인을 새로 설립하고 생산량 확대를 진행해 왔지만 늘어나는 물량을 모두 광주공장에서 소화했기 때문이다.

하지만 내년부터는 신규 해외법인 가동이 정상화돼 광주공장의 물량 일부가 해외로 이전될 예정이다. 미국시장에서 인기가 높은 세탁기의 경우 미국 수출모델은 멕시코 공장에서 생산하게 된다. 이 경우 광주사업장의 세탁기 생산 물량은 올해와 비교해 30%가량 줄어들게 된다.

청소기도 내년에는 20%가량 줄어들 전망이다. OEM 모델 중 염가모델(20~30달러)은 베트남 생산법인으로 이전해 내년 1월부터 시범가동에 들어가기 때문이다. 이를 근거로 볼 때 광주사업장의 매출감소가 우려되지만 삼성 측은 올해와 비슷한 규모인 4조~5조 원대 매출액을 유지한다는 계획을 세워두고 있다.

우선 삼성전자 생활가전부문은 오는 2013년 글로벌 1위를 목표로 공격적인 투자와 마케팅을 전개할 방침이다. 여기에는 글로벌 가전시장의 물량이 해마다 20% 정도씩 상승할 것이라는 전망이 크게 작용하고 있다. 세탁기나 청소기 일부 물량이 해외공장으로 빠져나간다 하더라도 연간 20%대의 꾸준한 물량증대가 기대되고 있어 광주사업장의 매출에는 변화가 없을 것이라는 설명이다.

매년 20% 수준으로 급증하는 물량을 국내(광주)와 해외법인에서 나눠 생산할 예정이지만 광주사업장에서는 신제품 및 프리미엄 제품 위주로 생산 군을 형성해 5조원 규모의 매출을 유지하게 된다. 반면 해외법인에서는 염가형 및 지역판매 주력제품들로 생산 군을 형성해 생산하게 된다.

참 고 문 헌

1. 위증(2009), 지역경제운동사.(연재물)
2. 기아자동차 광주공장 자료
3. 삼성60년사(1998)
4. 광주상공회의소(2012) 광주상공명감.
5. 전남대 기업경영연구소(1998) 광주지역의 주요산업.

저 자 소 개

박 영 래

광주매일, 남도일보, 광남일보 기자 역임
서울경제신문 기자

중소기업

김형락 (중소기업중앙회 광주전남지역본부 부장)

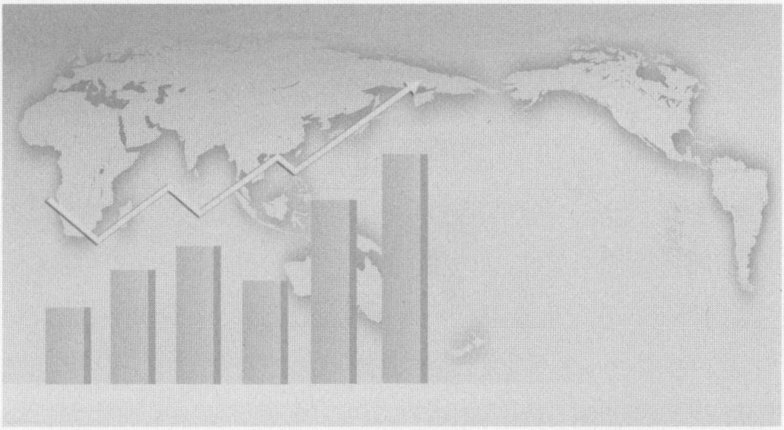

1. 서　론
2. 중소기업의 성장과 도약
3. 외환위기와 중소기업의 시련
4. 중소기업의 신성장기
5. 대 · 중소기업 양극화와 동반성장
6. 끝마치며

본 장은 한국경제의 발전과정에서 중소기업의 성장과 발전, 그리고 광주 중소제조업의 변천사를 살펴보고, 수직적 계열구조에서 발생한 대기업과 중소기업 간의 양극화 문제와 동반성장을 저해하는 우리 경제의 구조적인 문제를 살펴보고 이를 극복하기 위한 대 · 중소기업간 동반성장 방안과 지역 중소기업의 발전방향에 대해 고찰해 본다.

제8장 중소기업

1. 서 론

2000년대에 들어서 중소기업은 양적으로 크게 성장하였다. 전반적으로 중소기업의 사업체수는 매년 증가하고 있으며, 2007년 마침내 300만개를 돌파하였다. 2009년 현재 우리나라에는 306만 9,400개의 사업체가 있으며, 이 중 99.9%에 해당하는 306만 6,484개가 중소기업이고 대기업은 2,916개에 불과하다. 2009년 기준으로 우리나라에는 1,339만 8,497명의 기업 종사자가 있다. 이 중 87.7%에 해당하는 1,175만 1,022명이 중소기업 종사자이다. 1994년 우리나라 전체 기업 종사자의 75%였던 중소기업 종사자 비중은 2000년 80%, 2007년 88%를 돌파하였다. 중소기업은 양적으로 우리나라 경제의 '99 · 88'로 성장하였다.

그러나 양적 팽창에 비해 질적 성장은 더디게 진행되고 있다. 대기업과의 격차는 더욱 벌어졌고 이로 인해 청년인력의 중소기업 기피현상은 더욱 심해졌다. 우리나라의 중소기업은 그 동안 정부의 정책에 의해 조성된 경영환경에 익숙해져 있어서 빠르게 변하는 경제 환경에 맞춰 비전을 수립하고 전략을 구사해야 하는 역량이 부족한 것이 사실이다.

중소기업의 신성장동력 확보와 지속가능발전에 관한 문제는 비단 어제오늘의 일이 아니지만 2000년대에 들어 경제 환경이 급변하고 무한경쟁이 가속화되면서 최대과제가 되었으며, 기술개발과 우수한 인적자원의 확보, 금융지원 및 판로개척 등에 관한 총체적 혁신과 집중적인 투자가 요구되고 있다. 특히, 세계 통상환경이 자유무역협정(FTA) 중심으로 진행되면서 중소기업도 이에 대응하여 경쟁력을 갖추고 새로운 시장을 개척해 나가야 할 환경에 처해 있다.

그동안 광주지역은 1960~70년대 고도성장 정책에서 호남지역에 대한 소외가 지속되어 그 동안 경제가 낙후된 소비도시에 머물러 있었으나, 외환위기를 극복하는 과정에서 외부의존형 발전전략에서 벗어나 연구개발능력 확충을 통해 고부가가치를 창출할 수 있는 신산업육성전략으로 전환하면서 첨단과학산업단지를 중심으로 중소기업 육성을 통한 지역경제 발전을 위한 노력들이 활발하게 이루어지고 있다.

여기서는 경제개발 초기 중소기업 성장기(1962년~1979년), 중소기업의 본격적인 육성과 구조고도화 등 중소기업 도약기(1980년~1997년), 외환위기와 중소기업의 시련기(1998년~2002년), 글로벌 경쟁시대의 중소기업 신성장기(2003년~2012년)로 나누어 각 시기 경제발전 과정에서의 중소기업 육성정책과 발전, 그리고 광주 중소기업의 성장에 대해 중소제조업을 중심으로 약술한다.

2. 중소기업의 성장과 도약

가. 경제 발전과 중소기업의 성장

1) 경제개발계획과 중소기업의 육성(1962~1965)

정치·사회적 측면에서 여러 비판적 시각에도 불구하고 오늘날 한국경제의 고도성장의 기틀을 마련하고 성장잠재력의 바탕이 되는 초석을 다진 계기는 1962년부터 1966년까지 추진된 제1차 경제개발 5개년 계획에서 비롯됐으며, 우리나라 중소기업계에도 커다란 전환점이 되었다. 제1차 경제개발 5개년 계획은 각 년도 계획마다 중소기업 보호육성정책이 적극적으로 추진되었다는 점에서 우리나라 중소기업의 발전과 맥을 같이 했다고 할 수 있다.

중소기업의 중요성을 인식한 정부는 1960년 7월 상공부(현 지식경제부) 공업국에 중소기업과를 신설하고, 1961년 8월에는 별도의 중소기업 전담 금융기관인 중소기업은행을 설립하는 등 중소기업육성에 필요한 관련 법률을 제정하고 조직을 정비했다.

또한 1961년 12월에는 협동조직의 설립을 골자로 하는 중소기업협동조합법과 중소기업의 고유한 사업 분야를 확보하고 대기업의 과도한 침투를 막아 줌으로써 중소기업의 사업과 활동기회를 확보하기 위한 중소기업사업조정법이 공포되었다.

2) 중소기업 육성 본격화 및 성장(1966~1979)

1966년 12월 '중소기업헌장'이라 불리는 중소기업기본법이 제정되었다. 경제개발계획 추진으로 경제지표가 크게 개선되자 정부는 기업 활동을 더욱 촉진시켜 성장을 가속화하려고 했고, 그 과정에서 당시 산업의 주축을 이루고 있던 중소기업의 역할이 중요해짐에 따라 정부 정책의 기본적인 방향을 규정할 필요성이 대두되면서 별도로 법을 제정하여 중소기업을 육성하기 위해서였다. 중소기업기본법 제정으로 중소기업의 범위가 정해졌으며 자연스럽게 대기업과 중소기업의 구분이 발생했다.[1)]

이후 중소기업의 발전은 근대화 촉진운동을 통해 진행되었다.[2)] 중

1) 중소기업기본법은 제정 이후 경제 환경의 변화에 따라 2011년 11월 25일까지 총 11차례 개정되면서 중소기업 정책의 기본방향을 제시하는 역할을 해 오고 있다.

2) 근대화란 정치 · 경제 · 사회 · 문화 · 가치관 등의 모든 면에서 구조적 변화가 진행되어 후진적 상태에서 보다 향상된 선진적 상태로 진전되어 가는 과정을 일컫는다. 근대화론은 1950년대 후반 미국에서 형성된 것으로, 미국식 민주주의를 최고의 개념으로 제시한 로스토(Rostow.W.W.)의 〈경제성장의 여러 단계〉라는 저서에서 개념이 정립되면서 널리 파급되었다. 우리나라에서는 혁명정부가 자신들의 통치이념으로 근대화론을 도입하고, 이를 토대로 '조국 근대화'를 표방하면서 확산되었다.

소기업진흥법이 1978년 12월 제정됨으로써 근대화 촉진활동이 결실을 맺고 근대화 사업을 추진해 나갈 중소기업진흥공단이 1979년 1월 설립되었으며, 중소기업자의 빈약한 담보력을 보완하고 실질적인 중소기업자 대출을 원활히 하기 위한 중소기업신용보증법은 1967년에 이르러 제정되었다.

3) 초기 중소기업 육성정책의 명과 암

1961년~1979년 기간 중 중소기업의 육성을 위한 정부 및 민간의 부단한 노력에도 불구하고 후진국의 굴레를 벗어나기 위해 1970년부터 정부 주도로 실시된 중화학공업의 육성을 통한 대기업 중심의 고도성장 정책은 산업자본과 고도 기술의 편중, 시장장악력의 불균형을 가져와 대기업에 대한 중소기업의 종속이 심화되었고, 이러한 종속현상은 이후에도 더욱 가속화하여 우리나라 경제구조가 속칭 '갑'(대기업)과 '을'(중소기업)로 상징되는 왜곡된 틀로 자리 잡게 된다.

나. 중소기업의 도약(1980년~1997년)

1) 1980년대 중소기업 육성기

1980년대 세계 경제는 신자유주의 경제흐름에 의해 시장개방과 탈규제가 거의 모든 국가에서 급속도로 확산되었다. 한국 경제 역시 이런 추세에 따라 개방화와 규제완화, 민영화가 지속적으로 추진되었다. 경제정책에서는 국가 전체의 경제규모가 확대되고 구조가 고도화 되면서 정부주도의 운용보다는 민간부문의 역할이 증대되었고, 산업도 경공업 중심에서 자동차, 선박, 철강, 전자제품 등 중화학공업 중심으로 전환되면서 1980년대 한국 경제는 기록적인 성장세를 보이고 후진국의 굴레에서 벗어나 신흥공업국의 면모를 갖추기 시작했다.[3)]

---

3) 1980년대 한국경제는 연평균 경제성장률 8.7%, 연평균 제조업성장률 10.43%, 1인

1980년대는 우리나라 중소기업이 1970년대까지의 정부주도 육성정책에서 서서히 벗어나 민간자율과 자체 경쟁력 강화를 위해 부단히 노력한 시기였다. 세계적인 기술혁명 속에서 기술혁신이 주요한 과제로 떠올랐으며, 단체수의계약을 제도화한 중소기업제품구매촉진법(1981년), 중소기업고유업종제도(1982년), 유망중소기업제도(1983년), 하도급거래공정화에 관한 법률(1984년) 등 다양한 입법 활동을 통해 중소기업을 보호하고 육성하기 시작했다.

하지만 계속적인 지원정책에도 불구하고 1980년대 중소기업은 불안정한 상태에 놓여 있었다. 자본 및 기술의 대기업 편중과 이로 인한 경제력의 불균형은 대기업과 중소기업의 격차를 점점 더 벌어지게 했으며 대기업에의 종속현상은 더욱 심해졌다. 또한 1980년대 초부터 세계적으로 불어 닥친 산업구조 개편의 물결에 휩쓸려 중소기업의 구조조정이 시급한 문제로 대두되었다. 특히 80년대 후반 민주화의 확산에 의한 가파른 임금상승은 노동집약적인 중소기업에 위기를 불러 일으켰으며, 1990년대의 외국인 노동력 도입을 야기했다.

〈표 8-1〉 1980년대 중소기업 주요통계

(단위: 개, 명)

구 분	1980년	1990년	비 고
사업체수	483,695	1,478,931	3배 증가
종사자수	2,182,000	4,668,000	2.1배 증가
중소제조업 총생산액	11조5,709억 원	75조7,130억 원	6.5배 증가
부가가치생산액	4조1,683억 원	31조4,318억 원	7.5배 증가
수출액(천$)	5,623,884	27,382,021	4.9배 증가

당 국민총소득 \$1,660(1980년) → \$6,303 (1990년) 등으로 기록적인 성장을 했다.

2) 1990년대 중소기업 구조고도화기

1990년대의 한국경제는 세계화와 개방화가 가속화된 시기였다. UR 타결(1993년), WTO(1995년) 및 OECD 가입(1996년) 등 세계화의 물결에 동승하기 위한 노력이 속속 진행되었다. 정부는 경제안정화를 위한 재정·금융정책 외에 금융자율화, 수입자유화 및 자본자유화 등 각종 경제자유화 정책을 추진하였으며, 1993년 '신경제 5개년계획'을 발표하여 선진경제로의 도약을 시도하였다.

이러한 노력의 결과로 1995년 1인당 국민소득이 1만 달러를 넘어섰고, 수출이 처음으로 1,251억 달러를 달성하여 1977년 100억 달러를 돌파한 이후 18년 만에 1천억 달러 고지에 올라섰다. 하지만 대외경제면에서는 1990년 이후 국제수지 적자가 지속되었으며, 특히 1996년에는 국제수지 적자가 230억 달러에 이르러 국가의 외환이 고갈되는 조짐이 나타나기 시작했다.

1990년대부터 인건비 상승에 대한 부담으로 중소기업의 경영환경이 크게 악화되었다. 중소기업은 인건비 상승에 매우 취약한 구조를 가지고 있다. 많은 중소기업이 노동집약형 업종에 집중되어 있기 때문에 인건비 상승은 중소기업에 큰 타격을 주었다. 기계화가 더디게 진행된 기업일수록 가파르게 상승하는 인건비로 심각한 경영난에 시달렸다. 또한 중소기업에 대한 제반 지원조치들에도 불구하고 금융시장 담보대출 관행으로 중소기업에 대한 자금공급도 문제가 되었다.

1995년에는 '중소기업의 사업영역보호 및 기업 간 협력증진에 관한 법률'이 제정되어 대·중소기업간 사업조정이 계속되었으나, 이러한 노력에도 불구하고 중소기업과 대기업의 격차는 계속 확대되었다. 하지만 1996년에는 정부 수립 이후 처음으로 '중소기업청'이 신설되어 중소기업계의 오랜 숙원이 이루어졌으며, 벤처 붐이 일면서 새로운 업종의 출현은 중소기업의 생태계에 활력을 불어넣었다.

〈표 8-2〉 1990년대 외환위기 이전 중소기업 주요통계

(단위: 개, 명)

구 분	1990년	1997년 (외환위기 전)	비 고
사업체수	1,478,931	2,670,625	1.8배 증가
종사자수	4,668,000	8,272,648	1.8배 증가
중소제조업 총생산액	75조7,130억원	201조4,643억원	2.7배 증가
부가가치생산액	31조4,318억원	84조1,479억원	2.7배 증가
수출액(천$)	27,382,021	56,909,984	2.1배 증가

다. 지방중소기업 육성정책과 광주 중소기업의 성장

1) 정부의 지방중소기업 육성정책

정부의 지방중소기업 육성정책은 1960년대 이후 크게 3가지로 전개되었다. 하나는 입지 면에서 지방중소기업 우대이며, 둘째는 지방특화산업의 육성이고, 셋째는 지방중소기업에 대한 지원확대 정책이었다.

먼저 입지 면에서 지방중소기업 육성정책은 1969년 '지방공업개발법'을 제정하여 26개의 공업단지를 조성하였다. 그 후 1973년부터는 새마을공업육성시책을 실시하여 농촌지역의 공업화를 추진하였으며, 나아가 1983년에는 '농어촌소득원 개발촉진법'의 제정을 계기로 지방 중소기업의 육성을 제도적으로 뒷받침하였다.

지방특화산업의 육성은 1965년 이후 지방특화산업단지의 조성과 지방고유산업 육성을 통하여 소득증대와 수출을 촉진시켰다. 1966년 이후에는 지방특산품, 농산품, 가내공업제품의 생산을 독려하기 위하여 가내공업센터를 육성 지원하였다. 1980년대에 들어서는 공예산업 육성을 위하여 전국공예품경진대회를 개최하여 우수 공예품의 생산과 상품화를 유도하였다.

또한 지방중소기업의 대출증가에 따른 한국은행 자금의 차등지원 등 지방중소기업에 대한 금융지원을 대폭 강화하고 지방중소기업 창업 지원, 대도시 중소기업의 지방 유치활동 강화 등이 실시되었다. 특히 정부는 1988년에 처음으로 지방중소기업육성 5개년계획을 수립하여 지방공업입지 확대, 지방금융자원의 조성, 사회간접자본의 확장 등을 중점적으로 추진하였다.

정부는 체계적인 지방중소기업 육성을 추진하기 위하여 1993년 '지역균형개발 및 지방중소기업육성에 관한 법률'을 제정하였다. 이 법은 지역 간 균형 있는 개발을 촉진하기 위하여 지역별 특성에 맞도록 발전 잠재력이 있는 지방 대도시와 대규모 공업단지를 광역적으로 개발하고, 낙후지역에 대한 개발을 촉진시켜 지방경제를 활성화하는 것을 목적으로 하였다. 이 법의 시행을 계기로 그동안 중앙정부 주도의 지방중소기업육성시책이 지방자치단체 주도로 추진되게 된다.

특히, 1995년 지방자치제가 실시됨으로써 지역경제 활성화는 지방자치단체의 가장 중요한 화두가 되었다. 지방중소기업육성법은 지방자치제도 실시 이후 지역경제 활성화를 위한 정책적 지원근거를 마련하였다. 정부는 지방에 소재한 중소기업지원 유관기관들을 일정한 장소에 모아 지방중소기업의 기술·창업·판로·인력·정보 등에 대한 애로를 한 곳에서 해결할 수 있도록 1995년부터 지방중소기업종합지원센터 건립을 추진하였다.

2) 1980년대 광주 경제와 중소기업

60~70년대 '압축 성장'으로 대변되는 정부 주도의 고도성장전략과정에서 사회간접자본 시설에 대한 투자가 수도권과 동남권 지역에 집중됨으로써 지역 간 불균형을 심화시켰고, 이러한 불균형은 개발과정에서 소외된 호남지역의 지역경제력을 현저하게 약화시키는 결과를 가

져왔다.

광주는 호남권의 중심지임에도 생산기반이 취약하여 지역경제가 낙후된 소비도시에 머물러 있었다. 당시 광주시의 공업은 면 방적업체인 전방(1953년 전남방직주식회사로 출발)과 일신방직(1961년 전남방직주식회사에서 분할 설립), 일반버스 · 트럭 · 지프 · 고속버스 · 우등버스 등을 주로 생산하면서 국내 상용차 전문 제조업체로 발돋움한 아시아자동차(1965년 설립) 등이 위치한 공업지역을 중심으로 이루어졌다.

이에 1976년 생산도시로의 기반을 닦기 위한 생산도시화 운동이 추진되어 공단을 조성하기 시작하였으며, 1978년 착공하여 1983년 완공한 소규모 공단인 본촌, 송암공단을 개발한 것이 광주의 공업발전의 시작으로 봐도 무방하다. 이후 대규모 공단인 하남공단이 제1차(1981년~1983), 제2차(1986년~1989년), 제3차(1989년~1991년)의 10년에 걸쳐 조성되었다.

이 시기 중소기업은 타 지역에 비해 자동화, 정보화가 낮고 완제품 생산업체가 극히 적은 실정으로 대부분 부가가치가 낮은 건축자재, 가구, 음식료품 등 소비재 생산업체로 창업도 부진하였다. 또한 중소기업 대부분이 자동차, 전자제품 생산 대기업과의 납품관계를 형성하고 기술과 시장을 대기업에 의존하고 있어 대기업의 생산과 판매실적에 영향을 받을 수밖에 없는 구조를 형성하고 있었으며, 이에 따라 중소기업의 구조조정과 신기술 개발의 필요성이 대두되고 있었다.

3) 1990년대 광주 경제와 중소기업

90년대는 UR 타결(1993년), WTO 가입(1995년), OECD 가입(1996년) 등 우리 경제에 불어 닥친 세계화, 개방화가 가속된 시기였다. 광주시도 정부의 「新경제 100일 계획」 추진에 맞춰 상대적으로 열악한 지역경제의 활성화를 도모하기 위해 최우선 과제를 중소기업 지원에 두고 자금, 기술, 판로개척을 지원하고 개방화·국제화에 대비하는 지역단위의 「지역경제진흥종합계획」을 수립 추진하였다.

1995년 지방자치제의 실시로 인해 지방자치단체의 가장 중요한 화두는 지역경제 활성화였다. 민선체제를 갖춘 광주시도 생산도시로 발돋움하기 위해 투자자유치촉진조례를 제정하고 전자, 전기, 정보 등 고부가가치의 첨단산업을 중심으로 국내 대기업의 투자유치활동을 전개하여 첨단단지에 세계적인 반도체공장을 착공한 아남산업(현 ATK)를 비롯하여, 삼성전자(컴프레서 등 첨단정밀부품), LG그룹(전자, 생명공학분야) 등을 유치하였다.

1995년은 세계경기의 호조와 설비투자확충에 따른 수출 공급능력 확대와 엔고효과 등에 따라 우리나라 전체의 수출이 큰 폭으로 신장하였다. 광주시도 수출주력상품인 타이어, 자동차, 전자부품 등이 수출을 주도하면서 수출이 높은 신장세를 보였다. 하지만 광주지역 수출의 경우 대부분이 대기업에 편중되어 있어 중소기업의 수출증대를 위한 자기상표의 신제품개발은 이후 광주 중소기업 발전을 위해서 극복해야 할 지속적인 과제로 남게 된다.

이 시기 광주 경제의 여건은 여전히 어려웠다. 1997년을 기준으로 지역내총생산(GRDP)은 전국 15개 시·도 중 13위에 머물러 있고 재정자립도는 최하위 수준을 벗어나지 못하고 있었다. 또한 산업구조도 음식업이나 숙박업 등 영세한 규모의 서비스업이 주류를 이루고 있었고 제조업도 종업원 50명 이하 규모가 전체의 95%를 차지하였다. 대기업에 납품하는 중소협력업체들도 핵심 고부가가치 품목을 생산할 수 있는 능력과 설비를 갖추지 못하고 부가가치가 낮은 제품의 생산에 머무르고 있었다.

1993년 '지역균형개발 및 지방중소기업육성에 관한 법률'을 제정을 계기로 광역자치단체가 지방 중소기업의 육성을 주도적으로 추진하게

〈표 8-3〉 1990년대 광주지역 중소제조업 주요통계

(단위: 개, 명)

구 분	1995년	1997년
사업체수	6,680 (60,166)	6,815 (60,068)
대기업(301인 이상)	18 (22,313)	15 (21,832)
중기업(200~51)	111 (10,796)	107 (11,539)
소기업(50인 이하)	6,551 (27,057)	6,693 (26,697)

* 자료 : 통계청 [전국사업체조사] 각 년도에서 재편. 가공
* (　　)안은 종사자수

되었으나 당시 광주의 중소기업 육성시책은 이를 체계적이고 효율적으로 추진할 전문 인력과 재원부족으로 애로를 겪을 수밖에 없었으며, 따라서 중앙정부의 시책사업을 확대 추진하는 데 머물렀다.

이 시기 주요 중소기업 육성시책으로는

- '산·학·연 지역컨소시엄'을 운영을 통한 공동기술개발체계 구축
- 중소제조업 신기술개발을 촉진하는 산학협동기술개발 지원
- 지역특화산업 육성을 위한 「지역협력연구센터」지정 및 운영
- 지역 「고유브랜드」개발을 위한 산업디자인과 포장기술개발 지원
- 고부가가치형 산업구조로의 개편을 위한 중소기업기술센타 운영
- 자동차부품제조업 신기술개발 사업 지원
- 중소기업구조고도화사업자금 및 중소기업경영안정자금 등 중소기업 육성자금의 확대 조성 등이 추진되었다.

특히, 1996년에는 지역중소기업의 해외 시장개척을 안정적이고 장기적으로 지원하기 위하여 '수출진흥기금' 조성하기 시작하였으며, 광주

신용보증조합(현 광주신용보증재단) 설립하여 담보능력이 부족한 중소기업의 신용대출을 지원하였다.

3. 외환위기와 중소기업의 시련(1998년~2002년)

가. IMF 외환위기의 발발

우리나라는 1990년에서 1996년까지 연평균 8.0%의 높은 경제성장률을 기록하며 고도성장을 계속했으나, 1990년 이후 무역적자가 계속되고 국내경기가 둔화되어 기업의 재무건전성이 급격히 악화되자 해외차입이 증가하기 시작했다.

1997년 7월 태국 바트화 폭락을 계기로 촉발된 동아시아 외환위기가 점점 확산되면서 외환보유고가 바닥난 우리나라는 1997년 12월 3일 IMF로부터 긴급구제금융을 차입하면서 국가경제가 IMF 관리체제로 넘어갔다. IMF에서는 구제 금융을 지원하는 조건으로 우리 정부에 금융분야의 구조조정, 기업구조 변경과 긴축정책 등을 핵심으로 하는 처방을 요구하였다. 이에 따라 추진된 강도 높은 구조조정은 국내경제 전반에 걸쳐 엄청난 변화를 초래했다.[4)]

나. 외환위기 속의 중소기업

IMF 외환위기로 가장 큰 피해를 본 것은 바로 중소기업이었다. 자금이 돌지 않자 부도가 급증했다. 중소기업 부도율은 1%대에 이르렀다. 직격탄을 맞은 중소기업은 외환위기 발생 직후 1년 동안 2만5,163개 업체가 부도를 냈다. 외환위기 이전과 비교하면 부도업체가 1만여 개가

---

4) 1998년 경제성장률은 -5.7%를 기록했으며, 기업의 연쇄부도로 그해 말 실업자가 167만 명, 실업률은 7.9%에 달했다. 월 평균 최대 부도업체 2,800개, 차입금 평균이자율 24%는 한국경제의 위기를 실감하게 하는 경제지표였다.

〈표 8-4〉 IMF 외환위기 기간 중소기업 주요통계

(단위: 개, 명)

구 분	1997년	2002년	비 고
사업체수	2,670,625	2,856,913	
종사자수	8,272,648	10,154,095	1천만 명 돌파
중소제조업 총생산액	201조4,643억원	318조9,619억원	1.6배 증가
부가가치생산액	84조1,479억원	124조5,762억원	1.5배 증가
수출액(천$)	56,909,984	68,307,855	1.2배 증가

늘었다.[5)]

정부는 1998년 중소기업특별위원회를 발족시켜 총체적 지원정책을 펼쳤다. 이 당시 중소기업과 소상공인을 위한 주요 정책들을 보면 소상공인지원센터 설치, '지역신용보증재단법'과 '산업기술기반조성에 관한 법률' 제정(이상 1999년), '소기업 및 소상공인지원을 위한 특별조치법' 개정, '기술이전촉진법' 제정(이상2000년), '중소기업기술혁신촉진법' 제정(2001년), '중소기업의 구조개선과 재래시장 활성화를 위한 특별조치법' 제정(2002년) 등이다.

우리나라의 경제구조를 흔들어 놓은 외환위기는 중소기업의 생태계를 밑바닥부터 변화시키는 계기가 되었지만, 아이러니하게도 외환위기를 거치면서 중소기업의 사업체수는 오히려 증가하였다. 기업이나 공공기관에서 일자리를 잃은 인력들이 생계형 창업을 통해 대거 중소기업으로 유입되었기 때문이었다.

5) 어음부도율은 IMF 금융위기가 발생했던 1997년 4/4분기에는 0.8%로 올라갔다. 1993년부터 1996년까지 연간 평균 부도율이 0.097%였으므로 10배가량 높아진 것이다. 한국기업평가에 따르면 1998년부터 2003년까지 중소기업 부도율은 대기업보다 3.4배가량 높은 것으로 조사됐다.

다. 벤처기업의 육성과 기술혁신

1990년대 지구촌을 뒤흔든 인터넷을 기반으로 한 정보통신혁명으로 인하여 기술경쟁력이 더욱 중요한 요소로 부각되었다. 미국 실리콘밸리에서 출발된 벤처열풍이 세계경제를 휩쓸었으며, 신기술을 앞세운 벤처기업들은 새로운 부가가치를 만들어 내며 기존 산업들을 크게 위협했다.

이러한 변화에 발맞추어 우리나라도 벤처기업으로의 전환과 창업을 촉진하고 기술개발을 집중적으로 지원하는 환경을 조성하기 위하여 1997년 '벤처기업육성에 관한 특별조치법'을 제정, 벤처기업 육성기반의 구축을 위한 자금, 인력, 입지공급 등을 지원하였다.

이와 더불어 산업의 패러다임이 급속하게 바뀜에 따라 보다 체계적이고 선진화된 중소기업 기술혁신이 절실해졌다. 그 동안의 기술자금 중심의 기술 지원 사업에서 한 걸음 더 나아가 기술혁신을 촉진하기 위한 제도적 지원이 필요해 진 것이다. 이에 2001년 제반 중소기업 기술 지원 사업을 통합 정비하여 '중소기업기술혁신촉진법'을 제정, 기술혁신에 필요한 자금지원과 함께 기술혁신을 위한 경영 및 기술지도, 기술 혁신형 중소기업 육성, 산·학·연 공동기술개발사업 등을 지원하였다.

라. 외환위기 속의 광주 경제와 중소기업

외환위기로 우리 경제의 대내외적 여건이 크게 악화되면서 경제적 기반이 취약한 광주 경제는 더욱 큰 시련에 직면했다. 1998년에는 취업자가 감소하고 실업률도 8.7%를 기록하여 전국 6대도시 평균(8.5%)보다 높았다. 어음부도율도 1.20%로 97년 대비 0.38%p 상승하였으며, 전국 평균(0.52%)에 비해서도 매우 높은 수준을 보였다. 중소기업도 부도업체 증가, 경기침체와 생산위축, 구조조정 및 실업증가 등으로 전반적인 위기 상황에 처하였다. 특히 1997년 지역경제에서 큰 축을 담당하고 있던 기아자동차의 법정관리로 인해 많은 중소납품업체들은 큰 어려움을 겪었다. 이에 따라 위기극복을 위한 최우선과제인 실업문제 해결과 고용창출을 위해 산업고용국을 신설, 전국에서 처음으로 민간주도의 '실업극복대책위원회'를 구성하여 공공근로사업 등 실직자 지원 사업을 전개하고, 고용창출 중소기업에는 특별자금을 융자지원 하는 등의 노력을 기울였다.

또한 IMF 구제금융의 경제적 파장을 줄이기 위해 중소기업경영안정자금을 확대 지원하고 광주신용보증조합의 보증요건을 완화하는 등의 노력을 기울였다. 또한 경영・기술・품질・판로 등을 지원하는 중소기업 유관기관과의 One-Roof-Service 체제 구축으로 기업하기 좋은 여건을 조성하기 위해 '중소기업종합지원센터'를 개원(98.4)하였고, '벤처기업 육성을 위한 기본계획' 수립(98.4), 벤처기업협회 결성(98.5) 등 벤처기업을 육성하기 위한 새로운 시책들의 추진으로 벤처기업의 창업이

〈표 8-5〉 IMF 외환위기 기간 중 광주지역 중소제조업 주요통계

(단위: 개, 명)

구 분	1997년	1998년	2000년	2002년
사업체수	6,815 (60,068)	6,274 (52,660)	6,715 (58,372)	7,376 (61,930)
대기업 (301인 이상)	15 (21,832)	18 (19,836)	12 (19,187)	13 (18,312)
중기업 (200인~51인)	107 (11,539)	91 (8,828)	105 (10,804)	117 (11,453)
소기업 (50인 이하)	6,693 (26,697)	6,165 (23,996)	6,598 (28,381)	7,246 (32,165)

* (　　)안은 종사자수

촉진되면서 50인 이하 소기업의 수가 크게 증가했다.

이러한 노력의 결실로 98년 말부터 광주 경제는 점차 외환위기의 여파에서 벗어나면서 빠르게 안정을 되찾기 시작했으며, 2000년 말에는 외환위기 직전의 수준으로 회복되었다.

외환위기는 광주 경제와 중소기업에게 시련이자 기회였다. 그동안 광주 경제발전의 한계로 지목된 외부 의존형 발전전략에서 벗어나 지방이 주도하는 중소기업 중심 구조로 전환하고 지역기업이 고부가가치를 창출할 수 있는 지역발전 계기를 마련한 시기였다.

광주시는 1998년 외환위기 직후 지금까지의 중앙정부와 대기업 중심의, 그리고 외부기업 유치와 기술 도입 등 외부 의존형 발전전략에서 벗어나 지방이 주도하는 중소기업 중심 구조로의 전환과 연구개발능력 확충을 통해 고부가가치를 창출할 수 있는 지역발전전략으로 전환하는 '지역과학기술진흥 5개년계획'의 작업에 착수했다. 특히, 1999년에는 지역발전을 위한 새로운 산업육성 전략으로 광산업을 육성하기 시작하면서 광 관련 기업체수는 2000년 사업추진 당시 47개사에서 2002년 말 160개로 크게 증가했다.

4. 중소기업의 신성장기(2003년~2012년)

가. 글로벌 금융위기와 한국경제의 재도약

세계경제는 2000년대 들어 글로벌화의 확산과 첨단정보통신의 발달로 새로운 국면에 접어들었다. 정보통신혁명에 따른 디지털화와 지식산업사회로의 이행이 급속하게 진행되고 국경을 가리지 않는 무한 경쟁이 가속화 되었다. 이런 가운데 우리 기업은 세계시장에서 살아남기 위해 글로벌 스탠더드를 갖추는데 많은 노력을 기울였다.

하지만 2001년 외환위기를 조기 졸업한 한국경제는 소비침체와 저성장으로 활력을 잃고 다시 힘없이 주저 앉으며 장기불황의 골짜기로 진입했다. 2001년부터 2005년까지 경제성장률은 월드컵 특수를 누렸던 2002년 7.2%를 제외하고 4%대 이하에 머물렀다. 2006년과 2007년에 풍부한 글로벌 유동성과 국내 경기의 회복에 힘입어 5%대의 성장률을 반짝 기록했지만, 2008년 선진국 경제의 장기침체와 세계 금융위기 등으로 경제는 불확실성 속으로 빠져들었으며, 그 해 연말에 발생한 미국발 금융위기는 우리 경제를 강타해 1998년 이후 처음으로 제로성장으로 주저 앉혔다.

이러한 상황에서도 1990년대 후반부터 추진된 IT산업이 한국경제의 새로운 성장엔진으로 부상하면서 반도체, TFT-LCD, 휴대전화 등이 크게 약진하고, 자동차와 선박도 큰 성장세를 기록하며 우리 경제를 이끌었다.

정부는 침체된 지역경제 회복을 위해 1999년부터 지역전략산업 육성정책을 펼쳐왔다. 대구 · 부산 · 경남 · 광주 등 4개 지역의 특성화된 산업을 발전시키기 위하여 지역진흥사업이라는 명칭으로 시행된 이 사업은 참여정부 시절인 2004년에는 지역전략산업으로 변경하여 확대 추진되었다. 현 정부에서는 광역경제권 발전정책으로 전환, 지역 선도산업을 추가하여 병행 추진하고 있다. 이를 토대로 매년 전략적 과제를 설정하여 특정 지역이 전문화 하고자 하는 산업과 지방중소기업을 육성하고 있다.

2008년에는 2단계 국가 균형발전계획을 수립하여 수도권에서 지방으로 이전하거나 지방에서 창업한 기업, 그리고 지방에 본사를 둔 기업에 대한 법인세 감면, 낙후지역 중소기업의 건강보험료 부담 경감, 군복무 대체근무를 위한 자연계 석 · 박사 연구요원의 지방중소기업 배정 확대 등 지방경제 활성화 정책을 펼쳤다.

나. 글로벌화와 21세기의 중소기업

중소기업 정책도 2000년대부터 일대 전환기를 맞게 된다. 중소기업 정책의 근간이 보호와 육성에서 혁신과 경쟁으로 바뀌게 된다. 그 배경은 1990년대 세계무역기구(WTO)의 출범과 정부의 세계화 추진이었다. 시장개방과 적극적인 통상정책이 추진되면서 보호보다는 경쟁이 필요했기 때문이다.

하지만 IMF 관리체제를 거치면서 우리나라의 대기업들은 체질개선을 통해 경쟁력을 강화해 나갔지만 상대적으로 중소기업들은 그러하지 못하였다. 중소기업들은 시장점유율과 이익률이 현격하게 하락했으며 수출비중도 크게 낮아졌다. 청년 인력들은 중소기업을 기피하고 있으며 양극화가 더욱 심화되었다.

이에 따라 2000년대에 들어서면서 동반성장 문제가 우리나라 중소기업계의 큰 화두로 떠올랐다. 2006년 '대·중소기업 상생협력 촉진에 관한 법률'이 제정되고 수차에 걸쳐 '하도급거래 공정화에 관한 법률'이 개정되면서 동반성장 정책이 추진되었다. 2010년 12월에는 동반성장위원회가 구성되어 중소기업 적합업종 선정, 이익공유제 논의 등 활발한 활동을 펼치고 있다.

〈표 8-6〉 중소기업 신성장기의 중소기업 주요통계

(단위: 개, 명)

구 분	2002년	2009년	비 고
사업체수	2,856,913	3,066,484	'07년 300만개 돌파
종사자수	10,154,095	11,751,022	
중소제조업 총생산액	318조9,619억원	555조8,547억원	1.7배 증가
부가가치생산액	124조5,762억원	198조1,962억원	1.6배 증가
수출액(천$)	68,307,855	103,692,600	1천억$ 돌파

다. 2000년대 광주 경제와 중소기업

2000년대 들어 세계경제는 글로벌화의 확산과 첨단정보통신의 발달로 새로운 국면에 접어들었다. 광주시도 낙후한 지역경제를 극복하고 첨단과학산업도시로 도약하기 위하여 적극적인 행보를 보였다. 그동안 산업단지 확충, 연구소 유치 등 기초산업인프라 확충에 역점을 둔 정책에서 2004년 지역혁신발전 5개년계획을 수립하면서 광산업, 자동차, 전자산업을 3대 주력산업으로, 첨단부품소재, 디자인, 신에너지, 문화콘텐츠 산업을 4대 전략산업으로 하는 산업지도를 완성하고 생산도시화를 가시화하는 산업정책의 패러다임 전환을 시도하였다.

2004년에는 기아자동차 광주공장의 신차라인 증설되고, 수원공장의 세탁기와 에어컨 등 삼성전자의 백색가전 라인이 삼성광주전자 공장으로 이전하면서 30여 곳의 협력업체까지 광주 및 인근 전남지역으로 함께 내려와 지역경제에 활력을 불어넣었다. 이에 따라 자동차 및 백색가전제품의 생산규모가 대폭 확대되어 자동차산업과 디지털 가전산업의 집적지로 성장토대를 구축하였다.[6)]

실제로 2001년 외환위기를 조기 졸업한 한국경제는 소비침체와 저성장으로 활력을 잃고 월드컵 특수를 누린 2002년의 7.2%를 제외하고는 2001년부터 2005년까지 경제성장률은 4%대 이하에 머물렀으나, 이 시기 광주 경제는 광주 역사상 최초로 3분기 연속 제조업 생산증가율 전국 1위('04.4/4분기 39.3% → '05.1/4분기 45.2% → '05. 2/4분기 45.2%)를 달성했다.

2005년 말 중소제조업 현황을 살펴보면, 종업원 50인 이상 중기업이

6) 광주지역의 자동차산업은 생산규모 측면에서 2001년 16만대 수준에서 2005년 32만대, 2008년에는 42만대로 증가 하였으며, 기아자동차의 경우 2010년 50만대 생산을 위한 설비를 증설하였다. 백색 가전제품의 생산규모도 '01년 7,613천대에서 '04년 19,220천대로 크게 증가하였다.

〈표 8-7〉 중기업 변화 추이

(단위: 개, 명)

구 분	2000년	2001년	2002년	2003년	2004년	2005년
사업체수	105	127	117	114	148	165
종사자수	10,804	12,367	11,453	10,924	13,860	15,064

* 중소제조업 기준, 통계청 [전국사업체조사] 해당년도에서 재편. 가공

165개로 2003년 말보다 무려 51개가 늘어 44.7%의 증가세를 보였고 중기업의 종사자도 1만5천64명으로 2003년에 비해 37.9%인 4천140명이나 늘었다. 하지만 소기업은 종사자가 대기업과 중기업으로 유입되면서 인력부족 현상이 심화되기도 하였다.

삼성전자의 백색가전 생산라인 이전으로 광주지역은 대우일렉트로닉스, 캐리어 등과 같은 생활가전 업체가 집중된 생활가전 집적단지로 발전하였고 중소협력업체가 500개 이상으로 증가한 것으로 추산되고 있다. 하지만 대기업에 납품하는 광주지역 중소부품업체들은 여전히 기술개발을 위한 역량과 R&D에 대한 재투자 부족으로 기술경쟁력이 취약하여 모기업에 대한 의존도가 높아 대기업의 단가인하 요구, 불규칙한 납품물량 발주에도 적절히 대응하지 못하고 경영상태가 불안정한 구조를 보이고 있다.

또한 대기업의 필요부품 중 광주지역 부품업체의 납품비율이 매우 낮은 실정이고 부품·소재업체가 지역 제조업체에서 차지하는 비율 또한 낮은 상황으로 부품소재 전문기업 육성과 인프라 확충은 지역 주력산업인 자동차, 전자, 광산업의 발전과 긴밀히 연계되어 있는 시급한 과제였다.[7]

7) 2003년 광주지역 부품소재산업 현황을 보면 대기업 필요부품 중 중소부품업체들의 납품비율은 전기·가전분야가 55%, 자동차 관련 분야가 35%로 매우 낮고 부품·소재업체가 광주지역 제조업체에서 차지하는 비율은 16.5%에 불과하다. 이러한 문

〈표 8-8〉 2000년대 광주지역 중소제조업 주요통계

(단위: 개, 명)

구 분	2003년	2005년	2008년	2010년
사업체수	7,110 (65,654)	7,328 (68,751)	7,238 (68,269)	7,228 (73,725)
대기업 (301인 이상)	16 (23,001)	15 (21,251)	12 (19,890)	10 (19,190)
중기업 (200인~51인)	114 (10,924)	165 (15,064)	160 (15,253)	195 (20,115)
소기업 (50인 이하)	6,980 (31,729)	7,148 (32,436)	7,066 (33,126)	7,023 (34,420)

* (   )안은 종사자수

2010년 들어서는 광주전남 대표적인 건설업체들(새한철강, 남양건설, 금광기업 등)의 법정관리로 지역경제계는 충격에 휩싸였다. 특히 중소하도급업체들은 납품대금을 받지 못해 경영난에 허덕였다. 또한 2000년대 들어 반복되는 원자재가격 급등과 유가 상승, 그리고 유럽 재정위기 등이 실물경제로 전이되면서 최근 지역경제는 극심한 내수경기의 침체로 어려움을 겪고 있다.

이 시기 광주지역 5인 이상 중소제조업의 업종별 업체수를 살펴보면 과거에는 표준산업분류상 기타 기계 및 장비제조업과 금속가공(조립금속)제품 제조업, 고무 및 플라스틱제품 제조업이 주종을 이루고 있었으나, 2000년대 들어 의료, 정밀, 광학기기 제조업과 전기 장비 제조업, 그리고 전자부품, 컴퓨터, 영상, 음향 및 통신장비 제조업의 성장세가 두드러졌다. 이는 지역소재 대기업과의 납품관계를 형성한 협력업체의

제들을 해결하기 위해 광주시는 지역산업 진흥사업으로 디지털정보가전사업 육성을 추진하고 한국생산기술연구원 광주연구센터 설립(2003년), 전자부품연구원 광주지역본부 개소(2005년) 등 첨단부품소재산업의 생산기반 인프라 구축에 착수했다.

〈표 8-9〉 광주 중소제조업의 연도별 업체수 및 종사자수

(단위: 개, 명)

구 분	1994	2000	2005	2009	1994년 대비	
					증감	증감률
제조업	1,099	1,445	2,076	2,202	1,103	100.4%
	25,904	28,352	39,031	41,954	16,050	62.0%
음식료품	76	121	149	156	80	105.3%
	2,466	2,960	2,837	2,826	360	14.6%
섬 유	45	45	43	39	△6	△13.3%
	1,213	1,235	936	1,269	56	4.6%
의복, 모피	83	64	59	62	△21	△25.3%
	1,905	1,347	843	686	△1,219	△64.0%
목재, 나무	39	28	35	33	△6	△15.4%
	613	359	323	403	△210	△34.3%
펄프, 종이	26	33	38	35	9	34.6%
	371	503	506	488	117	31.5%
인쇄, 기록매체	57	85	137	93	36	63.2%
	1,423	1,841	2,108	905	△518	△36.4%
화학물질, 화학	14	20	35	43	29	207.1%
	179	246	342	712	533	297.8%
고무, 플라스틱	78	129	195	182	104	133.3%
	1,739	2,670	4,934	4,761	3,022	173.8%
비금속광물	33	34	29	29	△4	△12.1%
	668	768	424	576	△92	△13.8%
1차 금속	28	37	48	66	38	135.7%
	1,231	904	1,102	1,521	290	23.6%
금속가공	155	226	335	358	203	131.0%
(조립금속)	2,108	3,507	5,721	6,133	4,025	190.9%
전자부품, 컴퓨터,	24	25	55	70	46	191.7%
영상, 음향, 통신	1,012	571	1,111	2,079	1,067	105.4%
의료,정밀,	11	24	65	98	87	790.9%
광학기기,시계	147	321	788	1,275	1,128	767.3%
전기장비	44	124	156	246	202	459.1%
	1,498	2,780	3,894	5,291	3,793	253.2%
기타 기계, 장비	201	289	428	386	185	92.0%
	4,628	4,896	7,930	6,410	1,782	38.5%
자동차,트레일러	104	70	120	156	52	50.0%
	3,493	2,407	3,593	4,790	1,297	37.1%
기 타	81	91	149	150	69	85.2%
	1,210	1,037	1,639	1,829	619	51.2%

* 5인 이상 중소제조업 기준, 중소기업중앙회 중소기업통계에서 재편. 가공

성장과도 관계가 있겠으나, 2000년대 중반부터 첨단과학산업단지를 중심으로 육성된 광산업, 첨단부품소재산업 등의 성장에 기인한 결과로 보인다. 이에 반해 대기업 수와 종사자는 2000년 이후 감소세를 보이고 있다.

5. 대·중소기업 양극화와 동반성장

최근 우리 사회의 가장 중요한 이슈 중의 하나는 '양극화'이다. 기획재정부에서 2012년 3월 발표한 '중장기 보고서 정책과제 우선순위에 관한 설문조사' 결과를 보면 국가발전을 위해 대비해야 할 미래변화의 흐름으로 우리 국민 2명 중 1명은 '양극화 등 사회갈등 심화'를 가장 중요한 요소로 꼽았다.

양극화는 여러 분야에서 나타나고 있는데 특히 대기업과 중소기업 간의 양극화를 어떻게 해결해 나갈 것인가의 문제는 국민소득 2만 불 언저리에서 10년간 정체되어 있는 한국 경제를 한 단계 도약시키기 위해 가장 시급히 해결해야 하는 과제임에 틀림없다.

광주의 하남산업단지에 입주해 있는 중소제조업체 중 대기업과 1차, 2차로 하도급관계를 이루고 있는 업체가 2/3이상으로 추산된다. 2010년부터 삼성전자가 광주사업장에서 생산하던 저가 백색가전제품의 생산을 해외로 이전하면서 그동안 부품을 납품해온 협력업체들이 큰 어려움을 겪고 있다. 따라서 대·중소기업 간 동반성장 문제를 살펴보고 이에 대한 해결책을 모색하는 일은 광주의 중소기업 육성발전에 있어 큰 의미가 있을 것이다.

여기서는 대·중소기업 상생협력, 그리고 동반성장 정책의 흐름을 이해하는 데 도움이 되도록 1960년대 이후 정부가 추진해온 계열화 정책의 추진과정을 파악해 보고 그 과정에서 불가피하게 발생된 대기업과 중소기업 간의 격차와 양극화의 심화, 그리고 바람직한 대·중소기업 동반성장 방안에 대해 고찰해 본다.

가. 계열화

1) 계열화정책 추이

동반성장이라는 용어는 갑자기 등장한 것이 아니고 1960년대 초부터 이미 대기업과 중소기업의 동반성장 문제가 제기되어 왔다. 그러나 당시는 대기업과 중소기업의 격차가 경제 구조적으로 어쩔 수 없이 존재할 수밖에 없었고 지금처럼 크게 벌어지지 않았기 때문에 수직적 협력으로 해결하고자 하였다. 그것이 바로 중소기업계열화 정책이었다.

계열화(systematization)[8)]란 대기업이 물품의 생산에 필요한 부품이나 반제품의 생산을 중소기업에 위탁하고 중소기업은 그 위탁을 받아 전문적으로 생산 납품하는 구조를 형성하는 것이다. 경제개발 초기인 1960년대 초반에는 우리나라의 산업이 경공업 위주로 성장하여 도급거래의 비중이 작았고 중소기업과 대기업 간에도 구조적인 면에서 큰 차이를 보이지 않아 계열화의 필요성은 크게 대두되지 않았으나 중화학공업 육성정책이 적극 추진되면서 전문화 및 계열화 체계를 강화하고자 하였다.

1970년대에 대기업이 급격히 성장하면서 점차 중소기업과 대기업간의 문제가 발생함에 따라 그 필요성이 더욱 대두되었으며, 이이 따라 1975년 '중소기업계열화촉진법'이 제정되었다. 이 법은 모기업(대기업)

---

8) 계열화란 기업이 독립성을 유지하면서 기술·인력·자금지원과 협력을 통해 상호간의 이익을 창출하는 체계를 말한다. 이는 산업이 고도화되면서 제조공정이 복잡해지고 다단계로 분화되는 흐름 속에서 제조경쟁력을 높이기 위해서는 모기업과 수급기업이 최대한 협력하는 산업계열화(협업체제)를 통해 상호 시너지효과를 극대화할 필요성에서 제기되었다.

과 수급기업(중소기업)간의 계열화를 촉진하여 분업에 의한 상호이익을 증진하는 한편 분쟁을 사전에 방지하여 중소기업을 보호하는데 그 목적이 있었다. 그러나 현실은 이러한 법의 입법취지와는 다르게 거의 진척되지 않았다. 계열화가 부진한 이유는 대기업이 계열화보다는 중소기업을 인수하는 창업자 이득(founder's profit)을 선호했기 때문이었다. 또한 이런 정책은 효율적 생산을 목표로 하는 수직적 경제 질서에 관한 제도였다. 본격적인 계열화는 1980년대 중반부터 이루어지게 된다.

1984년 12월 모기업의 도급거래상 불공정행위를 규제하기 위하여 제정된 '하도급거래 공정화에 관한 법률'은 계열화 지도사업을 한 단계 진전시켰다. 이후 계열화조성사업, 하도급거래공정화사업, 대기업사업의 중소기업이양사업 등이 적극적으로 추진되어 1981년 36.7%에 불과했던 해당 업종의 계열화율이 1989년에는 무려 66.5%로 상승했다.

또한 모기업과 수급기업자간에 계열화를 추진하는 과정에서 분쟁이 발생할 경우 가능한 양당사자 간에 대화를 통하여 자율적으로 해결하도록 유도하기 위하여 모기업체 내에 수탁기업체협의회를 구성 운영하도록 하였다. 하지만 수탁기업체협의회는 1999년 계열화촉진협의회 신고의무 등 지정계열화 제도가 사실상 폐지되면서 수탁기업체 구성 및 운영 실태를 파악하는 것조차 어렵게 되었다.

〈표 8-10〉 계열화 지정현황

(단위: 개)

연도	지정업종	지정품목	모기업	수급기업
1980	6	71	64	263
1985	40	1,256	337	2,180
1990	42	1,160	339	2,203

2) 계열화와 동반성장

1990년대 들어 중소기업계열화는 사뭇 다른 양상으로 전개되었다. 산업규모가 커지고 개방화가 가속되면서 산업계열화보다는 오히려 중소기업의 자체적인 역량육성이 강화되었다.

1997년 외환위기 이후 위기를 극복하는 과정에서 자체역량을 충분히 갖춘 대기업은 구조조정 등을 통해 빠르게 재도약 하였지만 그렇지 못한 중소기업은 더욱 위축되었다. 구조조정 과정에서 대기업과 중소기업의 인력·기술·자본·수익성·임금·혁신역량 등 모든 면에서 격차가 크게 벌어지기 시작했고 지속가능 성장의 장애요인으로 떠올랐다. 이에 대·중소기업 간 양극화 해소를 통한 동반성장을 달성하기 위한 정책이 필요하게 되었다. 이에 따라 대·중소기업 상생협력을 제도적으로 추진하기 위해 2006년 '대·중소기업 상생협력 촉진에 관한 법률'이 제정되었다. 현 정부 들어선 이후에는 대·중소기업 동반성장에 초점을 맞추고 대기업과 중소기업 간의 사회적 갈등문제를 발굴, 논의하여 민간부문의 합의를 도출하기 위해 2010년 동반성장위원회를 구성하여 각종 활동을 펼치고 있다.

나. 대·중소기업 간 인식 차와 3불 문제

1) 대기업과 중소기업의 현실인식

중소기업과 대기업간의 거래관계에서 납품단가 문제가 이미 오래전부터 제기되어 왔지만 2000년대 중반 이후부터 급격히 상승한 국제원자재가격으로 인해 '납품단가 현실화' 문제가 집중 조명되었다. 2010년 9월 29일 정부의 대·중소기업 동반성장대책이 발표되고 동반성장위원회가 설치되면서 다양한 방안의 동반성장 후속대책들이 추진되고 있지만, 결국 납품단가 현실화 문제가 해결되지 않고서는 이러한 대책들에 대해 중소기업 현장에서 체감하는 수준은 매우 낮을 수밖에 없다.

납품단가와 관련한 중소기업과 대기업 간 인식의 격차는 매우 크게 존재하는 것이 현실이다. 2011년 국회에서 열린 '대 · 중소기업 동반성장 공청회'에서 중소기업계는 "정부의 9.29 동반성장 대책 발표이후에도 중소기업 열 곳 중 여덟 곳에서 납품단가 문제가 개선되지 않는다고 하소연 한다"라고 한 반면, 대기업계는 "대기업이 열심히 노력중이다. 대기업과 1차 협력사 간에는 납품단가나 결제조건이 모두 좋아졌다"라고 강변한 것은 상호간 '납품단가' 문제와 관련하여 큰 괴리를 드러낸 사례이다.

2) 경제3불 문제

중소기업의 입장에서 보면 중소기업의 활력을 저해하는 우리 경제의 구조적인 문제는 크게 3가지로 요약된다. 먼저 대기업과 중소기업간 거래의 불공정 문제, 둘째는 대기업의 독과점으로 인한 시장의 불균형 문제, 그리고 중소기업을 차별화하는 제도나 관행의 불합리 문제가 또 하나로서, 이른바 중소기업 '3불(不)'이다.

우선 대기업 협력업체들이 가장 힘들어하는 부분이 '거래의 불공정' 문제이다. 우월적 지위를 이용하여 일방적으로 납품단가를 인하한다거나 비용을 전가하고 인력과 기술을 빼가는 등의 불공정한 사례들은 수없이 보고되어 왔다. 결국 중소기업은 원자재 가격이 상승해도 납품단가는 깎이는 이중고를 겪는 경우가 허다하다. 이러한 불공정 거래는 대기업의 납품단가 인하 → 중소기업의 투자여력 및 임금수준 저하 → 중소기업의 기술개발 저해 및 청년인력의 중소기업 기피 → 중소기업 경쟁력 약화 등으로 이어지는 악순환구조를 고착화 시키고 있다.

둘째로 '시장의 불균형' 문제이다. 주로 유통부문에서 일어나고 있는 시장의 불균형 문제는 내수시장에서 대기업들의 사업영역 확대에서 기인한다. 과거에는 소상공인들 간의 과당경쟁이 문제였지만, 지금은 대기업들의 무차별적인 시장 진입과 장악으로 소상공인들의 삶의 터전을 빼앗는 사회문제로 확산되고 있다. 대기업의 SSM이나 MRO(소모성자재구매대행)시장의 침투로 인해 소상공인의 영역이던 전통시장과 슈퍼마켓, 철물점, 빵집 등이 급속히 사라지고 있다.

셋째로 '제도나 관행의 불합리' 문제이다. 은행에서 신용대출도 아닌 담보를 설정하고 대출을 해주면서 중소기업은 대기업에 비해 많은 이자를 부담한다. 또한 소비자들이 부담하는 신용카드의 결제대금에 대해서도 중소기업이나 소상공인은 신용카드 수수료를 대기업에 비해 많게는 2배 이상을 내야 하는 불이익을 받고 있다.

이러한 3불 문제는 규모의 편견이 만들어낸 산물로 중소기업과 소상공인의 창업의욕과 발전가능성을 훼손하고 경제민주화와 사회통합을 저해하는 요인으로 작용하고 있으며, 더욱 더 심각한 것은 이러한 3불의 고착화로 대기업과 중소기업간 불신의 벽이 깊어져 '신뢰'라는 소중한 사회적 자산을 상실해 가고 있다는 점이다.

2012년 4월 중소기업중앙회에서 4백여 개의 중소기업 현장을 방문하여 모니터링한 결과 중소기업 CEO의 56.4%가 우리 경제에서 시장기능이 '미흡하다'고 생각하고 있고, 이에 따라 71.9%는 중소기업과 관련한 정책의 경우 정부의 '시장에 대한 개입과 조정'이 필요하다고 답해 시장기능에 대한 중소기업 CEO들의 불신이 얼마나 심각한지를 잘 보여주고 있다.

다. 대·중소기업 동반성장에 대한 소고

광주시는 2005년부터 전국에서 최초로 광주지역 대·중소기업 상생협의체를 운영하는 등 대·중소기업간 상생협력 분위기 조성을 위하여 노력해 왔다. 대기업 의존도가 높은 지역경제의 특성으로 인해 지역 경제발전을 위해서는 대기업과 중소기업의 상생협력이 무엇보다 중요하다는 인식에서 비롯된 것이다. 이러한 결과로 상생협력에 대한 분위기 조성에는 나름대로 성과를 거두었지만 구체적인 상생대책을 이끌어내는 데는 한계에 부딪힐 수밖에 없었다. 지역 대·중소기업 간의 문제에 대해 지역소재 대기업들의 소극적인 태도가 가장 큰 이유이지만, 광주에 소재하고 있는 대기업들이 본사가 아닌 광주사업장(공장) 형태로 운영되고 있어 상생협력에 대한 구체적인 결정할 수 없는 환경이 크게 작용하고 있다. 이러한 한계들은 대기업들이 정부 시책에 맞춰 그룹차원에서 동반성장 방안들을 내놓고 있지만 결국 지역 중소기업 현장에서는 전혀 체감하지 못하는 현실로 나타나 대기업의 진정성에 의구심이 든다는 의견이 많이 존재하고 있다.

대기업 입장에서는 다소 억울한 면이 있겠지만 대·중소기업 거래관계에 있어 어디까지나 대기업이 '갑'이라는 우월적인 지위인 점을 감안한다면 대·중소기업간 동반성장 문제의 해결은 결국 대기업에 달려 있다고 해도 과언이 아니다.

양극화를 해소하기 위해서는 양질의 일자리를 통한 근로소득 창출과 매출 확대를 통한 소득분배로 우리 사회에서 중산층을 두텁게 형성해 나가는 것이 매우 중요하다. 하지만 대기업의 일자리 창출력은 이미 한계에 이른 상황으로 중소기업을 통한 양질의 일자리를 창출하고 높은 소득분배가 가능한 환경을 만들어 나가야 한다. 물론 기업집단의 급격한 해체나 대기업에 대한 강력한 규제는 바람직하지 않다. 그것보다는 앞에서 언급한 '3불' 문제의 해소와 이를 통해 기업들이 균형 있게 성장할 수 있는 토대를 마련하고 대기업과 중소기업간 신뢰를 쌓아 가는 데 방점을 두는 것이 가장 바람직한 해결책이며 경제민주화로 가는 길이다.

6. 끝마치며

최근 우리 경제는 계속되는 글로벌 재정위기와 저성장 속에서 고비용과 저 효율성, 내수부진, 계층양극화의 심화, 고용구조의 불균형과 일자리 창출 등 많은 과제를 해결하기 위해 고군분투하고 있다. 특히, 유럽 재정위기가 단기간에 해결되지 않고 글로벌 실물경제로 전이되면서 우리 수출 여건이 어려워지고 대규모 가계부채, 부동산 침체 등으로 소비 여력이 줄어든 데다 수요부진으로 기업들의 투자유인도 감소해 당분간 내수가 회복되기 어려울 것이라고 전망된다.

중소기업이 지역의 고용창출과 소득증대에 기여하여 지역 경제발전에 중요한 역할을 담당하고 있음은 말할 나위없다. 특히 중소기업의 고용창출 능력은 지역주민들에게 일자리를 제공하고 소득을 높여 소비를 진작시켜 결국 지역경제를 활성화하는 동력으로 작용한다. 2000년 이후 광주지역 소재 대기업의 종사자수가 꾸준히 감소세 보이고 있는 것을 감안해 볼 때, 지역경제 활성화는 결국 중소기업의 고용창출 기능을 높이는데 달려 있다고 할 것이다.

또한 광주시의 경우 중소기업이 지역경제에서 차지하는 비중이 타 지역보다 상대적으로 높아 중소기업의 창업을 활성화하고 성장 동력을 확충시키는 등 적극적인 육성정책이 지역 경제발전을 위해서 매우 중요하다. 다행히 최근 광산업, 첨단부품소재 산업 등에 대한 집중적인 투자로 광주의 산업구조가 첨단과학산업 중심으로 전환되고 있고, 특히 광주 R&D특구 지정으로 더욱 가속화 될 전망이다. 하지만 여전히 중소제조업의 경우 규모가 영세하고 일부 대기업에 대한 의존도가 높은 실정으로 소기업을 중기업으로, 중기업을 지역을 대표하는 중견기업으로 성장할 수 있도록 체계적인 지원시스템을 구축하는 일이 시급히 필요하다.

이를 위해서는 지자체와 지원기관, 그리고 대기업과 중소기업이 함께 참여해야 한다. 먼저 대기업에서는 협력 중소기업과의 성과배분을 통한 진정한 나눔 경영을 실천하여야 한다. 가장 중요하고 시급한 것은 납품 중소기업들이 R&D에 투자하여 경쟁력을 갖출 수 있도록 적정한 납품단가를 보장해 주는 것이며, 이는 대기업의 경쟁력과 직결된다는 점을 명심해야 한다. 이를 위해서는 정부의 규제나 압력에 의해 마지못해 발표하는 보여주기 식의 대책들이 아니라 대기업 스스로 임원에서부터 구매담당자까지 동반자적 마인드를 구축하는 것이 무엇보다 필요하다. 대기업의 상층부에서 발표하는 상생대책과 중소기업과 접촉하는 구매현장에서의 태도가 이율배반적이어서는 동반성장은 한낱 헛구호에 불과할 뿐이다.

그리고 중소기업들도 어려운 경영환경에도 불구하고 대기업 의존에서 벗어나려는 노력을 꾸준히 해 나가야 한다. 대기업과의 관계를 유지하면서 한편으로는 기술개발을 통해 독자적인 브랜드를 갖고 국내뿐만 아니라 해외시장 개척에도 적극 나서야 한다.

마지막으로, 지자체에서는 지역에서 양성한 청년 인력들이 수도권이나 타 지역으로 빠져나가는 것을 막는 대책을 서둘러야 한다. 지역 중소기업의 낮은 임금 수준과 열악한 복지환경은 지역경제 발전의 주역으로 키워나가야 할 청년들의 중소기업 취업에 진입장벽으로 작용하고 있으며 취업을 하더라도 금방 이직하는 악순환이 되풀이되고 있다. 지역 중소기업 취업자와 근로자에 대한 정부 및 지자체의 인센티브 정책이 절실한 이유이다. 광주 경제발전의 희망은 광주 지역의 청년인재들에게 달려 있다.

참 고 문 헌

1. 중소기업중앙회, 『중소기업중앙회 50년사』, 2012
2. 한국경제60년사편찬위원회, 『한국경제 60년사(산업편)』, 2012, 한국개발연구원
3. 광주광역시, 『시정백서』, 각 년도
4. 이상수, 『광주지역 중소기업 발전방안』, 2002, 광주발전연구원
5. 김홍석, 『전략산업과 미래대응』, 2008, 광주발전연구원
6. 조인형, 『시장환경 변화에 따른 광주지역 자동차부품산업 육성방안』, 2010, 광주발전연구원
7. 통계청, 『전국사업체조사』, 각 년도
8. 중소기업중앙회, 『중소기업현황』, 각 년도
9. 한국은행 광주지점, 『'98. 12월 광주·전남 어음부도율 현황』, 1998

참고사이트

광주광역시(http://www.gwangju.go.kr)
중소기업청(http://www.smba.go.kr)
광주발전연구원(http://www.gji.re.kr)
KOSIS 국가통계포털(http://kosis.kr)
중소기업중앙회 중소기업통계(http://stat.kbiz.or.kr)

저 자 소 개

김 형 락

중소기업중앙회 노동조합 위원장 역임
중소기업중앙회 광주전남지역본부 부장

제 9 장

지역특화산업 : 광산업

김한식 (뉴스1 광주전남취재본부장)

1. 광주 광산업 탄생
2. 광산업이란
3. 주요 연구개발(R&D) 및 지원기관
4. 광산업의 미래

광주 광산업은 정부가 시행한 지역특화 산업 가운데 사실상 유일하게 성공한 것으로 평가받고 있다. 자동차·가전과 함께 광주 경제를 이끄는 3대 핵심산업으로 자리매김한 광주 광산업의 태동에서부터 육성과정과 주요 성과 등을 살펴본다. 아울러 광주가 광산업을 바탕으로 미래 신성장동력으로 어떠한 산업을 집중 육성해 나가야 할 지 등의 방향과 비전을 제시하고자 한다.

제9장 지역특화산업 : 광산업

1. 광주 광산업 탄생

가. 위기극복의 돌파구

2000년대 이전까지 광주는 오랜 기간 국가산업정책의 사각지대에 놓여 있었다. 공업화의 속도가 더딘 가운데 대도시로서 갖춰야할 경쟁력 있는 산업체는 소수에 불과한 실정이었다. 서비스산업의 비중이 높은 반면, 제조업 기반은 전국 평균 이하로 취약했다. 게다가 1997년 말 국제통화기금(IMF) 구제금융 사태를 전후해 아시아자동차 부도, 중소기업 연쇄도산 등으로 그나마 취약한 산업기반마저 붕괴될 위기에 직면했다.

이처럼 혹독한 시련을 보낸 광주시는 지역 경제의 틀을 새롭게 짜기 위해 발 빠르게 움직였다. 경제통상국이 주축이 돼 수개월 만에 마련한 사업이 '새 천년맞이, 동방의 빛 2000'이었다. 이 사업은 고난과 역경의 20세기를 보내고 새 천년, 밀레니엄 시대를 힘차게 출발하자는 광주시의 염원이 담겨 있었고, 광산업이라는 단어가 공식적으로 처음 등장했다. 21세기를 맞아 지역의 낙후성을 탈피할 수 있는 획기적인 전기를 마련하기 위해 계획된 이 사업의 기본 개념은 크게 3가지였다.

먼저 시민들에게는 발전의지를 결집할 수 있는 '진취적 기상'을 심어주고 산업적으로는 첨단산업을 특화 육성해 '광산업의 메카'로 조성하고 관광자원을 개발, 전승할 수 있는 '도시야경 조성'을 하겠다는 것이었다.

〈그림 9-1〉 광주첨단산업단지 항공사진

세부적으로 △광산업을 지역 특화산업으로 육성하는 포토닉스 프로젝트(Photonics Project) △빛의 테마파크 등 도시야경 지속조성(관광자원화) △빛(Light), 예술(art), 디자인, 영상예술 진흥 (예향전통계승) △국가발전을 선도하는 지역 아이덴티티(Identity)창출 등이 주요 사업이었다.

이를 통해 광주를 진정한 빛의 도시-광주를 건설하겠다는 것이 이 사업의 최종 목표이자 취지였다.

시는 1999년 12월24일부터 이듬해인 2000년 1월2일까지 총 141억원의 사업비를 들여 빛을 주제로 한 다채로운 축제 · 전시 · 학술행사를 열기로 했으며 광전자 · 광소자 및 부품 · 레이저 응용기기 · 영상기기 등 첨단제품 전시행사도 개최할 계획이었다.

비록 이 사업은 예산 확보가 여의치 않아 무산됐지만 광주시가 내세운 빛의 도시와 광산업은 커다란 반향을 일으켰다. 광주 광산업은 우리나라 산업역사상 지방에서 수립한 산업계획이 중앙에서 받아들여지는 버튼 업(Bottom-up) 방식으로 처음 추진됐다는 점에 큰 의미가 있다.

나. 숨 가쁜 사업 구상과 대정부 설득 활동

광주시는 처음부터 광산업을 특화산업으로 염두에 두지 않았다. 당시만 해도 광산업이라는 단어조차 생소했고 정확한 산업 분류조차 되지 않았기 때문이었다. 이에 광주시는 산 · 학 · 연 · 관으로 '과학기술전략기획연구회'를 구성해 수차례 검토한 끝에 광주첨단산단에 광산업을 육성하자는 결론에 도달했다.

여기에는 광주과학기술원을 비롯해 전남대, 조선대, 광주대, 호남대 등에 광산업 관련 인프라와 우수인력, 인력양성이 가능하고 특히 다른 지역과 중복을 피하고 국가전략산업으로 육성할 수 있겠다는 자신감이 결정적인 판단요소로 작용했다.

이렇게 해서 광산업을 내부적으로 특화산업으로 확정하고 사업계획서를 만들어 갔다. 연구회를 중심으로 매주 만나 토론을 벌이고 휴일과 명절도 잊은 채 작업을 계속해 중간보고를 거쳐 1999년 3월 10일 사업

〈그림 9-2〉 광산업 미래전략 마련 초청강연회

계획을 마무리하고 보고회를 개최했다.

하지만, 기획예산처에서 사업 타당성이 없다는 이유로 거절돼 광주시는 1999년 7월 삼성경제연구소에 타당성 용역을 의뢰해 광산업 육성을 위한 타당성 검증 및 기본 계획안 등 밑그림 마련에 들어갔다. 시는 삼성경제연구소의 용역 안을 토대로 광산업 육성 프로젝트를 다시 짜는 등 바쁘게 움직였다.

이후 기획예산처 예산 확보과정에서도 진통이 따랐으나 2001년 1월, 산업연구원이 실시한 광주 광산업・부산 신발・대구 섬유・ 경남 기계 등 지역 4대 전략산업 육성의 용역결과 보고서를 토대로 광산업은 그해부터 2003년까지 총사업비 4020억 원을 투입하는 1단계 육성 및 집적화 사업에 들어갈 수 있었다.

광산업은 중앙정부와 지자체의 공동 작품이자 지역 산・학・연・관・정이 혼연일체가 돼 만들어낸 합작품이었다. 1~2년이라는 짧은 시간에 기본계획을 마련하고 정부의 승인을 거쳐 예산을 지원받기까지 수많은 관계자들의 헌신적인 지원이 뒤따랐다.

다. 초창기 광산업에 얽힌 일화

광산업 프로젝트가 인정받기까지는 우여곡절도 많았다. 아무런 준비도 없이 광주의 첫머리 글자인 광(光)에서 아이디어를 얻어 이 사업에 뛰어들었다는 곱지 않은 시각도 있었다. 특히 광주에 무슨 광산(鑛山)이 있기에 광산업을 특화산업으로 선정했느냐는 우스갯소리도 뒤따랐다.

당시만 해도 국내에서는 광산업에 대한 정확한 개념 정리 및 분류가 안 돼 있었기 때문에 어쩌면 당연한 일이었는지도 모른다. 실무진들은 이에 낙담하지 않고 빛이 가지고 있는 성질을 활용해 각종 첨단제품을 생산 판매하는 광산업이 머지않아 미래 정보화 사회를 실현할 것이라고 믿고 설득하고 다녔다.

〈그림 9-3〉 광산업 육성위원회 창립총회

무엇보다 원재료나 인건비 등의 비중이 낮고 기술정도에 따라 부가가치의 극대화가 가능하며, 연구·개발(R&D)이 중시되는 기술집약적 산업이기 때문에 광주첨단산단에 안성맞춤형 산업이라는 점을 집중 홍보했다. 그 결과 수많은 중소벤처기업들이 광산업에 진출해 지금의 광산업 클러스터를 구축할 수 있었다.

또 하나, 광주 광산업이 시작됐을 때만해도 호남을 정치적 고향으로 둔 김대중 정권이 출범했다. 광주는 반세기만에 마침내 정권 교체를 이뤘다는 승리에 취해 있었고, 수십 년간 계속된 지역차별에서도 이제는 벗어날 수 있겠구나 하는 기대감에 사로잡혀 있었다.

하지만 자칫 광주 광산업은 역공을 맞을 뻔했다. "호남정권이 호남을 우선적으로 밀어주면 안 된다"는 논리에 휩쓸려 광주지역 산·학·연·관 관계자들이 수개월 고생 끝에 만들어낸 광산업 프로젝트는 햇빛을 보지 못한 채 사장되거나 정부 지원순위가 한참 뒤로 밀릴 수 있는 상황이 수차례 빚어졌다.

광주시 실무 팀들이 어렵사리 프로젝트를 만들어 산자부와 기획예산처, 국회 관계자들을 찾아다닐 때마다 “광주시가 광산업 한다고 정부가 수천억을 주면 현 정권에 부담이 된다”, “그렇지 않아도 영남민심이 좋지 않은데 제발 참아 달라”며 탐탐치 않게 생각하는 의견이 이어졌다. 특히 부산 신발 · 대구 섬유에 비해 광산업에 대한 국고지원을 증액할 시점에서는 노골적으로 반대하는 기류가 형성되기도 했다.

하지만 향후 먹고 살 수 있는 전략산업으로 광산업을 육성하겠다는 의지만은 꺾지 못했다. 이렇듯 광주 광산업이 그렇게 홍역을 치루고 있을 때 경남의 기계 산업은 지역진흥사업 프로젝트에 포함돼 4대 지역전략산업으로 동시에 추진되는 행운을 맛보기도 했다.

2. 광산업이란

가. 광산업의 개념 및 특성

광산업이란 빛이 가지고 있는 성질을 활용해 각종 첨단제품을 생산· 판매하는 산업이다. 자연광을 포함해 다양한 성질의 빛을 만들고, 제어하여 활용하는 것으로서 전통적으로 광학 및 광원(조명기기) 분야에 국한되었으나 1960년대 레이저가 발명된 이후 광전자, 초정밀 계측, 의료기기 등으로 확장되어 가고 있는 추세이다.

광산업은 빛을 특정의 에너지와 운동을 가지는 입자로 취급하는 포톤(photon, 광자)의 성질을 이용하기 때문에 기술적인 용어로 광자기술 즉, 포토닉스(Photonics)산업이라 부르기도 한다. 빛은 에너지를 갖고 있을 뿐 아니라 파동성 · 입자성이 있어 이를 통해 정보를 전송하여 광통신이 구현되고 있다. 또 정보의 저장 및 변환, 재료의 가공 · 측정

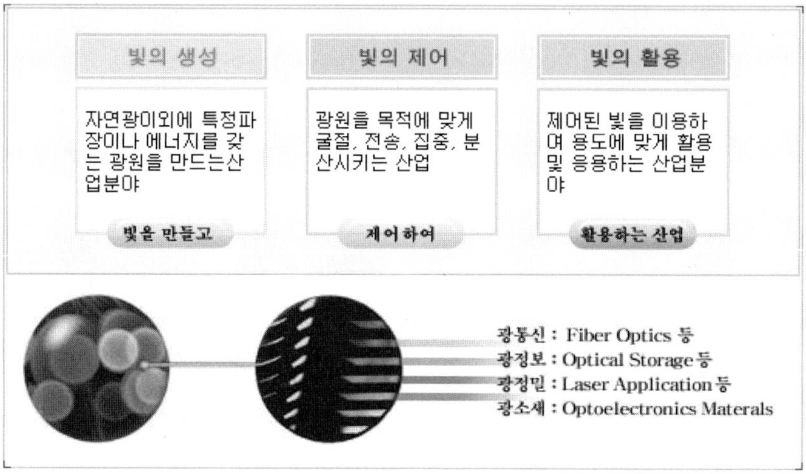

〈그림 9-4〉 광산업 용어 설명 개념도

등의 용도로 사용할 수 있다.

광산업은 20세기 중반까지 주로 자연광을 제어하는 분야인 렌즈, 망원경, 현미경, 사진기 등 광학기기류 중심으로 전개되다가 1960년대 미국에서 레이저가 발명되면서 본격적으로 발전하기 시작하였다.

그 이후 반도체 레이저, 발광소자(LED)등 세기와 파장대가 조절되는 광원을 개발되고 이러한 광원의 특성에 맞는 응용분야의 개척이 이루어지면서 광산업이 비약적으로 발전되었다.

광산업은 급증하는 인터넷 통신의 수요로 인해 대용량의 정보를 초고속으로 송수신하고자 광통신 기술이 접목되어 비약적으로 발전하고 있다. 응용범위도 확대됨에 따라 기존의 결상 광학기기의 성장은 둔화되고 정보통신 관련 다양한 광응용기기 제품들의 제품화 및 성장이 빠르게 전개되고 있다.

광산업의 발전 없이는 미래 정보화 사회의 실현이 불가능할 정도로 그 중요성은 높다. 광산업은 아이디어 및 기술력의 비중이 크며 원자재

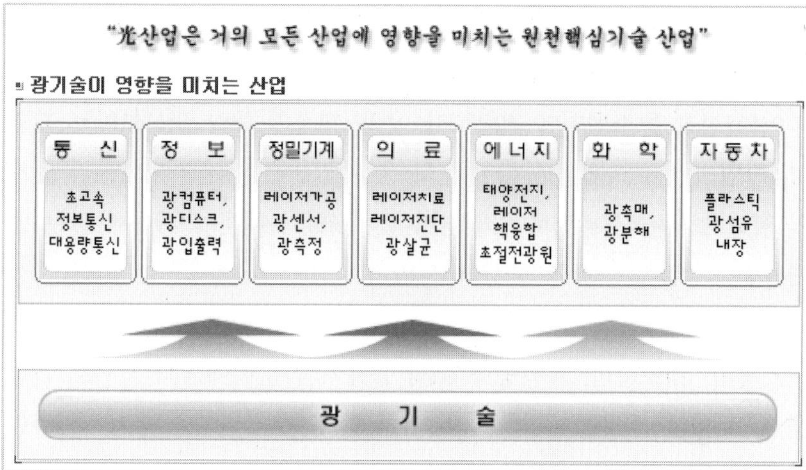

〈그림 9-5〉 광산업 특성 설명 개념도

와 인건비 부담이 적은 지식기반형 산업이다.

또한 공해 발생의 최소 지향으로 환경친화형 산업이며 타 산업에 비해 기술변화가 빠르다. 따라서 기술 인력의 질과 수준이 산업경쟁력을 좌우하는 전형적인 기술집약적 산업이다. 또 원재료나 인건비 등의 비중이 낮고 기술정도에 따라 부가가치의 극대화가 가능한 산업이다.

이와 함께 정보통신산업의 핵심이자 생명기술(BT), 나노기술(NT), 환경기술(ET) 등 미래 유망 분야와 국방, 생산가공 및 측정 등 다양한 분야의 기반을 이루고 있으며 인류의 복지증진과 지구환경에 기여하는 국가의 공통자산이자 많은 산업의 기반산업이다.

광산업은 특히 기초기술과 고급인력을 근간으로 하는 연구개발(R&D)이 중시되는 기술집약적 산업이다. 원재료나 인건비 등의 비중이 낮고 기술정도에 따라 부가가치의 극대화가 가능하기 때문에 지식화 사회에 가장 적합하며 기술 인력의 질과 수준이 곧 경쟁력의 척도로 작용한다. 또 라이프 사이클이 짧기 때문에 새로운 기술의 창출이 끊임

없이 이루어져야 하며 단기간 내에 후발국이 선발국을 추월할 수 없는 산업으로 장기적인 계획과 투자가 요구된다는 특징을 갖고 있다.

이와 함께 중소벤처에 적합하다. 범용 제품의 대량 생산보다는 기술적, 산업적인 수요에 적합한 주문형 생산방식이 필요하며 업체 간 연계와 협력에 의해 시너지를 극대화시 킬 수 있기 때문에 기동성 있는 벤처·중소기업의 역할을 중시하고 있다.

광산업은 물리학, 광학, 화학 등 다양한 자연과학 분야와 전자공학, 기계공학, 재료공학, 화학공학 등의 응용기술 분야에 원천적으로 기반을 두고 있다. 응용분야가 다양한 만큼 한 분야만의 강점으로는 완전한 성공을 거둘 수 없는 복합 산업이다.

따라서 체계적이고 전략적인 육성이 이루어져야 한다. 또 전자산업, 기계 및 자본재 산업, 소재산업, 에너지 및 환경산업, 화학 산업, 의료산업 등에 골고루 영향을 미치며 발전하고 있다.

무엇보다 연구개발, 시험생산, 대량생산, 인력양성 등이 특정지역에 모여야 시너지 효과를 발휘할 수 있다. 미국 등 선진국들은 전략적으로 광산업을 특정 지역으로 집적화를 유도하고 있으며 광주 광산업클러스터 조성사업도 같은 맥락으로 추진되고 있다.

반면, 업체 간 연계와 협력에 의해 시너지효과를 극대화할 수 있기 때문에 기술변화에 탄력적으로 대응할 수 있는 중소기업에 적합하고 규모보다는 다양한 아이디어와 이를 효과적으로 네트워크화 하는 것이 중요하다는 점도 특징이다.

나. 광산업 1단계 사업

처음 정부는 광산업의 육성을 통해 2010년 우리나라가 세계 5대 광 선진국으로 도약하겠다는 목표를 제시했다. '포토닉스 2010, 빛을 만드는 광주'라는 비전을 표방한 광주시와 함께 광주지역에 광산업을 집중 육성해 2010년 아시아 최고의 광산업 클러스터로 조성하겠다고 천명한 뒤 2000년부터 1 · 2단계로 나눠 광산업 육성 및 집적화 사업을 의욕적으로 추진하기에 이르렀다.

광산업 집적화 계획 1단계(2000~2003년) 사업은 광주가 광산업 성장기반의 중심으로 도약하고 우리나라가 광 선진국으로 도약하는 견인차 역할을 수행하는 데 초점이 맞춰져 있다.

선정업종으로 6개 분야 가운데 △광통신부품(광검출 · 신호처리소자 · 파장다중화 소자 등) △광 정밀기기(레이저가공 · 광센서 · 초정밀가공 등) △광원(정보기기용 광원 · 광파이버 조명 등) △광소재(광세라믹 · 광플라스틱 · 태양전지 등) 4개 분야에 집중하기로 했다.

정부는 1단계에서 광산업을 국가선도산업으로 육성하기 위해 광기술개발, 생산 · 창업 기반구축, 기술정보 교환 및 국제협력 등 14개 세부 육성사업 계획을 마련, 시행했다.

〈그림 9-6〉 광산업집적화단지 기공식

2000년부터 2003년까지 4년간 국고 2353억 원, 지방비 571억 원, 민자 1096억 원 등 총 4020억 원을 투입된 1단계에서는 크게 기반구축과 기업육성, 국제 네트워크 형성 등 3가지 방향으로 사업이 진행됐다.

기업유치 · 창업 및 경쟁력 제고를 동시에 달성할 수 있는 매력적인 인프라 구축과 기업들의 집적화를 유도할 수 있는 집적화 유인책 개발 및 제공, 기업 경쟁력 제고를 촉진할 수 있는 기업지원책의 개발 및 제공이 역점시책이었다.

광 관련 연구소 및 기업체에서 연구 · 개발한 첨단 광통신부품과 장비를 현장에서 시험해 광통신부품과 장비의 신뢰성을 확보하기 위한 광 통신기기 시험시스템 개발 및 구축사업도 시행됐다. 또 국내 · 외 홍보를 통해 국내 광산업 진흥과 함께 선진국의 기술교류, 해외 전문가 및 기업유치사업도 지속적으로 이뤄졌으며 광 정보망 구축 및 전자상거래 지원사업도 추진돼 왔다.

특히 광산업 1단계 사업에 앞서 광산업 민간추진 주체인 한국광산업진흥회가 설립돼 국제 교류 협력을 통한 신기술, 신정보 제공과 국제공동프로젝트 개발, 광산업 기술 및 시장동향 조사사업, 해외 광 관련전시회 및 컨퍼런스 참가 등 실질적인 기업체 지원체제가 성공적으로 마련됐다.

이러한 광산업 육성 및 집적화 1단계사업은 우선 인프라 구축 측면에서는 성공을 거둔 것으로 평가받고 있다. 구체적으로 한국광산업진흥회, 한국광기술원, 고등광기술연구소, 광주테크노파크 발광다이오드(LED) 및 레이저다이오드(LD)패키징시험생산기술지원센터 등 4개 기관이 설립됐다. 또 한국생산기술연구원 광주지역본부, 한국전자통신연구원 광통신연구센터, 전자부품연구원 광주분원 등 3개 연구소를 유치했으며 광기술연구개발과 시험생산지원을 위한 793종의 장비도 구축했다.

기업체 지원측면에서는 연구개발(R&D)과제 118건 약 484억 원 지원, 해외 마케팅 활동을 위한 해외전시회 참가 192개 업체 2억5천만 원 지원, 광제품 시험인증 및 신뢰성 평가 지원 등도 주요 성과물로 꼽히고 있다. 광산업공동브랜드(LUXKO) 개발지원, 생산성 향상 및 고부가가치화를 위한 시설 및 운전자금 190억 원 지원, 14종 5만8000여건의 광산업 국제시장 및 기술동향 정보 수집 및 제공 사업을 벌였다.

인력양성 측면에서는 박사 107명, 석사 138명, 학사 591명과 광산업체 종사자 2천398명 등 총 3천234명의 인력을 양성 배출하고 광주지역 3개 대학원, 5개 대학, 1개 공고에 광 관련 전공학과를 개설하기도 했다.

2001년도부터 국내에서는 유일한 광산업분야전문전시회인 국제광산업전시회(Photonics Korea)를 창설해 성공적으로 개최함으로써 국제적인 광산업분야 전문전시회로 자리매김했다.

다. 광산업 2단계 사업

지난 2004년부터 2008년까지 진행되는 광산업 2단계사업은 광주지역 산업의 실질적인 발전방향을 제시할 반도체 광원과 광통신 산업 육성이 초점이 맞춰져 있다. 2단계사업에서는 5년간 3863억 원을 투입해 반도체광원·광통신부품·광산업 클러스터 등 3개 분야 19개 사업이 추진됐다.

반도체광원 시험생산에는 5년간 340억 원을 들여 발광다이오드(LED)와 레이저다이오드(LD) 에피 및 칩의 일괄 제작을 위한 장비를 지원했다. 또 LED 신호·조명시스템 시범 구축사업에는 총 82억 원을 들여 LED 테마파크 조성과 LED 제품을 이용한 시설물 구축 등의 사업이 진행됐다.

광통신 부품 시험생산 지원 사업에서는 향후 5년간 총 340 억 원을

〈그림 2-7〉 광산업 2단계 육성용역 최종 보고회

투입해 광통신부품 업체의 시험생산 시설과 장비 지원에 나서고 차세대 광통신 부품 및 시스템 기술개발에는 408억 원이 소요됐다. 이와 함께 차세대 광반도체 소재·부품·시스템 기술개발에는 416억 원이 투입돼 조명용 백색 LED 램프, 고밀도 DVD용 보라색 수진공진표면발광레이저(VCSEL) 어레이모듈, LED 디지털 TV 시스템을 개발하고 광응용제품 개발에는 5년간 총 664억 원이 투입됐다.

이 밖에 광산업투자조합설립(120억), 신기술 창업보육세업(100억), 광산업 집적화단지 확대조성(208억), 광산업 해외우수 인력 및 기업유치 지원(64억) 등의 사업이 추진됐다.

이와는 별도로 한국전자통신연구원 광통신연구센터는 2005년 하반기부터 2009년까지 5년간 1194억 원을 들여 광주지역 2만 세대 가입자에게 댁내광가입자망(FTTH) 상용 서비스를 제공했다. 이 사업에서는

△FTTH 인프라 구축 △광인터넷 연동 시험환경 개발 △FTTH 기반 상용화기술 개발이 단계적으로 추진됐다.

2단계 광산업 육성 및 집적화 계획은 연구개발 · 시험생산 · 인력 등을 특정 지역에 집중적으로 모아 시너지 효과 창출을 목적으로 했다. 따라서 광산업 관련 연구기관들이 들어선 광주첨단과학산업단지내 광산업집적화단지에는 자연스럽게 광 관련 기업들이 모여들었다. 특히 창업이나 업종전환, 타 지역에서의 이전, 외국 자본의 투자유치 등이 잇따르면서 광산업 집적화단 지는 짧은 시간에 클러스터로서의 위상을 다졌다.

광주시와 유관기관들은 2단계 사업에서는 집적화된 반도체 광원과 광통신 부품분야를 선택적으로 집중 투자하고, 광클러스터의 기능을 더욱 강화하여 본격적인 양산체제에 들어감으로써 광주지역을 아시아 최고의 광 집적지로 육성해 나갔다.

라. 광산업 1,2단계 주요 성과

광주 광산업은 1,2단계 사업을 거치면서 광주지역경제에서 자동차, 가전산업에 이어 3대 주력산업으로 그 위치를 확고하게 다졌다. 오히려 지속적인 성장세를 유지함으로써 지역경제를 이끌어 갈 대표 효자산업으로 급부상했다.

광주 광산업이 본격화된 2000년부터 광주지역에는 매년 25개 이상의 기업체가 광산업에 진출한 것으로 나타났다. 한국광산업진흥회가 2004년 말까지 광주 광산업체 230개 업체를 대상으로 조사한 결과 광주지역 광산업체는 2000년 이후 꾸준한 증가추세를 보이고 있다.

이를 연도별로 살펴보면, 90년 이전에는 14개 업체였으나 99년도에는 47개 업체로 늘어났다. 이후 2000년에는 93개사, 2001년에는 140개사, 2002년에는 160개사로 크게 증가했으며 2004년에는 99년 대비 4배 이상 증가한 230개사로 집계됐다.

타 지역에서 이주한 업체는 8개사이며 업종 전환 업체도 8개사로 나타났다. 기존사업에서 광산업 분야를 추가한 기업은 36개사였다. 또 시는 국내에서만 지난 2001년부터 2004년까지 3년간 45개사로부터 390억 원에 달하는 투자를 유치해 총 585명의 신규채용 효과를 거뒀다.

무엇보다 광산업은 감사원으로부터 우수 사업으로 평가받았다. 감사원은 지난 2005년 4월 광주의 광산업과 대구 섬유산업, 부산 신발산업, 경남 기계 산업, 전남의 생물농업소재산업 등 전국 13개 지역산업 진흥사업과 관련된 15개 기관을 상대로 실시한 사업추진실태 감사 결과를 발표했다.

감사결과에 따르면 광주 광산업은 사업 초기인 지난 2000년 생산이 1,010억 원에서 2003년 1,040억 원, 수출은 사업원년 전혀 이뤄지지 않았으나 2003년 5억 달러, 고용도 초기 2천명에서 5천명으로 늘어나는 등 성장세를 보인 것으로 평가받았다.

〈그림 9-8〉 광주광산업집적화단지 전경

특히 중점 감사대상인 대구·부산·경남 등 3개 지역사업과 비교해 볼 때 광주 광산업은 업체수가 가장 적은데도 연구개발(R&D) 사업에 상대적으로 많은 자금을 지원해 기술개발을 촉진시키고 있다고 감사원은 분석했다.

이러한 감사원의 평가는 지난 2000년부터 지역 특화산업으로 집중 육성해온 광산업이 정부로부터 공식 인정을 받은 것으로 인프라뿐만 아니라 기업·매출·고용 면에서 성공적이라는 점수가 매겨진 것으로 풀이된다. 2008년까지 예정된 광산업 2단계 사업을 차질 없이 추진해 광주가 세계적인 광산업 클러스터로 자리매김할 수 있는 기폭제가 됐다는 평가를 받았다.

이처럼 안정된 기반을 바탕으로 한 단계 발전시킨 광산업 전문 인력 양성사업을 계속 추진함으로써 광주지역의 광산업 전문 인력 양성사업을 국내 광산업 전문 인력의 양성과 공급을 총괄할 수 있게 됐다.

3. 주요 연구개발(R&D) 및 지원기관

가. 한국광산업진흥회

광주시의 지역특화산업이자 국가전략산업으로 육성하기 위한 프로젝트인 광산업육성 및 집적화 계획을 민간차원에서 주도적으로 이끌어 가는 추진주체 설립의 필요성에 따라 가장 먼저 설립한 광산업육성지원 기관이 한국광산업진흥회이다.

광주시에 한국광산업진흥회설립기획단이 구성되었고 5명의 공무원이 파견돼 실무적 작업을 추진한 결과 지난 2000년 3월 31일자로 창립총회를 개최하고 같은 해 4월 20일자로 당시 산업자원부장관의 법인설립허가를 받아 다음 달인 5월13일자로 법인설립 등기가 완료됐다.

〈그림 9-9〉 한국광산업진흥회 로고

지난 10여년의 연륜으로 광산업육성 진흥의 산 증인으로 자리매김한 한국광산업진흥회는 광산업의 종합적인 발전과 광산업체 권익보호 및 공동이익을 도모하는 사업자단체 성격으로 설립했지만 실질적인 역할은 광주 광산업육성을 필드에서 진두지휘해 오면서 오늘의 광주광산업 성공신화를 이끌어 낸 실질적인 역할을 해왔다.

진흥회는 광산업육성 1단계사업 기간 국내·외 홍보, 국제교류협력, 광정보지원센터구축 등의 사업을 담당하여 광주에서의 광산업육성계획을 국내·외적으로 홍보함으로써 광주 광산업의 위상을 정립하였다.

2단계사업 기간에는 광주광산업해외 마케팅지원, LED신호/조명시스템시범구축, 국내·외 우수인력 및 기업유치지원, 광산업체 정보고도화지원사업을 추진해왔을 뿐만 아니라 중앙정부 별도지원사업을 신청해 LED표준화사업, LED조명건축물시범사업, 태양광 발전 지역에너지사업 등을 추진함으로써 광산업체 매출 증진과 신규 수요창출을 도모했다.

특히 2001년도에 창설한 국내유일의 광산업전문전시회인 'Photonics Korea & IPTC'를 국제적인 광산업 전문전시회로 성장시켰다. 2006년도부터 광산업의 중장기 발전을 위해서는 타 산업과의 융·복합 필요성을 역설해 자동차, 조선, 의료, 에너지, 환경, 국방, IT산업 등과 융·복합 산업 육성전략 세미나를 정례화 하는 등 최근 중앙정부의 화두인 융합산업육성지원정책 수립에 단초를 제공해 왔다.

진흥회는 광산업체들의 공동이익과 권익보호라는 설립취지와 더불어 광산업의 종합적인 육성·발전 및 국제무대에서 한국의 광산업을 대표하는 민간주체로서의 역할수행과 광산업체를 리딩해 나갈 수 있는 전문 조직으로 탈바꿈해 가고 있다.

나. 광주테크노파크

광주테크노파크(TP)는 지역경제 활성화 및 기술혁신 거점기관으로 자리매김했다. 지난 1999년 2월 개원해 전국 최고의 현장 밀착형 기업 지원기관으로 호응을 얻고 있는 광주TP는 지역산업 및 국가경쟁력 제고를 위해 지역의 대학과 기업 및 연구소 등에 산재한 혁신자원을 집적, 활용도를 높여 기술의 공동개발 및 사업화에 힘써 왔다. 특히 광주시의 산업구조를 소비도시에서 제조업 중심의 생산도시로 전환하기 위해 중소기업 및 벤처기업 지원을 위한 산·학·연·관의 유기적인 네트워크 구축을 주도하고 있다.

이를 위해 벤처창업 지원 및 육성에서부터 마케팅, 기술개발에 이르기까지 산·학·연·관을 연결하는 거점기관으로서 역할을 수행하고 있는 것은 물론, 지속적인 경영혁신을 통해 사업화 연계기술 개발과 외부 수탁사업 유치 등 다양한 수익모델 창출로 지역혁신의 거점기관이자 가장 모범적인 중핵 서비스기관으로 발전해가고 있다.

광주TP는 '지역산업 육성 및 기업지원을 통한 산업경쟁력 제고'를 목표로 이를 실현하기 위한 2대 핵심 사업이 지역산업 육성 거점 강화와 기업지원 종합서비스 제공이다. 또 3대 기반사업으로 6대 목적사업과 산업기술지원, 기업지원 인프라 구축을 추진해 왔다.

광주테크노파크
GWANGJU TECHNOPARK

〈그림 9-10〉 광주테크노파크 로고

지역산업육성 거점 강화를 위해 지역산업육성 자원 조사·분석·데이터베이스 구축과 모니터링 기업군 구축 및 관리, 산·학·연 연계협의회 운영, 기술 인프라 활용촉진 사업을 펼치고 있다.

기업지원 종합서비스로는 창업후 보육지원(Post-BI), 기술경영지원 통합플랫폼 구축, TP-창업보육센터 연계활성화, 기술투자촉진, 기술완성도 제고 연구개발 등을 제공하고 있다. 창업보육·연구개발지원·교육훈련·정보유통·시험생산·장비구축 및 활용 등이 있으며, 지역기술이전센터(RTTC)·사업화연계 연구개발(R&BD)·지역혁신인력양성·신기술창업보육·기업 및 투자유치 등을 통해 산업기술지원 사업을 추진해왔다. 광주TP가 역점을 두고 추진해온 창업 후 보육(POST-BI)사업은 대학 등의 창업보육센터 졸업 및 졸업예정 업체 중 유망기업을 유치해 활발한 기업혁신 활동을 펴왔다. 또 우수한 경영성과를 달성할 수 있도록 다양한 프로그램을 지원해 스타기업으로 육성하고 있다.

이와 함께 예비 스타기업의 신기술 및 생산제품의 전시 등 홍보 및 마케팅 지원을 통해 일자리 창출에 기여함으로써 지역경제 활성화를 도모하고 있다. 또 우수 입주기업을 발굴해 소그룹 운영지원과 입주기업 서포터즈제도 운영, 자금지원 연계서비스, 기술 멘토링제도 운영 등을 하고 있다.

다. 한국광기술원

지난 2001년 4월 설립된 한국광기술원은 광제품 기술개발과 시험·분석, 시험생산, 창업보육 등 광 관련 기업체에 대한 지원을 목적으로 출발했다. '광(光)산업 발전을 선도하는 광기술 전문 연구기관'이란 비전은 기술개발 차원에 머물러서는 안 된다는 강한 의지를 표명하고 있다. 기술개발 성과가 기업에 이전되고, 기업은 이를 통해 매출과 고용을 창출함으로써 연구소와 기업이 상생(相生)하는 구조를 갈망하고 있는

〈그림 9-11〉 한국광기술원 로고

것이다.

한국광기술원은 설립 이후 광산업 1단계사업을 통해 기술개발과 기업지원을 위한 최적 인프라를 구축하는데 역량을 집중했다.

그 결과 중소기업이 확보하기 어려운 첨단 · 고가 · 고기능 장비로서 광 기술 · 제품 개발 장비, 시험 · 계측 · 인증 및 신뢰성 평가 장비 등 602품목(구축비용 866억 원)의 장비를 구축했다. 일정 계획기간 내에 단일분야(광 분야) 장비를 이처럼 체계적으로 구축한 사례는 세계적으로 한국광기술원이 유일하다. 또 4049㎡에 달하는 클린룸 역시 국내 최대 규모로 잘 짜여진 17개 실험실과 함께 우수한 시설을 자랑하고 있다.

지난 2005년까지 인프라구축을 마무리한 한국광기술원은 본격적인 사업에 돌입하였다. 수많은 광산업 기술개발 분야중 시장성과 기술성을 고려하여 중점육성분야를 선택했다. '선택과 집중' 전략에 따라 선정된 분야는 고휘도 LED/반도체조명과 광통신부품, 카메라모듈 등 광응용 모듈이었다. 특히 중점육성분야는 휴대폰, LCD, 자동차 등 현재 국내 캐시 카우(Cash Cow) 제품에 필수적인 부품이며 FTTH · 모바일 디스플레이 등 미래 신성장동력 관련 제품이자 미래 거대시장 창출이 예견되는 반도체조명(LED조명)을 포함하고 있다.

지난 2005년부터 본격적인 기술개발에 나선 한국광기술원 연구진들은 짧은 기간에도 두드러진 성과를 내놓고 있다. 다양한 광기술분야중에서 시장성과 기술트렌드를 고려한 LED 및 LED조명분야와 광통신부품 및 시스템, 카메라모듈 및 비구면 렌즈 등 광응용분야에서 국내 최초의 기술개발이 이루어지면서 광기술 개발의 요람으로 자리하고 있다.

한국광기술원은 시험인증 및 교정 분야의 성과 창출을 위해 KOLAS 시험기관 인정 분야 확대, KS 인증기관 사전 준비 및 UL 인증 시험소 지정 등에 최선의 노력을 다하고 있다. 그동안 외국으로 가야했던 LED 등기구 관련 UL 인증시험이 한국광기술원에서도 가능해짐에 따라 평균 3~12개월 정도의 인증 소요 기간이 1개월 이내로 단축됨으로써 시간 및 비용 절감 등 경제적 효과 발생을 통해 기업에게 직접적인 도움을 주고 있다.

한국광기술원은 광산업을 차세대 먹거리산업으로 육성하는데 있다. 이를 위해 미래 유망광산업으로 LED조명산업과 유비쿼터스 통신 산업, 휴대폰 광응용산업, 광의료산업을 주목하고 있다. 지식경제부와 광주시를 비롯 광주 광클러스터내 유관기관 및 전국의 광산업체와 함께 '미래 광시대를 향한' 한국광기술원의 도전은 계속되고 있다.

라. 한국전자통신연구원 호남권연구센터

한국전자통신연구원(ETRI) 호남권연구센터는 광통신부품 설계 및 시험지원, 광통신 핵심기술, 응용기술, 서비스기술 연구, 상용화 기술 개발 등을 통해 광주지역 전략산업인 광산업을 육성하고 지원하기 위해 지난 2001년 5월에 문을 열었다.

센터는 광주시가 광산업 육성 및 집적화 프로젝트를 위해 각고의 공을 들여 유치한 정부출연 국책연구소다. 처음 광주과학기술원내 임시 사무실에서 출발한 연구센터는 3차례의 반려 끝에 산업기술연구회 이사회의 승인을 받아 설립되는 등 우여곡절을 겪었다.

〈그림 9-12〉 한국전자통신연구원 로고

이후 2004년 말 첨단산업 단지 내 현 위치에 지하1층, 지상 3층 규모로 최첨단 설비와 장비를 갖춘 연구센터를 완공했다. 정부가 추진하는 5+2 광역경제권에 따라 기존의 광주 중심 광통신 연구개발에서 전남·전북지역의 IT산업의 연구기획부터 사업화까지 연계할 수 있는 연구수행체제를 구축하기 위해 센터 명을 바꿨다.

연구센터는 광주시와 공동으로 지난 2005년부터 전국 최초로 KT, SK브로드밴드, CMB 등 망사업자 참여하에 공동주택을 대상으로 추한 댁내광가입자망(FTTH) 인프라 구축사업을 성공적으로 완료했다. 또 광통신 분야에 국한하지 않고 환경·교육·의료분야 등에 응용할 수 있도록 연구개발도 병행하고 있다.

센터는 광통신산업체 지원을 위해 정보통신연구기반조성 사업의 일환으로 광통신부품 시험, 광학/고주파(RF)/열 설계기술 및 고장분석기술 등을 지원하고 있다. 2006년 5월에는 미국시험기관인정기구인 A2LA (American Association for Laboratory Accreditation)로부터 광통신용 부품, 모듈, 단말 및 시스템 등 광통신 전 분야의 신뢰성시험 15개 항목, 특성측정 40개 항목, 국제표준규격 66개에 대하여 국제공인시험기관 자격을 획득하기도 했다.

연구센터는 광주지역 광산업체의 소요기술 보급 및 해외 의존적 광통신 핵심부품의 국산화에 앞장섰다. FTTH 서비스개발 실험사업의 일환으로 10G 기가비트급 수동형 광네트워크(GPON) 광링크 핵심기술과 광통신융합 시스템 온 패키지(SOP:System-On-Package) 기술을 광주첨단 광클러스터내 산업체를 중심으로 공동 개발했다.

또 IT융합사업을 발굴하기 위해 광주광산업체를 대상으로 기술 수요조사를 실시해 광산업·조선·자동차·정보가전·문화관광·신소재·신재생 에너지·물류·바이오 등 9개 분야를 중심으로 맞춤형 기술을 개발해 제공하고 있다.

마. 고등광기술연구소

광주과학기술원 고등광기술연구소(APRI)는 정부출연연구기관으로 우리나라 광과학 분야의 핵심 원천기술 개발을 주도하고 있다. 지난 2001년 광산업 원천기술의 축적과 지속적인 신기술 개발을 위해 설립된 이래 고급 인력 확보에 지속적인 관심을 기울여 현재 박사급 연구인력 40여명을 포함해 100여명의 구성원이 연구소를 이끌어 나가고 있다. 뿐만 아니라 첨단 인프라 구축에도 성공해 세계적인 연구시설인 '극초단 광양자빔 연구시설'을 포함해 국내 최고 수준의 첨단 연구 기자재를 갖춘 11개 연구실을 설치하는 등 탄탄한 연구기반을 확보하고 있다.

극초단 광양자 빔은 펨토 초(1000조 분의 1초)라는 찰나의 시간에 레이저를 이용해 광자와 전자를 조절할 수 있는 펨토기술을 연구하는데 쓰이는 시설이다. 초고속 물질현상을 분석할 수 있는 펨토기술은 생체고분자 구조의 정보를 원자수준에서 밝힐 수 있는 바이오 포토닉스 뿐만 아니라 나노포토닉스 · 초고속광통신 · 초미세 광학분야 등의 연구에도 응용될 수 있다. 지난 2004년 경제협력개발기구(OECD) 세계과학포럼(GSF)에서 초고출력 레이저가 5대 차세대 과학기술 분야 중 하나로 선정되기도 했다.

연구소의 주요 역할은 핵심 원천기술 개발을 위한 기초연구에 집중되어 있는데 정보기술(IT) · 생명기술(BT) · 나노기술(NT)과의 융합기술을 실용화하는 레이저 광원 개발 연구를 진행 중이다. 또 나노광학 · 양자광학 · 비선형 광학 등 광학 전 분야를 아우르고 있다.

〈그림 9-13〉 고등광기술연구소 로고

연구소는 자체 연구시설을 기반으로 레이저가 만들어내는 플라즈마를 이용해 기가전자볼트(GeV · 1억 전자볼트)의 에너지를 갖는 안정된 전자빔 가속을 달성했다. 전통적인 대형 입자가속기 시설의 규모를 획기적으로 줄이면서 높은 에너지까지 안정되게 전자를 가속할 수 있는 탁상용 소형 전자가속기 등의 개발이 가능해졌다.

연구소는 광학 전문성을 기반으로, 광섬유 레이저 핵심 기초 기술 개발, 자외선 근접장 나노광학현미경 개발, 초미세 레이저 가공기술 개발, 극초단 분광기술 개발 등을 포함해 교육과학기술부, 지식경제부, 농림수산부 정부부처로부터 지원받는 20여개의 핵심 사업을 수행하고 있다. 지난 2003년부터 오는 2011년까지 9년간 약 650억 원이 투입되는 '극초단 광양자빔 연구시설' 사업을 수행했다. 이 사업은 초고출력 레이저 시스템을 개발하는 연구소의 대표적인 국책 연구 프로젝트로 세계적인 초고출력 레이저 연구시설을 구축하는데 성공했다. 순간출력이 1000조 와트(1페타와트급) 레이저 시설 개발을 목표로 땀을 흘려온 연구소는 우리나라를 세계 레이저 강국 대열에 올려놓겠다는 포부를 갖고 있다.

바. 전자부품연구원 광주지역본부

전자부품연구원 광주지역본부는 소비중심도시에서 국내 생활가전의 17%를 차지하는 가전 생산기지로 탈바꿈 한 광주시가 융합녹색전자산업의 메카로 비상하기 위한 성장 동력으로 지난 2005년 첨단산업단지에 유치했다.

전자부품연구원 광주지역본부는 광주지역 유일의 가전산업 전문 연구 · 지원 기관으로 최신 연구개발, 시작품제작, 분석, 시험, 인증 장비와 유틸리티를 구축한 첨단 인프라 지원 사업을 펴왔다.

또 생활가전, 신재생에너지(풍력 · 태양광발전), 전기자동차 등 핵심 전략분야의 첨단부품 공동연구개발 지원도 주력 사업이다. 맞춤형 현장

KETI

전자부품연구원

Korea Electronics Technology Institute

〈그림 9-14〉 전자부품연구원 로고

애로기술, 인력양성, 교육훈련, 글로벌마케팅, 네트워킹 및 산업클러스터 활성화 지원 등 컨버전스형 기업지원사업을 수요기업 현장요구 중심으로 추진하는 기업지향형 전문생산기술연구기관을 표방하고 있다.

광주지역 전자정보기업 전담지원의 허브역할을 담당해온 광주지역본부가 구축해 놓은 연구시설과 첨단장비 등은 중소·벤처기업 및 산·학·연 기업부설연구소들이 저렴한 비용으로 쉽게 활용할 수 있도록 문턱 없는 이노베이션 클러스터(Innovation Cluster) 활성화에 역점을 두고 있다. 또 지원기업의 수요 맞춤형 장비구축을 통하여 제품의 설계, 시제품제작, 신뢰성 시험 및 고장분석의 기술의 제품화 과정의 단계별 필요에 맞춰 최신의 첨단장비를 260대 구축해 기업들이 활용토록하고 있다.

전자부품연구원 광주지역본부는 프리미엄급 정보가전기기의 형상화와 생활가전 → 빌트인(Built-in) 가전 → 가전로봇으로의 미래가전 발전방향을 제시해 주고 직접 체험을 통하여 아이디어 도출 기회를 제공하는 미래생활관을 구축했다.

디지털융합가전기술의 미래모델 체험전시로 지역중소기업의 기술지원 및 교류 협력의 장뿐만 아니라 지역 학생들의 그룹 투어 등 학습의 장으로도 활용되고 있다. 지역기업 개발제품을 전시 홍보하는 기업지원전시관은 개발제품의 매출계약이 성사되는 비즈니스 룸으로도 활용되고 있다.

광주지역본부의 중점 연구개발방향은 스마트 가전, 그린 에너지 및 전기 자동차 등이다. 미래 신산업 창출을 위해 산·학·연 연구회 및 국제 네트워크 구축을 통해 각 분야의 세계적 수준의 연구개발 지원을 확대하고 있다.

사. 한국생산기술연구원 호남권기술지원본부

한국생산기술연구원(KITECH) 호남권기술실용화본부는 1988년 7월 문을 연 한국기계연구소 광주지소를 모태로 하고 있다. 이듬해인 1989년 10월 생기원에 편입돼 서남권가공기술지원센터로 활동하면서 광주 하남공단 입주업체를 대상으로 정밀측정기기 등 고가장비이용제공, 기술지도 등 지원기능을 수행해왔다.

2003년부터 권역별 지역본부가 순차적으로 설립된 이후 센터이름이 바뀐 호남권기술실용화본부는 2006년 호남의 중심도시인 광주시 첨단산단내 대지 3만3761m2 , 연면적 1만3870m2 규모의 시험생산시설을 구축하고 호남지역 중소기업을 근접에서 지원하고 있다.

생기원 호남권기술실용화본부는 호남지역 특화 산업과 연계한 중소기업 실용화 기술개발 및 현장기술지원을 통해 중소기업의 경쟁력 강화에 주력하고 있다. 첨단부품·소재산업, 광산업 등 신산업 생산기반

KITECH
한국생산기술연구원

〈그림 9-15〉 한국생산기술연구원 로고

기술지원이 주된 기능이며 광주 및 호남권 지역산업체의 기술혁신 경쟁력 제고와 호남권지역 특화산업 육성 및 산학연공동연구체제 구축을 도모하고 있다.

호남권기술실용화본부는 정밀금형 기술지원과 시제품제작지원 사업을 중점 추진해왔다. 광산업생산기반기술지원사업으로 광응용 부품·소재기술지원 및 초정밀가공 기술지원, 극소형제어모터인프라구축사업으로 차세대정밀모터개발과 지역특화산업 육성을 주도했다. 또 첨단부품·소재기반구축사업으로 시제품개발 및 시험생산용 장비구축, 원-스톱종합기술지원 업무를 수행중이다.

크게 3가지 방향으로 세분화해 연구역량강화사업, 고도기술지원, 생산기반기술지원을 하고 있다. 기업이 필요로 하는, 지역전략산업과 연계한 친환경적이면서 부가가치가 높은 기술을 개발해 지원하고 친환경자동차부품과 태양광·나노기술개발·정밀모터·금형분야에도 지속적인 관심을 기울일 예정이다.

4. 광산업의 미래

가. 쑥쑥 커가는 광산업

한국광산업진흥회의 광주 광산업 2011년 현황에 따르면, 광주 광산업은 광산업육성 착수 이전과 비교하여 질적·양적으로 6~7배의 괄목할만한 성장을 기록하였다.

지난해 기준 광주지역 광산업체의 매출은 2조600여억 원에 달했다. 2000년부터 지난해까지 R&D와 인프라 구축에 투입한 총 8477억 원의 지원 예산의 3배 가까운 성과를 낸 셈이다.

광산업육성계획이 시작되기 이전인 1999년 47개에 불과하던 광주 광산업체는 지난해 360개로, 고용인원은 1900명에서 8000여명으로 증가

〈그림 9-16〉 국제광산업전시회 전경

하는 등 지속적인 신장세를 나타내고 있다.

이는 발광다이오드(LED) 고효율 화에 따른 기존 조명 교체 시장의 확대와 댁내광가입자망(FTTH) 관련부품업체의 수출증가, 신·재생에너지 보급을 위한 태양광 발전시스템 시공 등에 힘입은 것으로 분석된다. 광산업이 타 산업에 비해 연관 산업과의 융합기술 개발 및 고부가 가치화를 통해 비교적 안정적인 성장동력산업으로 그 뿌리를 확고히 내리고 있는 것으로 풀이된다.

이렇듯 광산업은 신기술을 기반으로 하는 최첨단산업으로서 광주지역 경제에서 자동차, 가전산업에 이어 3대 주력산업으로 그 위치를 확고하게 정립하고 지속적인 성장세를 유지함에 따라 광주지역경제를 이끌어 갈 효자산업으로 급부상했다. 한국 광산업이 향후 수년 내 세계 3위권 광산업선진국으로 진입하는 광산업육성 및 집적화 계획의 비전을 달성하는데 차질이 없을 것으로 기대를 모으고 있다.

앞으로도 광산업은 정부의 녹색뉴딜사업과 저탄소 녹생성장의 세계적인 흐름에 발맞추어 신재생에너지, 그린에너지 확대보급 및 공공기관 LED조명기기 교체사업, LED조명시범보급사업 등이 본격적으로 시행됨에 따라 LED 및 태양광산업이 꾸준한 성장세가 이어질 것으로 전망된다.

나. 광산업 공동 브랜드, 럭스코

광주첨단에서 만들어지는 제품들은 저탄소 녹색성장 제품들이 대부분을 차지하고 있다. 처음부터 굴뚝산업으로 대변되는 기존의 산업단지와는 달리 첨단기업체만을 유치해 공해 없는 친환경 산업단지를 조성했기 때문이다.

우선, 단연 돋보이는 제품이 광통신 부품들이다. 국내 유일한 광산업 클러스터에서 만들어진 광통신 부품들은 세계 시장에서 글로벌 기업과 당당히 경쟁할 수 있는 초일류 제품들이다.

광주첨단산단 입주업체들은 광 중계 장치와 광증폭기, 송수신장치를 비롯해 광커넥터, 커플러 등을 주로 생산하고 있다.

이러한 제품들은 국내뿐만 아니라 일본 · 중국 · 유럽 등지에서 FTTH 구축이 본격화되면서 더욱 각광을 받을 것으로 전망된다. 미래 가능성 있는 분야에 대한 집중적인 기술 개발과 투자로 제품 경쟁력을 확보하고 틈새시장을 적극적으로 공략해온 광주 첨단 산단 입주업체의 결과물로 평가받고 있다.

LUXKO

〈그림 9-17〉 광산업 공동 브랜드 럭스코

광주시와 한국광산업진흥회는 이들 제품 중 우수 제품을 선정해 지난 2003년 6월 확정한 광산업 공동브랜드인 럭스코(LUXKO)로 출시될 수 있도록 하고 있다. 럭스코는 '빛을 한곳으로 모으고 빛이 확산되며 세계가 주목하는 한국의 광산업위상을 정립한다'는 의미가 함축돼 있다. 럭스코의 LUX는 '고급'을 의미하는 'Luxury'에서, K는 코리아(Korea), 'O'는 광학 또는 광산업의 옵티컬(Optical)과 옵토닉스(Optonics)에서 따왔다. 또 그리스어로 빛을 지칭하는 캐릭터 '포스'는 빛을 제어하고 생성하며 빛이 활동하는 우주의 모습을 담아 광주 광산업을 널리 알리는 역할을 수행하게 된다.

럭스코는 한국광기술원·한국광산업진흥회 등의 엄격한 품질관리 및 마케팅 지원 활동으로 제품 신뢰도가 크게 향상돼 내수시장 뿐만 아니라 해외에서도 제품 문의 및 공급 요청이 잇따르는 등 큰 호응을 얻고 있다.

다. 지역진흥사업(2008~2012년)으로 지속

지난 2000년부터 추진돼온 광주 광산업 육성사업은 2009년부터는 지역산업진흥사업으로 이름을 바꿔 계속 됐다.

지역산업진흥정책의 기본방향은 △지역경제의 근간인 전략산업에 대한 지속적인 지원을 통해 지역 산업의 경쟁력 강화를 도모하고 △전략산업의 기술경쟁력 제고를 위한 연구·개발(R&D) 및 구축된 인프라를 활용한 기업지원 등 소프트웨어(SW)적인 사업을 강화하는 것이다. 다만, 기존에는 지역산업 발전의 기반 확보를 위해 인프라 구축 사업을 중심으로 지원했으나 인프라 사업의 비중을 축소하고 SW사업 중심으로 바뀌었다.

이를 위해 정부는 지난 2008년 10월 지역별 산업발전 비전과 전략을 제시한 지역산업발전로드맵을 바탕으로 지역이 자율적으로 사업계획

〈그림 9-18〉 광주첨단산업단지 약도

을 수립했다. 이는 기획-집행-평가 등 사업추진 전 과정에서 지역의 자율과 책임이 강화됐다는 것을 의미한 것이다.

중앙은 국가적인 산업정책과의 부합성, 지역 간 중복성, 광역경제권 등을 고려해 지역이 수립한 사업계획을 조정 또는 보완하는 역할을 담당했다. 또 사업추진 및 평가시 거점기관인 테크노파크(TP)의 권한과 책임이 강화됐으며 사업비 구성 또한 지방비 대응비율이 확대됐다는 점이 눈여겨볼 대목이다.

특히 4개(광주 · 부산 · 대구 · 경남)지역과 나머지 9개(대전 · 충남 · 충북 · 전남 · 전북 · 울산 · 경북 · 강원 · 제주) 지역의 구분을 없애고 비수도권 전 지역에 대해 통합적으로 사업계획을 수립했다는 점이 2008~2012년간 이뤄지는 '차기 지역전략산업진흥사업(Post 4+9)'의 가장 큰 특징이다.

단위사업 추진성과에서는 지역이 자체적으로 평가하고 중앙은 지역평가에 기초해 지역별 사업 전체에 대해 총괄 평가하도록 제도가 개선됐으며 지역별 평가 결과에 따라 매년 예산을 차등 지원됐다. 투자계획은 매년 예산심의 결과 등에 따라 변동이 가능하며, 13개 시도에 4~5년간 지역별 평균 873억 원 수준이 지원됐다.

광주지역 산업 발전 전략 및 세부 추진사업을 요약하면, 광, 자동차, 정보가전 등 주력산업의 고도화라 할 수 있다. 광산업의 경우 세계 3대 광선진국 도약 및 세계 광산업 생산메카로 육성하기 위해 제품개발 능력 향상과 우량기업 성장 촉진이 중점 추진됐다. 광기반 융합기술 인프라구축 사업의 경우 올해부터 2011년까지 3년간 총사업비 145억7000만원이 투입됐다.

광산업 육성 1, 2단계에서 구축된 첨단·고가 장비의 업그레이드를 통한 차세대 광기반 융합제품 기술개발 장비를 지원하고 중소기업 기술혁신을 촉진했다. 그중 한국광기술원 광부품시험인증신뢰성센터·반도체광원시험생산센터·광통신부품시제품생산지원센터·신조명산업기반구축센터 등에 구축된 장비의 활용도를 높이기 위해 신규 창업기업, 중소기업부설연구소, 역외 유치기업의 시험생산·상품화 수행이 가능한 입주 공간도 확충됐다.

광산업 글로벌 마케팅지원사업에는 2012년까지 4년간 62억 원이 투입된다. 광주지역 광산업체의 기술과 가격경쟁력 심화에 대응한 차별화된 글로벌마케팅지원으로 취약한 지역 광산업체의 경쟁력을 높이기 위해서다. 올해부터 해외 시장의 확대를 위한 지원체계 강화를 통해 광주 광산업 해외시장 매출규모 5위권 달성을 지원한다는 전략이다. 추진주체는 한국광산업진흥회, 광주시이며 대한투자무역진흥공사(KOTRA)·중소기업진흥공단·광주디자인센터 등이 공동 참여하고 있다.

라. R&D특구의 중심, 광산업

광산업은 광주 연구·개발(R&D)특구 지정을 가능하게 만들었다. R&D특구는 신기술 창출 및 R&D 성과의 확산과 사업화 촉진을 위한

<table>
<tr><th colspan="2">지 구 명</th><th>면 적
(만m²)</th><th>구성비
(%)</th><th>개발방향</th><th>비 고</th></tr>
<tr><td colspan="2">합 계</td><td>5,123</td><td>100.0</td><td></td><td></td></tr>
<tr><td rowspan="8">광 주
광역시</td><td>첨단지구</td><td>1,170</td><td>22.8</td><td>· 특구지원본부설치
· 연구소 · 기업 유치</td><td></td></tr>
<tr><td>하남지구</td><td>681</td><td>13.3</td><td>· 제조업 고부가가치화</td><td></td></tr>
<tr><td>신룡지구</td><td>358</td><td>7.0</td><td>· 융합녹색제조업중심
· 광역경제권 선도 산업 중심
· 신 성장 동력 확보</td><td></td></tr>
<tr><td>산정지구</td><td>397</td><td>7.7</td><td>· 교육 · 연구시설중심
· 정주환경조성</td><td></td></tr>
<tr><td>진곡지구</td><td>191</td><td>3.7</td><td>· 클렌디젤자동차 클러스트</td><td></td></tr>
<tr><td>등임지구</td><td>303</td><td>5.9</td><td>· 지역전략산업중심</td><td></td></tr>
<tr><td>소촌지구</td><td>281</td><td>5.5</td><td>· 교육 · 연구시설중심
· 산업화시설구역의 편입</td><td></td></tr>
<tr><td>평동지구</td><td>712</td><td>13.9</td><td>· 제조업 고부가가치화
· 외국인 연구소 · 기업 유치</td><td></td></tr>
<tr><td>장성군</td><td>장성지구</td><td>1,030</td><td>20.2</td><td>· 광역경제권 선도산업 중심
· 전라남도 권역별 발전계획 (광주근교권) 중심
· 산 · 학 융합 캠퍼스 조성
· 주거용지(외국인)</td><td></td></tr>
</table>

〈그림 9-18〉 광주R&D특구 지구별 면적도 및 개발방향

특별법에 의해 조성된 특정구역을 지칭한다.

특구내의 기업 및 기관(연구소)에 R&D 예산을 집중 지원해 세계적 연구기관으로 성장할 수 있도록 지원된다. 또 특구에서 발생하는 R&D 결과물을 사업화로 연계시켜 부가가치를 창출하는 것도 특구의 핵심 사업으로, 이는 곧 국가와 지역경제 발전의 커다란 원동력이다.

지난 2005년 '대덕연구개발특구 등의 육성에 관한 특별법'과 시행령

이 제정, 공포돼 대덕 이외에 다른 지역에도 R&D 특구 지정이 가능하도록 개방형 R&D특구특별법이 마련됐다. 이에 따라 개방형 특구특별법을 통해 지역 간 형평성 문제 완화와 혁신클러스터 잠재력을 보유한 타 지역 육성이 가능해졌다.

광주가 첨단산업단지를 중심으로 R&D 특구 지정을 추진하는 배경은 광주 광산업 연구와 사업역량 때문이라고 해도 틀린 말이 아니다. 광주 R&D특구의 중심산업인 광산업은 1,2단계에 걸쳐 지난 10년간 기반을 다져와 이제 매출액 3조 원대를 눈앞에 두고 있을 만큼 기술력과 상업성을 인정받고 있다.

광주 R&D특구는 광주첨단단지와 장성군 진원·남면 일원을 중심으로 5123만㎡의 구역에 연구·개발(R&D) 특구를 조성해 국토서남권 과학기술벨트 구축과 함께 5+2 광역경제권 호남권 발전정책 및 신성장동력산업의 추진동력을 확보한 후 동북아 최대의 사이언스 파크로 조성하기 위한 야심찬 계획이 추진되고 있다.

광주시가 추진 중인 '아시아문화중심도시' 조성사업과 결합해 시너지 효과를 발현하는 '첨단과학문화클러스터'가 형성되면 생산과 연구개발에서부터 비즈니스에 이르기까지 문화기술과 접목을 통해 종합서비스를 제공함으로써 광주는 명실상부한 '문화·기술적 도시'로 도약할 것으로 예상된다. 그 중심에 광산업이 자리하고 있는 셈이다.

김 한 식

저 자 소 개

광남일보 편집국장 역임
뉴스1 광주전남취재본부 본부장

전남대학교 지역개발연구소 기획도서 10

광주경제지도

인쇄 2012년 12월 28일
발행 2012년 12월 31일

저 자 : 김일태 · 김국현 · 김한식 · 김형락 · 박영래
박재진 · 박준수 · 오성수 · 주현도
편 찬 이 : 전남대학교 지역개발연구소
펴 낸 이 : 지병문
펴 낸 곳 : 전남대학교출판부

등 록 : 1981. 5. 21. 제53호
주 소 : 500-757 광주광역시 북구 용봉로 77
전 화 : (062) 530-0571~2
마 케 팅 : (062) 530-0573
팩 스 : (062) 530-0579

정 가 : 15,000 원

ISBN : 978-89-97620-77-7 (93320)

이 도서의 국립중앙도서관 출판시도서목록(CIP)은 e-CIP홈페이지(http://www.nl.go.kr/ecip)와 국가자료공동목록시스템(http://www.nl.go.kr/kolisnet)에서 이용하실 수 있습니다.
(CIP제어번호 : CIP2012006189)